W0192862

Die schönsten Weihnachtsmärchen der Welt

Herausgegeben
von Hans-Jörg Uther

Die schönsten Weihnachtsmärchen der Welt

Weltbild

Genehmigte Lizenzausgabe für Verlagsgruppe Weltbild GmbH,
Steinerne Furt, 86167 Augsburg
Umschlaggestaltung: adSchwert – Büro für Konzept und Gestaltung, München
Gesamtherstellung: GGP Media GmbH, Pößneck
Printed in the EU
978-3-8289-8195-9

2014   2013   2012   2011
Die letzte Jahreszahl gibt die aktuelle Lizenzausgabe an.

Einkaufen im Internet:
www.weltbild.de

Inhalt

WEIHNACHTSTAG UND CHRISTNACHT

VERZEICHNIS DER QUELLEN

VORWORT

Erzählen und Vorlesen sind besonders mit der Weihnachts- und Winterzeit verbunden. Auch Märchenausgaben erscheinen traditionell zur Weihnachtszeit. In vielen Städten finden Theateraufführungen beliebter Märchen wie *Hänsel und Gretel, Dornröschen* oder *Der Froschkönig* statt. Die Stücke werden als »Weihnachtsmärchen« angekündigt, die Handlung hat mit der Weihnachtszeit selbst jedoch nichts zu tun. Es gibt allerdings eine nicht unbeträchtliche Reihe von Märchen aus verschiedenen Gegenden Europas, die einen Bezug zur Winterzeit aufweisen und in denen die Eigenschaften winterlicher Naturerscheinungen thematisiert sind.

Für den Zeitbegriff im Märchen allgemein gilt, was der Schweizer Erzählforscher Max Lüthi (1909–91) feststellte, wenn er im Zusammenhang mit dem *Dornröschen*-Märchen von der »Bedeutungslosigkeit der Zeit« sprach. Damit wollte er zum Ausdruck bringen, dass Zeitvorstellungen in europäischen Volkserzählungen für den Verlauf der Handlung eher unwesentlich sind. Zeit ist entweder genau bestimmt wie Mitternacht, die sogenannte Geisterstunde, und signalisiert eine Bedrohung für Mensch und Tier; oder sie ist indifferent für die Märchenfiguren ebenso wie für die geschilderten Vorgänge: Die Vergangenheit steht nicht »spannungslos neben der Gegenwart«, sodass »von Zeitverrinnen dabei nichts spürbar« ist. Märcheneingänge beginnen daher häufiger mit der unbestimmbaren Formel: »Es war einmal«.

Aber gerade diese fehlende Konkretisierung von Zeit birgt die optimistische Möglichkeit in sich, eines Tages könne es wieder so sein, und enthält die Botschaft, Erzähltes habe über den einmaligen Vorgang hinaus überzeitliche Bedeutung.

Obwohl also aufgrund der Struktur von Märchen und der ausgeprägten Formelhaftigkeit bei der Verwendung von Zeitangaben die Weihnachtszeit im Allgemeinen untergeordnete Bedeutung hat, ist bei international verbreiteten Fassungen die Handlung öfter zeitlich näher bestimmt und in die Weihnachtszeit verlegt. Diese Tendenz lässt sich für Europa seit dem zweiten Drittel des 19. Jahrhunderts feststellen und betrifft vor allem Märchen aus Regionen, in denen die kalte Jahreszeit klimatisch bestimmend ist. Dies macht darüber hinaus Sinn, weil beispielsweise nach älteren Überlieferungen die skandinavischen Trollgeister nur am Christabend die menschlichen Behausungen aufsuchen und dort ihre Freßsucht stillen (Nr. 1). Im Unterschied zu den Märchen Hans Christian Andersens ist in den »Kinder- und Hausmärchen« der Brüder Grimm nur selten von der Winterszeit die Rede (vgl. Nr. 7, 10, 15, 24, 29, 54).

In den letzten Jahrzehnten hat sich – unabhängig von dem Buchtypus Weihnachtsmärchen – ein eigenes Genre des Weihnachtsbuchs entwickelt, in dem zunehmend Dichter, später auch Personen der Zeitgeschichte, ihre Jugenderinnerungen an das im Kreis der Familie verbrachte Fest mit seinen Bräuchen beschrieben haben oder phantasiereich ausgeschmückte Erzählungen darbieten. Daher sind nicht nur bekannte Kindermärchen wie E.T.A. Hoffmanns »Nussknacker und Mäusekönig« (1816; unsere Nr. 8), hier vertreten, sondern auch andere novellenartige Schilderungen der Weihnachtszeit wie Ludwig Tiecks »Weihnacht-Abend« (Nr. 59) oder Theodor Storms »Unter dem Tannenbaum« (Nr. 56).

Wenn in Volkserzählungen vom Winter oder von der Weihnachtszeit, gar vom Heiligen Abend, die Rede ist, mag das »an eine Versinnbildlichung menschlichen Werdens durch den Jahreszeitenablauf erinnern«, aber zwingend erforderlich zur Strukturierung der Binnenhandlung sei die Erwähnung der Jahreszeiten nicht, stellte Siegfried Becker im gleichnamigen Artikel in der »Enzyklopädie des Märchens« fest. Gleichwohl ist die Winter- und Weihnachtszeit häufiger erwähnt als andere Zeiten. Dieser Umstand dürfte damit zusammenhängen, dass seit alters die ersten Tage und Wochen des alten Bauernjahres (11. November) – und die Jahreswende – immer als eine außergewöhnliche Zeit aufgefasst wurden, waren doch die agrarisch geprägten Regionen früherer Zeit vom Zyklus der Jahreszeiten stärker abhängig: Solches Denken spiegeln Volkserzählungen in besonderem Maße wider, weil sie vor allem im Laufe des 19. und frühen 20. Jahrhunderts aufgezeichnet wurden. In der kalten Jahreszeit mussten Arbeiten für die Produktion des kommenden Jahres durchgeführt, Vorräte für die unfruchtbare Winterzeit rechtzeitig angelegt werden. Diese Thematik ist z. B. eingangs im Schwank vom langen Winter (Nr. 22) angesprochen. Öfter sind im Erzählgut auch die Charakteristika der an den Winter gebundenen Naturerscheinungen, etwa Frost und Wind, thematisiert oder gar in Gestalt des Väterchen Frost personifiziert.

Gelegentlich begegnen in unserer Ausgabe Stoffe und Motive ähnlich, was sich aus der Thematik der Märchen und Schwänke ergibt. Der Begriff Märchen ist in dieser Ausgabe weit gefasst, bezieht sich sowohl auf märchenhafte Erzählungen berühmter Schriftsteller als auch auf schwankhafte Texte, Sagenstoffe und legendarische Erzählungen, die bereits in den »Kinder- und Hausmärchen« der Brüder Grimm vertreten sind.

Die Texte sind nicht buchstabengetreu abgedruckt, sondern – unter Wahrung des Lautstandes – orthographisch heutigem Verständnis angepasst; dies gilt auch für die Interpunktion. Gelegentliche Hervorhebungen einzelner Wörter in verschiedenen Texten wurden nicht übernommen. Druckfehler und kleine Versehen sind berichtigt. Im Text vorhandene eckige Klammern beziehen sich auf von mir eingefügte sprachliche Erläuterungen.

Advents-, Weihnachts- und Winterszeit

1. Per Gynt

In alten Zeiten lebte in Kvam ein Schütze, der hieß Per Gynt. Er hielt sich ständig droben im Gebirge auf und schoss dort Bären und Elche, denn damals gab es noch mehr Wälder auf dem Fjäll, und in ihnen hielt sich derartiges Getier auf. Einmal, spät im Herbst, nachdem das Vieh schon längst von den Bergweiden herabgetrieben war, wollte Per Gynt wieder einmal hinauf in den Fjäll.

Außer drei Sennerinnen hatten schon alle Hirtenleute das Gebirge verlassen. Als Per Gynt die Hövringalm erreichte, wo er in einer Sennhütte übernachten wollte, war es schon so dunkel, dass er die Hand nicht vor sich sehen konnte. Da fingen die Hunde plötzlich so fürchterlich zu bellen an, dass es ihm ganz unheimlich zumute wurde. Plötzlich stieß er mit dem Fuß an etwas an, und als er es anfasste, war es kalt und groß und schlüpfrig, da er aber nicht vom Wege abgekommen zu sein meinte, konnte er sich gar nicht erklären, was das sein könnte; aber geheuer war es ihm nicht.

»Wer ist denn das?«, fragte Per Gynt, denn er merkte, dass es sich bewegte.

»Ei, ich bin der Krumme«, lautete die Antwort. Damit war aber Per so klug wie vorher. Er ging nun daran entlang, »denn einmal muss ich doch daran vorbeikommen«, dachte er.

Im Weitergehen stieß er plötzlich wieder an etwas, und als er es anfühlte, war es wieder kalt und groß und schlüpfrig.

»Wer ist das?«, fragte Per Gynt.

»Ich bin der Krumme«, lautete die Antwort wieder.

»Ei, ob du gerade oder krumm bist, du musst mich doch weiterlassen«, sagte Per Gynt, denn er merkte, dass er im Kreise herumging und der Krumme sich um die Sennhütte herumgeschlängelt hatte. Bei diesen Worten schob sich der Krumme ein wenig auf die Seite, sodass Per Gynt an die Sennhütte hingelangen konnte. Als er hineinkam, war es da drinnen nicht heller als draußen; er stolperte und tastete an den Wänden umher, denn er wollte seine Flinte abstellen und seine Jagdtasche ablegen. Aber während er so suchend umhertappte, spürte er wieder das Kalte, Große und Schlüpfrige.

»Wer ist das denn jetzt?«, rief Per Gynt.

»Ach, ich bin der große Krumme«, lautete die Antwort. Und wohin er auch fasste und wohin er den Fuß setzte, überall fühlte er den Ring des Krummen um sich gelegt.

»Hier ist nicht gut sein«, dachte Per Gynt, »denn dieser Krumme ist draußen und drinnen, aber ich werde diesen Querkopf bald gerade machen.« Er nahm seine Flinte, ging wieder hinaus und tastete den Krummen entlang, bis er den Kopf fand.

»Wer bist du denn eigentlich?«, fragte er.

»Ach, ich bin der große Krumme von Etnedal«, sagte der große Troll. Da machte Per Gynt kurzen Prozeß und schoss ihm drei Kugeln mitten durch den Kopf.

»Schieß noch einmal«, rief der Krumme. Aber Per Gynt wusste es besser, denn wenn er noch einmal geschossen hätte, wäre die Kugel auf ihn selbst zurückgeprallt. Als dies getan war, fassten Per Gynt und die Hunde fest zu und zogen den großen Troll aus der Hütte heraus, damit sie es sich in der Hütte bequem machen könnten. Währenddessen lachte und höhnte es von allen Bergen ringsum.

»Per Gynt zog viel, aber die Hunde zogen mehr!« ertönte es.

Am Morgen wollte Per Gynt hinaus auf die Jagd. Als er tief in den Fjäll hineinkam, sah er ein Mädchen, das Schafe und Ziegen über einen Berggipfel trieb. Als er aber den Gipfel erreicht hatte, war das Mädchen fort und die Tiere auch, und Per Gynt sah nichts als ein großes Rudel Bären.

»Ich habe doch noch nie Bären in Rudeln beisammen gesehen«, dachte Per Gynt. Als er aber näher kam, waren alle bis auf einen verschwunden. Da klang es von einem Berge in der Nähe:

»Nimm in acht den Eber dein,
Per Gynt steht draußen
mit dem Stutzen sein!«

»Ach, dann geht es Per Gynt schlecht, nicht aber meinem Eber, denn er hat sich heute nicht gewaschen«, rief es aus dem Berge. Per Gynt wusch sich die Hände mit seinem eigenen Wasser und schoss den Bären tot. Im Berge erhob sich ein schallendes Gelächter.

»Du hättest auf deinen Eber achtgeben sollen«, rief die eine Stimme.

»Ich habe nicht daran gedacht, dass er die Waschschüssel in den Hosen hat«, erwiderte die andere.

Per Gynt zog dem Bären die Haut ab und vergrub den Körper im Geröll; aber den Kopf und das Fell nahm er mit. Auf dem Rückweg begegnete er einem Bergfuchs.

»Sieh, mein Lämmchen, wie fett du bist!«, rief es von einem Hügel her. »Seht nur, wie hoch Per Gynt den Stutzen trägt!«, tönte es von einem andern Hügel, als Per Gynt die Flinte zum Schießen an die Wange legte und den Fuchs erschoss. Er zog auch diesem den Balg ab und nahm ihn mit; und als er in der Sennhütte ankam, nagelte er die Köpfe mit aufgesperrten Rachen außen an die Wand. Darauf machte er Feuer und stellte einen Suppentopf darüber; aber es rauchte so fürchterlich, dass er kaum die Augen offenhalten konnte, und er musste deshalb eine Luke aufmachen. Plötzlich kam ein Troll herbei und steckte seine Nase durch die Luke herein, aber die Nase war so lang, dass sie bis an den Herd reichte.

»Hier kannst du sehen ein Riechehorn«, sagte er.

»Hier kannst du schmecken ein Suppenkorn«, sagte Per Gynt und goss ihm den ganzen Topf Suppe über die Nase. Der Troll stürzte davon und jammerte laut; aber ringsum von allen Höhen lachte und spottete und rief es:»Gyri Suppenrüssel, Gyri Suppenrüssel!«

Hierauf war eine Weile alles still; doch dauerte es nicht lange, da erhob sich draußen wieder Lärm und Getöse. Per Gynt sah hinaus, und da erblickte er einen mit Bären bespannten Wagen; der große Troll wurde aufgeladen, und dann ging es hinauf in den Fjäll mit ihm. Plötzlich wurde ein Eimer Wasser durch den Schornstein herabgegossen und erstickte das Feuer, und Per Gynt saß im Dunkeln. Da begann es in allen Ecken zu lachen und zu spotten, und eine Stimme sagte:

»Jetzt wird es Per Gynt nicht besser gehen wie den Sennerinnen in der Valhütte.«

Per Gynt zündete das Feuer wieder an, rief seine Hunde herbei, verschloss die Sennhütte und ging weiter nach Norden bis zu der Valhütte, in der die drei Sennerinnen waren. Als er eine Strecke zurückgelegt hatte, sah er ein Feuer, als wenn die ganze Valhütte in hellen Flammen stünde, und in demselben Augenblick stieß er auf ein Rudel Wölfe, von denen er einige niederschoss und die anderen erschlug. Als er die Valhütte erreicht hatte, war es stockfinster und weit und breit kein Brand zu sehen, aber es waren vier fremde Männer in der Hütte, die es auf die Sennerinnen abgesehen hatten; das waren vier Bergtrolle, die hießen Gust i Väre, Tron Valfjeldet, Kjöstöl Aabakken und Rolf Eldförpungen. Gust i Väre stand vor der Tür und sollte Wache halten, während die anderen bei den Sennerinnen drinnen waren und zudringlich werden wollten. Per Gynt schoss auf Gust i Väre, verfehlte ihn aber, und da lief er davon. Als dann Per Gynt in die Stube kam, waren die Sennerinnen übel dran; zwei von ihnen waren ganz außer sich vor Schrecken und flehten zu Gott um Hilfe und Rettung, die dritte aber, die man die tolle Kari nannte, hatte keine Angst. Sie sagte, sie sollten nur kommen, sie hätte wirklich Lust zu sehen, ob solche Kerle auch Schneid hätten. Als aber die Trolle merkten, dass Per Gynt im Zimmer war, fingen sie zu jammern an und sagten zu Eldförpungen, er solle Feuer machen. In demselben Augenblick fielen die Hunde über Kjöstöl Aabakken her und warfen ihn kopfüber auf den Herd, dass Asche und Funken nur so umherstoben.

»Hast du meine Schlangen gesehen, Per Gynt?«, fragte Tron Valfjeldet – so nannte er die Wölfe.

»Ja, und nun sollst du denselben Weg gehen wie deine Schlangen!«, rief Per Gynt und erschoss ihn. Dann schlug er Aabakken mit dem Flintenkolben tot; aber Eldförpungen war durch den Schornstein entflohen. Nachdem Per Gynt dies getan hatte, begleitete er die Sennerinnen nach ihrem Dorfe, denn sie trauten sich nicht länger in der Hütte zu bleiben.

Als nun die Weihnachtszeit herankam, war Per Gynt wieder unterwegs. Er hatte von einem Hof auf Dovre gehört, wo sich am Christabend so viele Trolle einfanden, dass die Bewohner flüchten und auf anderen Höfen Unterkunft suchen mussten; dieses Gehöft wollte Per Gynt aufsuchen, denn er hatte Lust, diese Trolle zu sehen. Er zog zerrissene Kleider an, nahm einen zahmen Bären, der ihm gehörte, sowie einen Pfriemen, Pech und Draht mit. Als er den Hof erreicht hatte, ging er ins Haus hinein und bat um Obdach.

»Gott steh uns bei!«, sagte der Mann. »Wir können dir

kein Obdach geben, wir müssen selbst den Hof verlassen, denn an jedem Heiligen Abend wimmelt es hier von Trollen.«

Aber Per Gynt meinte, er werde das Haus schon von den Trollen säubern. Da hieß man ihn dableiben, und er bekam noch obendrein eine Schweinshaut. Darauf legte sich der Bär hinter den Herd, Per holte Pech, Pfriemen und Draht hervor und machte sich daran, aus der ganzen Schweinshaut einen einzigen großen Schuh zu machen. Als Schnürband zog er einen dicken Strick hindurch, sodass er den Schuh rundherum zuschnüren konnte, und überdies hatte er noch zwei Handspeichen bereit. Plötzlich kamen die Trolle auch schon mit Fiedeln und Spielleuten dahergezogen, und die einen tanzten, die andern aßen von dem Weihnachtsessen, das auf dem Tisch stand, einige brieten Speck, andere brieten Frösche und Kröten und ähnliches ekelhaftes Zeug – dieses Weihnachtsessen hatten sie selber mitgebracht. Inzwischen bemerkten einige den von Per Gynt verfertigten Schuh. Da er offenbar für einen großen Fuß bestimmt zu sein schien, wollten die Trolle ihn anprobieren, und als jeder von ihnen einen Fuß hineingestellt hatte, zog Per Gynt den Schuh zu, zwängte eine Speiche hinein und schnürte ihn so stark zu, dass alle miteinander in dem Schuh festsaßen. Aber jetzt streckte der Bär die Nase vor und schnupperte nach dem Braten.

»Möchtest du Kuchen haben, mein weißes Kätzchen?«, sagte einer der Trolle und warf dem Bären einen noch brennendheißen gebratenen Frosch in den Rachen.

»Schlag los, Meister Petz!«, rief Per Gynt. Da wurde der Bär so zornig, dass er auf die Trolle losfuhr und nach allen Seiten Hiebe austeilte und sie kratzte. Und Per Gynt schlug mit der anderen Speiche in den Haufen hinein, wie wenn er allen den Schädel einschlagen wollte. Da mussten die Trolle die Flucht ergreifen; Per Gynt aber blieb da und schmauste die ganze Weihnachtszeit über von dem Weihnachtsessen, und nun hörte man viele Jahre lang nichts mehr von den Trollen. Der Bauer aber hatte eine weiße Stute; da gab ihm Per Gynt den Rat, von dieser Stute Füllen aufzuziehen, diese dann in den Bergen herumstreifen und da Junge kriegen zu lassen.

Nach vielen Jahren war die Weihnachtszeit wieder einmal vor der Tür. Der Bauer war im Walde und fällte Holz zum Feste. Da kam ein Troll herbei und rief ihm zu: »Hast du deine große weiße Katze noch?«

»Ja, sie liegt daheim hinter dem Ofen«, sagte der Mann, »und sie hat sieben Junge bekommen, die noch viel größer und böser sind als sie selbst.«

»Dann kommen wir nie mehr zu dir!«, rief der Troll.

2. Die Geschichte von der Frau Holle

Vor ganz undenklich langer Zeit, da gab es noch gar kein Christkindchen, sondern nur eine Frau Holle, die wohnte nicht weit von uns auf der höchsten Spitze der Odenwaldberge, auf der kalten, windigen Böllsteiner Höhe. Die schönen Odenwaldberge waren damals noch nicht, wie jetzt, bis fast hinauf mit fruchtbaren Feldern und üppigen Wiesen bedeckt, sondern es zogen sich bis fast zu ihrem Fuße hinab dunkle Wälder, in denen Hirsche und Rehe herumsprangen, und wo eine Menge von Köhlern wohnten, die ganze Gebirge von Kohlen brannten und diese dann hinunter in die Ebene zum Verkaufe brachten. Zwischen den Wäldern aus Tannen- und Buchenbäumen aber wuchs noch ein kleiner Wald von Ginstern, sodass es im Frühjahr, wenn sie blühten, aussah, als sei der ganze Odenwald mit Gold bestreut. An diesen gelben Blüten naschten Millionen Bienchen den süßen Blumenstaub, und waren sie abgeblüht, dann kamen die Besenbinder, schnitten die Reiser ab und banden Besen davon. Für die Bienchen aber blühten nun ganze Felder von Heidekraut, und schien der Odenwald zuvor gelb, so war er jetzt an einzelnen Stellen fast rot. Wenn dann aber auch die Heide all ihre Süßigkeit hergegeben hatte und zu verblühen begann, so flogen die Bienchen hinunter in die Täler und brachten ihren Honigseim den Bäckern, die köstliche braune Lebkuchen davon machten. – So schön war es damals im Odenwald und ist es zum Teil noch, wenn es auch nicht alle Leute wissen und sehen.

Auf der höchsten Spitze aber, auf dem Böllstein, war schon zu jener Zeit ein großer freier Platz, der von hohen Tannen eingefasst war, und auf dem eine Menge Steine und Felsen umherlagen. Da hatte die gute Frau Holle ihren Sitz und konnte über die andern Berge hinweg weit hinaussehen in das Land, bis an den Rhein, den Main und den Neckar. Sie liebte alle Menschen, die da herum wohnten in Städten und Dörfern, sie kannte sie alle und belohnte und bestrafte sie, je nachdem sie es verdienten. Andererseits kannte jedermann die Frau Holle; die Guten liebten und die Bösen fürchteten sie, denn sie sah mit ihren hellen, durchdringenden Augen rings umher alles, was geschah. – Die Frau Holle hatte auf dem Böllstein kein Haus, in dem sie wohnte, und wer am hellen Tage über den Berg ging, der merkte nichts von ihr; in lauen Sommernächten aber hörte man zwischen den Bäumen hervor ein Kichern und Zischeln und Lachen, dass es den Leuten ganz sonderbar zumute ward, und dass sie lieber einen weiten Umweg machten, ehe sie über den Berg gingen. Im Winter, wenn die Tage am kürzesten waren, sah man auch manchmal ein helles Feuer auf dem Böllstein glänzen, aber nur von Weitem, denn da lag der Schnee ellenhoch, und es hätte sich keiner hinaufgetraut, wie auch keiner den Pfad kannte, der zwischen den Felsen durch unter die Erde und gerade hinein in Frau Hollens goldnen Saal führte, in dem sie wohnte. Der Saal war wunderschön; er hatte goldne Wände und eine silberne Decke, die von Säulen aus blauen Steinen getragen ward. Da drinnen saß die Frau Holle, umgeben von einer ganzen Schar kleiner Engelein, die rosenrote Flügel an den Schultern trugen und anstelle der Kleider in ihre langen, blonden Locken gehüllt waren, welche ihnen bis auf die kleinen Füße herabfielen. Mit den Engelein arbeitete die fleißige Frau Holle Tag und Nacht; sie spannen, strickten und webten, dass es eine Lust war. Wenn aber der Frühling kam, dann stieg Frau Holle herauf auf die Erde, zog ein langes, grünes Kleid an, setzte einen Kranz von Kornblumen und Ähren auf und fuhr in einem goldnen Wagen, den zwei schneeweiße Kühe zogen, über das ganze weite Land, das sie von ihrer Höhe aus übersehen konnte. Wo sie vorüberkam, streute sie Samenkörner aller Art aus, und bald darauf prangte die Erde in den verschiedenartigsten Farben. Hier breitete eine grüne Wiese ihren Blumenteppich aus, dort wogte ein reifendes Kornfeld, daneben lag ein Acker mit blühendem Flachse wie ein blaues, über die Erde ausgespanntes Tuch, und gelbe Rapsfelder durchschnitten gleich langen Bändern die Flur nach allen Richtungen. Das alles ließ die gute Frau Holle wachsen – aber nur auf den Feldern der fleißigen Menschen. Auf denen der faulen dagegen ließ sie Disteln und Unkraut emporschießen. Wenn dann die Erde so schön geschmückt war, fuhr sie wieder heim in ihren goldnen Saal, und nur an milden Sommerabenden, wenn der Mond schien oder die Sterne flimmerten, stieg sie mit den Engelein wieder herauf, und da tanzten sie auf dem dichten Heidekraut, das den Böllstein bedeckt, den Ringelreihen, wozu alle Vögel im Walde musizierten. So trieben sie es den ganzen Sommer und Herbst über. Aber wenn die Blätter anfingen, abzufallen und die Nordwinde zu sausen, da ward es gewaltig kalt auf dem Böllstein, sodass man sich des Nachts lieber in ein warmes Bett steckte, statt draußen herumzutanzen. Der Frau Holle ging es auch so, und sie befahl den Engelein, ihr Federbett zurechtzumachen und es tüchtig aufzuschütteln. Wenn die Engelein das hörten, waren sie sehr vergnügt; es gab für sie keine größere Lust, als Frau Hollens Bett zurechtzumachen. Sie schüttelten und rüttelten an den Federn, und eines warf unter lautem Lachen das andere hinein, sodass die Flocken bis über den Rhein und den Main hinüberflogen und stoben.

Da sagten die Leute drunten im Tale und in der Ebene: »Es wird Winter, die Frau Holle schüttelt ihr Bettchen aus!« und sie holten die Pelzkappen und Pelzröcke hervor und steckten sich tief hinein. Die Frau Holle hatte aber auch einen dicken, warmen Pelzrock und eine Pelzmütze, die zog sie nun statt des schönen Kranzes über die Ohren. Für die Engelchen waren kleine Pelzröcke und Pelzkappen da, und wenn es ein schöner Winterabend war, zogen sie von der Böllsteiner Höhe aus und folgten der Frau Holle, wohin diese sie führte. Die Frau Holle war eine überaus fleißige und reinliche Frau und haßte nichts so sehr als Schmutz und Faulheit. So wie sie im Sommer die faulen Landwirte strafte, so machte sie es im Winter mit den schmutzigen und faulen Frauen und Mädchen. Darum kam sie des Abends in die großen Stuben, wo die Mütter und Töchter zusammensaßen und spannen, strickten und nähten. Sie setzte sich zu ihnen, arbeitete mit ihnen und gab genau acht, wer seine Sache gut machte. Wenn ein Kind ein schönes, reines Strick- und Nähzeug hatte, fand es am andern Morgen in seinem Körbchen eine hübsche neue Puppe oder ein Bilderbuch oder einen großen braunen Herzlebkuchen. – Den Strümpfen aber, die überall Jahresringe von Schmutz zeigten, und den Hemden und Schnupftüchern, die genäht waren, als ob sie von Sackleinen wären, war die Frau Holle todfeind. Da kamen die Engelein in der Nacht, fielen mit langen, feinen Scheren über die schlechte Arbeit her und zerschnitten sie in tausend kleine Stückchen, und wo ein unordentlicher Spinnrocken stand, da zerrupften und zerzupften sie ihn so gründlich, dass auf der Welt nichts mehr damit anzufangen war. Kamen dann am andern Morgen die unordentlichen Mädchen und Kinder an ihre Arbeit, so fanden sie die Bescherung, aber keine Christbescherung, keine Puppe, kein Bilderbuch, sondern nur schmutzige Fädchen und Läppchen, und hatten die Schande und den Spott obendrein.

Den schmutzigen Mamas aber ging es am allerschlimmsten: da brachten die Engelein in der Nacht lange Besen mit und fegten den Schmutz aus den Ecken hervor, wo man ihn hineingesteckt hatte. Sie kehrten alles an die Türschwelle, das gab oft einen Berg fast so hoch wie das Haus, und wenn die Leute am Morgen zur Türe hinauswollten, waren sie in ihrem eigenen Schmutz gefangen und mussten ihn erst hinwegschaffen, ehe sie wieder frei sich bewegen konnten. Auf diese Weise ward es wenigstens einmal im Jahre sauber im Hause, und es wäre ein rechtes Glück, wenn die Engelein jetzt auch noch manchmal zum Fegen in die Häuser kämen. Weil es aber jetzt so ungeheuer viele Bücher gibt, in denen alles, was die Frauen und Mädchen tun sollen, geschrieben steht, denken sie, sie könnten sich die Mühe sparen und brauchten kein gutes Beispiel mehr zu geben. Die Bücher tun es aber nicht allein, das sieht man deutlich alle Tage, und die Zeiten waren oft besser, wo die Frau Holle das schönste Beispiel für alt und jung gewesen. Wenn die fleißigen Mamas ihre Töchterchen recht loben wollten, dann wussten sie nichts Besseres zu sagen, als: »Du machst es fast so schön wie die liebe Frau Holle.«

Die gute Frau saß oft halbe Nächte lang bei den fleißigen Leuten. War sie aber müde und sehnte sich nach Hause in ihr weiches, warmes Bettchen, dann stand sie auf, öffnete das Fenster und warf das Klüngel Garn, das sie gesponnen hatte, hinaus, indem sie das eine Ende festhielt. Dann rief sie freundlich: »Gute Nacht, ihr lieben Leute!«, setzte sich auf den Faden und ritt auf demselben so schnell wie der Wind hinauf nach dem Odenwald und grade in ihren goldnen Saal hinein. Da merkten es erst die Leute, wen sie zum Besuch gehabt, und waren nun noch einmal so fleißig.

So lebte die gute Frau Holle viele, viele, viele Jahre lang, da fühlte sie auf einmal, dass sie ein wenig alt und schwach werde und nicht mehr so recht fort könne. Im Frühling und im warmen Sonnenschein über Land zu fahren, das ging noch an, aber die Wintergeschäfte wollten ihr gar nicht mehr behagen. Es war auch ein schlechter Spaß, bei Schnee und Eis, bei Wind und Wetter auf einem Zwirnsfaden durch die Nacht zu reiten.

Nun hatte die Frau Holle einen lieben, alten Freund, das war der Storch. Der war weit gereist, hatte alle möglichen fernen Länder und Menschen gesehen und wusste immer guten Rat. Der kam einmal im Sommer zu ihr auf Besuch, denn im Winter ist es ihm im Odenwald viel zu kalt. Dem klagte sie ihre Not und sagte:»Lieber Storch, ich bin alt und gar allein, da möchte ich gern ein Töchterchen haben, mit dem ich spielen und das ich hinunter zu den Menschen schicken könnte, um die Fleißigen und Braven zu belohnen und die Faulen und Bösen zu bestrafen. Du bist so weise und gelehrt und bringst allen Menschenfrauen die kleinen Kinder, da muss es dich doch auch freuen, wenn die Kinder brav und gut werden und etwas lernen.«

»Ganz gewiss, Frau Holle, das versteht sich von selbst«, klapperte der Storch.

»Wenn ich nun ein kleines Mädchen hätte, würde ich es so lieb und fromm machen, dass alle Kinder ihm gleichen und von ihm geliebt sein möchten. Lieber Storch, bringe mir von deiner nächsten Reise ein kleines Töchterchen mit.«

»Meine liebe Frau Holle,«, sagte der Storch, »das tue ich ja herzlich gern; das schönste, beste und frömmste Kind, das ich auf Erden finden kann, will ich euch hierherbringen. Aber nur ein wenig Geduld.«

Frau Holle nickte, und der Storch flog fort.

Der Sommer verging, und der Herbst und der Winter kamen mit Macht. Frau Holle schaute jeden Tag sehnsüchtig hinaus, ob der Storch nicht käme, aber vergebens. Sie ward ganz traurig und wollte gar nicht mehr ausreiten, wie sehr auch die Menschen unten auf der Erde sich nach ihr sehnten. Die Engelein taten, was sie konnten, um sie aufzuheitern. Sie schüttelten und rüttelten Frau Hollens Bettchen und jagten die Federn so hoch in der Luft herum, dass die Flocken ringsum fußhoch lagen und Menschen und Tiere darin stecken blieben. Darüber wollte sich denn das kleine Volk halb totlachen, aber Frau Holle lachte nicht, sondern befahl ihnen nur, den Unsinn unterwegs zu lassen. – Die Tage wurden kürzer und kürzer, die Nächte länger und länger, und endlich kamen die paar allerkürzesten Tage, in denen die Sonne kaum Zeit hat hervorzugucken und bald wieder fort muss. Eben war sie wieder im Sinken begriffen, da zeigte sich ein schwarzer Punkt über dem Odenwald, der kam näher und näher, und wäre es nicht schon so dämmerig gewesen, hätte man leicht den Gevatter Storch erkennen mögen. Das war ja in dieser Jahreszeit eine seltene Erscheinung; er war es aber wirklich, und er flog geradezu herauf auf den Böllstein und an Frau Hollens Fenster. Er schlug mit seinem langen Schnabel daran und rief: »Geschwind, liebe Frau Holle, geschwind! Macht auf, mich friert ganz erbärmlich!« Schnell rissen die Engelein das Fenster auf und ließen den Gevatter Storch herein.

»Da bin ich,«, sagte er, »ich komme weit, weit her aus einem heißen Lande, wo die Sonne fast nicht untergeht, und habe euch von dort das schönste, beste und frömmste Kind mitgebracht, das auf der ganzen Erde zu finden war.« Mit diesen Worten legte er ein kleines, schneeweißes Kindlein, das er vorsichtig im Schnabel trug, auf Frau Hollens Bett. Als sie das hörte und sah, stieß sie einen Freudenschrei aus, und die Engelein jauchzten laut auf. Das war ein Vergnügen! Das Kindchen machte seine Augen weit auf, die waren so durchsichtig blau wie der schönste Sommerhimmel, dabei hatte es eine Menge kleiner, goldner Löckchen auf dem Kopf und – das war das schönste – zwei kleine, schneeweiße Flügel an den Schultern. Der Storch, der als ein weiser Mann nicht gern viel Worte machte, deutete auf die Flügel und sagte kurz: »Damit es nicht auch auf dem Zwirnsfaden reiten muss«, worauf Frau Holle glückselig nickte und das liebe Kind immer wieder von Neuem herzte und küsste. Die Engelchen freuten sich fast nicht weniger als Frau Holle und schrien und lärmten nach Herzenslust. Der Storch aber machte ein ernsthaftes Gesicht und sagte: »Schweiget jetzt alle einmal und hört, was ich euch zu sagen habe. Ich dachte immer an das, was ich Frau Hollen versprochen hatte, und bin durch die ganze Welt geflogen, ohne dass ich bei den Menschen ein Kindlein finden konnte, das lieb und fromm genug war, um ihr Töchterlein zu sein. So ward es Herbst und Winter, und meine alten Augen waren zuletzt ganz müde vom Suchen. Da kam ich heute in ein fernes, fernes Land, wo das ganze Jahr über die Sonne scheint und Frucht und Blüte nie vergehen. Dort war es schon Nacht, als es hier noch Tag gewesen, aber das Dunkel erhellte ein großer, heller Stern mit so wunderbarem Glanze, wie ich noch nie gesehen. Der Stern schoss pfeilgeschwind durch die Luft, und ich flog ihm nach, bis er über einer kleinen, niedern Hütte stehen blieb. Ich sah hinein, da lag in einer Krippe ein wunderschönes, herrliches Kind, von dem ein noch hellerer Glanz als von dem Sterne ausging. Rings um die Krippe schwebten Engelein auf goldnen Wolken, die sangen so schön und lieblich, wie ich noch nie etwas gehört. Das Kind aber lächelte mich so freundlich an, dass ich dachte, dies ist das Kind, das ich Frau Holle bringen möchte, denn ganz gewiss ist es das liebste und beste auf Erden.

Da rief eine Stimme neben mir, von der ich nicht weiß, woher sie gekommen: ›Willst du es mit dir nehmen, dass es den kleinen Menschenkindern in deinem Lande stets ein Kind bleibe? Das Kind, von dem sie lernen, was Güte, Liebe und Gehorsam ist, selbst dann noch, wenn es schon lange das Licht geworden, das die ganze Welt erhellen und mit neuem Glanze verklären wird.‹

Im nächsten Augenblick fühlte ich mich mit dem Kinde emporgehoben und wie im Sturm durch die Luft getragen, ohne dass ich meine Flügel zu bewegen brauchte, und da bin ich nun, Frau Holle, und Ihr besitzet das Kind, das Ihr Euch so heiß gewünscht, das gute fromme Kind, dem die Menschenkinder in allem Guten nacheifern sollen, das freundliche Kind, das ihnen Freude spendet, wenn sie brav sind, aber auch das zürnende, das die Unartigen bestraft.«

Während der Storch geredet, weinte Frau Holle heiße Tränen still in ihren Schoß, und selbst den mutwilligen Engelein wurden die Äuglein vor Rührung trübe. Dann kniete sie neben dem Bette nieder, auf welchem das Kindlein lag und sprach: »Ja, ich kenne dich, du bist das Licht der Welt, das über uns gekommen, und vor dem meine Macht zu Ende geht. Die deutschen Kinder aber sind doppelt glücklich zu preisen vor allen anderen. In unsere deutschen Wälder und Täler bist du niedergestiegen als Kind, und in ihnen bleibst du jetzt als Kind bis in alle Ewigkeit und wirst allen Kindern das schönste und herrlichste Vorbild sein!«

Nun aber hielten sich die Engelein nicht länger, auch ihnen war ja die himmlischste Nacht angebrochen, die sie je gesehen, und sie wollten diese in Jubel und heller Freude begehen.

Sie zündeten ihre Kerzchen an, mit denen sie in den lauen Sommernächten zwischen den Büschen und Gesträuchen herumtanzen, und flogen damit auf die Fichten und Tannen, die den Böllstein umgeben. Es war wunderschön anzusehen, wie die vielen Lichter zwischen dem dunklen Grün der Tannen glänzten und schimmerten. Frau Holle war ganz entzückt davon; sie nahm das Kindlein auf den Arm und trug es hinaus, ihm die Pracht zu zeigen. Da machte es die schönen Augen weit auf und lächelte holdselig; die Engelein aber sangen:

>»Sei gesegnet, Christkindlein,
> Denn so sollst du heißen,
> Weil noch nie so hold und rein
> War ein Kind zu preisen!
> Wer dich sieht, wird fromm und gut,
> Muss vor dir sich neigen,
> Oh, so nimm in deine Hut
> Kindlein, die dir gleichen!«

»Ja,«, sagte Frau Holle, indem sie das Kindlein hoch emporhob zu den vielen Lichtern und den ewigen, glänzenden Sternen, »so soll es werden, und so glücklich wie ich jetzt bin, sollen fortan in dieser Nacht alle guten, braven Menschen und Kinder sein – es ist eine Weihnacht für mich und für die ganze Welt. Übers Jahr, wenn du größer bist, gehst du hinunter, wo die Menschen wohnen, bringst ihnen schöne Gaben und zündest ihnen schimmernde Kerzen an grünen Bäumen an, damit ihnen die lange Winternacht so hell und freudig werde, wie sie eben uns geworden ist.«

Da klatschten die Engelein in die Hände und riefen: »So soll es sein! Jedes Jahr wird nun den guten, braven Kindern das Christkind neu geboren werden!« Darauf gingen sie wieder alle in den schönen goldnen Saal, der Storch flog fort – und nun wisst ihr die Geschichte von der Frau Holle und dem Christkind, dessen Geburtstag wir sehr bald wieder feiern werden!

3. Der Panther, der Wolf, der Fuchs und das Kamel

Lang, lang ist es her, da lebten vier Brüder: ein Panther, ein Wolf, ein Fuchs und ein Kamel. Der Winter zog sich hinaus. Die Vorräte schmolzen zusammen. Die Brüder mussten hungern. Eines Tages sprach nun der Fuchs: »Wir haben nichts zu essen, unsere Kräfte schwinden. Bald werden wir alle tot sein. Damit wir nicht des Hungers sterben, müssen wir jemanden auffressen.«

Der Panther und der Wolf sprachen: »Richtig. Wir fressen dich.«

»Nein, wenn ihr mich fresst, habt ihr wenig davon. Was für Fleisch habe ich denn? Davon wird keiner satt. Wenn wir aber das Kamel fressen, wird es uns allen reichen, wir werden alle satt.«

»Nun«, sprach das Kamel, »wenn das zu eurer Rettung beiträgt, dann fresst mich.«

Sie rissen das Kamel. Der Panther nahm einen Strick und ging Holz holen.

Der Wolf und der Fuchs begannen, das ganze Kamel abzuhäuten und auszuweiden. Als sich ihre Arbeit dem Ende näherte, schnappte sich der gierige Fuchs ein fettes Stück Pansen und begann, es schnell herunterzuschlingen.

»Was machst du da?«, schrie der Wolf. »Der Panther wird doch zurückkommen und sehen, dass ein Stück fehlt. Dann wird es dir schlecht ergehen!«

»Hör zu, Wolf, das Kamel war doch dumm. Und die Dummen haben keine Pansen. So sagen wir es auch dem Panther.«

Der Wolf dachte nach: »Unser Kamel war in der Tat dumm. Und woher soll denn so ein Narr fette Pansen haben?«

Der Fuchs frisst aber schon das Fett aus dem Innern. Sprach wiederum der Wolf: »Was machst du da, Fuchs? Der Panther wird kommen, und dann fragt er: ›Wo ist das Fett aus dem Innern?‹«

»Ach, wie begriffsstutzig du doch bist, Wolf! Das Kamel war doch dumm. Und gibt es etwa bei Dummköpfen inneres Fett? So sagen wir es dem Panther.«

Der Wolf überlegte: »Er hat recht, haben denn Dummköpfe Fett im Innern? Wahrscheinlich haben sie keines. Der Fuchs weiß ja alles.«

Der Fuchs frisst aber schon den Cagan Machan.

»Was machst du denn da, Fuchs, du wirst dich und mich ins Verderben stürzen!«, schrie der Wolf.

Der Fuchs antwortete aber: »Mach dir nur keine Sorgen. Ich werde alles in Ordnung bringen. Wenn der Panther dich fragt, wo der Cagan Machan ist, dann sag kein Wort, sondern zeig mit dem Kopf auf mich, und ich weiß schon, was ich ihm antworten werde.«

Der Panther erschien wieder.

»Nun, wie sieht es bei euch aus? Alles in Ordnung? Alles an Ort und Stelle?«

»Alles in Ordnung«, antwortete der Wolf.

Der Panther begann, alles zu untersuchen. »Und wo ist der fette Teil der Pansen?«

Der Fuchs antwortete: »Unser Kamel war doch dumm. Und Dummköpfe haben keinen fetten Pansenteil.«

»Ja-a, ich habe davon nichts gehört, aber es kann sein, dass es so ist«, dachte der Panther.

»Und wo ist das innere Fett?«, fragte er drohend.

»Ach, Panther, du bist der Klügste der Klügsten und urteilst doch wie ein Kind. Das Kamel war doch dumm, und haben Dummköpfe etwa inneres Fett?«

Der Panther begann zu überlegen. Er überlegte hin und her und entschied: »Wahrscheinlich hat der Fuchs recht. Dummköpfe haben kein Fett im Innern.«

»Nun, und wo ist der Cagan Machan?«

Alle schwiegen. Der Panther warf einen Blick auf den Wolf, der aber wies mit dem Kopf auf den Fuchs. Der Fuchs sprach: »Ach, Panther, Klügster unter den Klügsten, siehst du, wie der Wolf dich betrügt? Hat den Cagan Machan aufgefressen und zeigt mit dem Kopf auf mich!«

Der Panther stürzte sich auf den Wolf. Der Wolf nahm Reißaus. Der Fuchs begann aber, während sie fort waren, das Fleisch in eine Grube zu schleifen. Er schleppte das ganze Fleisch dorthin und schüttete es mit Erde zu.

Der Panther holte den Wolf ein, tötete ihn und lief zurück.

»Wo ist denn das Fleisch?«

»Ach, Panther, was hier alles geschehen ist, kann man einfach nicht beschreiben. Das Kamel ist wieder lebendig geworden und hat gesagt: ›Wenn wir uns im Winter gegenseitig auffressen, was wird dann im Frühling sein?‹ Es war sehr böse. Es sagte: ›Ich werde mich vor euch in die Erde verkriechen, damit ich euch nicht sehe.‹ Und es hat sich in die Erde verkrochen. Sieh mal, sein Schwanz sieht dort heraus.« Und der Fuchs wies auf einen dünnen Baumstumpf.

Der Panther packte dieses Baumstümpfchen und begann, aus vollen Kräften zu ziehen. Doch er konnte ihn nicht herausziehen. Vor Anspannung platzte ihm die Hauptader, und er verreckte. Nun begann der Fuchs in aller Ruhe, das schmackhafte Kamelfleisch zu fressen.

4. Von der Ameise und der Heuschrecke

Einst im Winter kam die Heuschrecke zu einer Ameise. Diese hatte sich, als die Sonne ein wenig schien, umgesehen und etliche Körnerlein begehrt. Das Ameislein spricht:»Ich habe mir den ganzen Sommer über das Blut sauer werden lassen. Ich habe geschleppt und getragen, bis ich mir und den Meinigen etwas für den Winter hinterlegt hatte. Nun bin ich es den Meinigen schuldig, sie ernstlich zu versorgen. Damit du aber meinen guten Willen spürst, will ich dich mit ein paar Körnlein oder zwei ausstatten.«

»Was soll ich mit vier Körnlein ausrichten?«, sagte die Heuschrecke.»Ich bin in dem unbändigen Wetter fast erfroren und vor Hunger gestorben.«

Daraufhin antwortete die Ameise:»Ich teile mit dir nach meinem Vermögen. Es gibt viele Ameisenhaufen in diesem Wald. Wenn dir jeder ein Körnlein gibt, so bist du reicher als ich.« Als aber die Heuschrecke böse Karten auswarf und die Ameise schalt, so schallte es eben aus dem Wald zurück, wie es hineinschallte.

»Hättest du«, sagte die Ameise,»den Sommer gearbeitet wie ich und meinesgleichen und das Deinige zu rate gehalten und hättest nicht stetig singend und springend des Lipperns und Rammelns abgewartet und wärst nicht stetig spazieren gegangen und hättest dich und die Deinen herausgeputzt in grünen und bunten Kleidern, so hättest du jetzt auch im Winter Nahrung und dürftest nicht Not und Hunger leiden. Du müsstest bei keinem anderen Tierlein für ein Körnchen vor deren Türe kommen. Darum hast du im Sommer gesungen und gesprungen, so singe, springe und tanze jetzt auch von einer Tür zur anderen, wie dich der Reim der alten Hausväter lehrt: Wer nicht rächet und gabelt, wenn die Bremse sticht und krabbelt, der läuft im Winter mit dem Strohseil, fragt:›Hat auch jemand Hefe feil?‹«

5. Die betrunkenen Krähen

Van Asch, der bekannte Schnapsbrenner von Aalst, kam einmal mitten im Winter mit einem ganzen Fuder Genever über Land gefahren. Von einem der Fässer war ein Band gesprungen, und der Genever lief aus, dass es eine Lust war, es anzusehen. Auf dem Felde saß ein großer Schwarm Krähen. Als die das leckere Naß rochen, flogen sie gierig heran und tranken sich so satt wie die Schnepfen. Keine konnte mehr auf den Füßen stehen. Sie torkelten eine Weile herum und fielen zuletzt in Schlaf.

Nun kam gerade ein Bauer des Weges. Der sah alle die Krähen da liegen und dachte gleich an Mutters Kochtopf. Wenn ich die alle zusammen mitnähme und in die Suppe täte, dachte er. Und rasch nahm er eine Schnur aus der Tasche, machte alle Krähen mit den Pfoten daran fest und band sich die Schnur dann rund um den Leib.

Nach einer Weile aber wurden die Krähen wieder nüchtern, ermunterten sich, und ohne viel Aufhebens flogen sie mit dem Bauern in die Luft – und der Teufel weiß, was aus dem geworden ist.

6. Das Veen bei Zout-Leeuw

Das Veen ist ein breites und tiefes Wasser, aber das war es nicht immer; es erhob sich dort vor Zeiten eine gar schöne Stadt mit festen Türmen und Bollwerken und mit einer bedeutenden Zahl von Einwohnern. Diese letztern aber waren nicht nach dem Herzen Gottes, sondern böse Schlemmer und arge Prasser, die in ihrem Übermut Himmel und Erde vergaßen und nichts kannten als die Stillung ihrer Gelüste. Im Winter, wenn Schnee und Eis die Straßen fußhoch deckten und sie drinnen beim warmen Herde schwelgten, dann gaben sie dem bittenden Armen mit seinem hungerbleichen, abgezehrten Gesichte nicht einmal ein Stücklein trockenen Brotes, nicht ein Splitterchen Holz, dass er seine kaltstarren Glieder hätte wärmen können; im Gegenteil, sie stießen ihn mit Schimpfen und Flüchen aus der Türe und spotteten gar noch der Träne, die über des so schmählich Abgewiesenen furchige Wangen zitterte, in seinem Barte vereiste.

Dess war aber der liebe Gott am Ende müde, er griff nach seinem Wunderstabe und rief den Engel Gabriel zu sich, damit er diesen in die unfromme Stadt sende.

Es war gerade Christnacht; die Kälte hatte den höchsten Grad erreicht; dichter Schnee fiel mit Hagel untermischt, um auf dem Boden alsbald eine Eiskruste zu bilden; die Straßen waren einsam und nur das von allen Fenstern, die im hellsten Glanze leuchteten, herrauschende Gejubel und Gelärme durchhallte die sonst tiefstille Nacht. Ein Bettler wagte noch, trotz des Unwetters, von Türe zu Türe zu schleichen und einen Bissen sich zu erbetteln. Nie hatte man eine Jammergestalt gleich ihm gesehen, aber doch vermochte er kein Herz in der ganzen Stadt zu rühren; nur die Türe eines draußen wohnenden armen Mannes öffnete sich ihm, nur dieser teilte eine trockene Brotkruste mit ihm. Da aber warf der Bettler plötzlich die Lumpenhülle von sich, und er stand da als der Engel Gottes, der er war, und mit mächtiger Stimme rief er gegen die sündige Stadt hin: »Als Unkraut sollt ihr weggefegt werden von der Erde und des Herrn Fluch soll euch treffen.«

Und siehe, in demselben Augenblicke erscholl ein so furchtbarer Schlag, dass die Erde bebte, und aus den Wolken schoss strömender Regen. Welle an Welle wälzte sich an der Hütte vorbei und auf die Stadt zu, Blitze durchkreuzten den Himmel ohne Ende; der Donner rollte von allen Seiten nach dem Veen hin.

Erst am andern Morgen, als das Unwetter sich gelegt hatte und die Sonne wieder heiter niederblickte, wagte der arme Mann sich vor die Türe seines Häuschens. Zu seinem Schrecken aber fand er von der Stadt keine Spur mehr, und an ihrer Stelle nur eine breite Wasserfläche. Seitdem ist es am Christabende dort nicht geheuer; aus der Tiefe des Sees schallen wunderbare Stimmen, und mitunter tönt ein grausenerregendes Geheul daraus hervor; dazu läuten die Glocken der Kirchen ohne Unterlass, aber in so erschütternd wehmütigem Tone, dass noch keiner stark und kühn genug war, um zuzuschauen und abzuwarten, was da drunten alsdann vorgeht.

7. Von dem Schneider, der bald reich wurde

Ein armer Schneider ging einmal zur Winterszeit über das Feld und wollte seinen Bruder besuchen. Unterwegs fand er eine erfrorene Drossel, sprach zu sich selber: »Was größer ist als eine Laus, das nimmt der Schneider mit nach Haus!«, hob also die Drossel auf und steckte sie zu sich. Als er an seines Bruders Haus kam, schaute er erst zum Fenster hinein, ob sie auch zu Haus wären, da sah er einen dicken Pfaffen bei der Frau Schwägerin sitzen vor einem Tisch, auf dem stand ein Braten und eine Flasche Wein. Indem klopfte es an die Haustür, und der Mann wollte herein, da sah er, wie die Frau den Pfaffen geschwind in einen Kasten schloss, den Braten in den Ofen stellte und den Wein ins Bett schob. Nunmehr ging der Schneider selbst ins Haus und hieß seinen Bruder und seine Schwägerin willkommen, setzte sich aber auf den Kasten nieder, in dem der Pfaffe steckte. Der Mann sprach: »Frau, ich bin hungrig, hast du nichts zu essen?«

»Nein, es tut mir leid, es ist aber heute gar nichts im Hause.« Der Schneider aber zog seine erfrorene Drossel heraus, da sprach sein Bruder:»Mein, was tust du mit der gefrorenen Drossel?«

»Ei, die ist viel Geld wert, die kann wahrsagen!«

»Nun, so lass sie einmal wahrsagen.« Der Schneider hielt sie ans Ohr und sprach:»Die Drossel sagt, es stünde eine Schüssel voll Braten im Ofen.« Der Mann ging hin und fand den Braten:»Was sagt die Drossel weiter?«

»Im Bett stecke eine Flasche Wein.« Der fand auch den Wein:»Ei, die Drossel mögt ich haben, die verkauf mir doch.«

»Du kannst sie kriegen, wenn du mir den Kasten gibst, worauf ich sitze.« Der Mann wollte gleich, die Frau aber sagte:»Nein, das geht nicht, der Kasten ist mir gar zu lieb, den geb ich nicht weg.« Der Mann aber sprach:»Stell dich doch nicht so dumm, was nützt dir so ein alter Kasten«, gab damit dem Bruder den Kasten für den Vogel.

Der Schneider nahm den Kasten auf einen Schubkarren und fuhr ihn fort. Unterwegs sprach er:»Ich nehm den Kasten und werf ihn ins Wasser, ich nehm den Kasten und werf ihn ins Wasser!« Endlich regte sich der Pfaffe inwendig und sagte:»Ihr wisst viel, was in dem Kasten ist, lasst mich heraus, ich will Euch 50 Taler geben.«

»Ja, dafür will ich es schon tun«, ließ ihn heraus und ging mit dem Gelde heim. Die Leute wunderten sich, wo er das viele Geld herhabe, er aber sprach:»Ich will euch sagen, die Felle stehen in so hohem Preis, da hab ich meine alte Kuh geschlachtet und fürs Fell so viel gelöst.« Die Leute im Dorf wollten auch davon profitieren, gingen hin und schnitten allen ihren Ochsen, Kühen und Schafen die Hälse ab und trugen die Felle in die Stadt, wofür sie aber blutwenig lösten, weil ihrer so viel auf einmal feilgeboten wurden. Da ärgerten sich die Bauern über den Schaden und warfen dem Schneider Dreck und ander schlechtes Zeug vor seine Tür. Der aber tat alles in seinen Kasten, ging damit in die Stadt in einen Gasthof und bat den Wirt, ob er ihm nicht den Kasten, worin die größten Kostbarkeiten wären, eine Zeit lang verwahren wolle, bei ihm wären sie nicht sicher. Der Wirt sagte: »Recht gern«, und nahm den Kasten zu sich.

Einige Zeit danach kam der Schneider, forderte ihn wieder zurück und machte ihn auf, um zu sehen, ob noch alles darin wäre. Wie er nun aber voll Dreck ist, so tobte er abscheulich, beschimpfte den Wirt und drohte, ihn zu verklagen, sodass der Wirt, welcher Aufsehen scheute und für seinen Credit fürchtete, ihm gern hundert Taler gab. Die Bauern ärgerten sich wieder, dass dem Schneider alles zum Profit ausschlug, was sie ihm Leides antaten, nahmen den Kasten, steckten ihn mit Gewalt hinein, setzten ihn aufs Wasser und ließen ihn fortfließen. Der Schneider schwieg eine Weile still, bis er eine Ecke fortgeflossen war, dann rief er überlaut: »Nein, ich tu's nicht! Und ich tu's nicht! Und wenn's die ganze Welt haben wollte!« Das Geschrei hörte ein Schäfer und fragte: »Was willst du denn nicht tun?«

»Ei«, sagte der Schneider, »da ist ein König, der hat die närrische Grille und besteht darauf, dass, wer in diesem Kasten den Strom hinuntergeschwommen kommt, seine einzige Tochter heiraten soll, aber ich hab einmal meinen Kopf darauf gesetzt und tu's nicht, und wenn's die ganze Welt haben wollt.«

»Hört einmal, geht das nicht, dass sich ein anderer in den Kasten setzt und die Königstochter kriegt?«

»O ja, das geht auch.«

»So will ich mich an Eurer Stelle hineinsetzen.« Da stieg der Schneider aus, der Schäfer ein; der Schneider machte den Kasten noch zu, und der Schäfer ging bald unter. Der Schneider aber nahm die ganze Herde des Schäfers und trieb sie heim.

Die Bauern aber wunderten sich, wie das zugegangen, dass er wiederkäme und obendrein die vielen Schafe hätte. Der Schneider sagte: »Ich war untergesunken, tief, tief! Da fand ich auf dem Grund die ganze Herde und nahm sie mit heraus.« Die Bauern wollten sich da auch Schafe holen und gingen miteinander hinaus ans Wasser. Den Tag war der Himmel ganz blau mit kleinen weißen Wolken, da riefen sie: »Wir sehen schon die Lämmer unten auf dem Grund!« Da sprach der Schulz: »Ich will erst hinunter und mich umsehen, und wenn es gut ist, will ich euch rufen.« Wie er nun hineinstürzte, rauschte es in dem Wasser: Plump! Da meinten sie, er riefe ihnen zu: »Kommt!« und stürzten sich alle hinter ihm drein. Da gehörte das ganze Dorf dem Schneider.

8. Nussknacker und Mäusekönig

Am vierundzwanzigsten Dezember durften die Kinder des Medizinalrats Stahlbaum den ganzen Tag über durchaus nicht in die Mittelstube hinein, viel weniger in das daranstoßende Prunkzimmer. In einem Winkel des Hinterstübchens zusammengekauert, saßen Fritz und Marie, die tiefe Abenddämmerung war eingebrochen, und es wurde ihnen recht schaurig zumute, als man, wie es gewöhnlich an dem Tage geschah, kein Licht hereinbrachte. Fritz entdeckte ganz insgeheim wispernd der jüngeren Schwester (sie war eben erst sieben Jahre alt geworden), wie er schon seit frühmorgens es habe in den verschlossenen Stuben rauschen und rasseln und leise pochen hören. Auch sei nicht längst ein kleiner dunkler Mann mit einem großen Kasten unter dem Arm über den Flur geschlichen, er wisse aber wohl, dass es niemand anders gewesen als Pate Droßelmeier. Da schlug Marie die kleinen Händchen vor Freude zusammen und rief: »Ach, was wird nur Pate Droßelmeier für uns Schönes gemacht haben.«

Der Obergerichtsrat Droßelmeier war gar kein hübscher Mann, nur klein und mager, hatte viel Runzeln im Gesicht, statt des rechten Auges ein großes schwarzes Pflaster und auch gar keine Haare, weshalb er eine sehr schöne weiße Perücke trug, die war aber von Glas und ein künstliches Stück Arbeit. Überhaupt war der Pate selbst auch ein sehr künstlicher Mann, der sich sogar auf Uhren verstand und selbst welche machen konnte. Wenn daher eine von den schönen Uhren in Stahlbaums Hause krank war und nicht singen konnte, dann kam Pate Droßelmeier, nahm die Glasperücke ab, zog sein gelbes Röckchen aus, band eine blaue Schürze um und stach mit spitzigen Instrumenten in die Uhr hinein, sodass es der kleinen Marie ordentlich wehe tat, aber es verursachte der Uhr gar keinen Schaden, sondern sie wurde vielmehr wieder lebendig und fing gleich an, recht lustig zu schnurren, zu schlagen und zu singen, worüber denn alles große Freude hatte. Immer trug er, wenn er kam, was Hübsches für die Kinder in der Tasche, bald ein Männlein, das die Augen verdrehte und Komplimente machte, welches komisch anzusehen war, bald eine Dose, aus der ein Vögelchen heraushüpfte, bald was anderes. Aber zu Weihnachten, da hatte er immer ein schönes künstliches Werk verfertigt, das ihm viel Mühe gekostet, weshalb es auch, nachdem es einbeschert worden, sehr sorglich von den Eltern aufbewahrt wurde.

»Ach, was wird nur Pate Droßelmeier für uns Schönes gemacht haben«, rief nun Marie; Fritz meinte aber, es könne wohl diesmal nichts anders sein als eine Festung, in der allerlei sehr hübsche Soldaten auf- und abmarschierten und exerzierten, und dann müssten andere Soldaten kommen, die in die Festung hineinwollten, aber nun schössen die Soldaten von innen tapfer heraus mit Kanonen, dass es tüchtig brauste und knallte.»Nein, nein«, unterbrach Marie den Fritz.»Pate Droßelmeier hat mir von einem schönen Garten erzählt, darin ist ein großer See, auf dem schwimmen sehr herrliche Schwäne mit goldnen Halsbändern herum und singen die hübschesten Lieder. Dann kommt ein kleines Mädchen aus dem Garten an den See und lockt die Schwäne heran und füttert sie mit süßem Marzipan.«

»Schwäne fressen kein Marzipan«, fiel Fritz etwas rau ein,»und einen ganzen Garten kann Pate Droßelmeier auch nicht machen. Eigentlich haben wir wenig von seinen Spielsachen; es wird uns ja alles gleich wieder weggenommen, da ist mir denn doch das viel lieber, was uns Papa und Mama einbescheren, wir behalten es fein und können damit machen, was wir wollen.«

Nun rieten die Kinder hin und her, was es wohl diesmal wieder geben könne. Marie meinte, dass Mamsell Trutchen (ihre große Puppe) sich sehr verändere, denn ungeschickter als jemals fiele sie jeden Augenblick auf den Fußboden, welches ohne garstige Zeichen im Gesicht nicht abginge, und dann sei an Reinlichkeit in der Kleidung gar nicht mehr zu denken. Alles tüchtige Ausschelten helfe nichts. Auch habe Mama gelächelt, als sie sich über Gretchens kleinen Sonnenschirm so gefreut.

Fritz versicherte dagegen, ein tüchtiger Fuchs fehle seinem Marstall durchaus, so wie seinen Truppen gänzlich an Kavallerie, das sei dem Papa recht gut bekannt.

So wussten die Kinder wohl, dass die Eltern ihnen allerlei schöne Gaben eingekauft hatten, die sie nun aufstellten, es war ihnen aber auch gewiss, dass dabei der liebe Heilige Christ mit gar freundlichen frommen Kindesaugen hineinleuchte und dass wie von segensreicher Hand berührt, jede Weihnachtsgabe herrliche Lust bereite wie keine andere. Daran erinnerte die Kinder, die immerfort von den zu erwartenden Geschenken wisperten, ihre ältere Schwester Luise, hinzufügend, dass es nun aber auch der Heilige Christ sei, der durch die Hand der lieben Eltern den Kindern immer das beschere, was ihnen wahre Freude und Lust bereiten könne, das wisse er viel besser als die Kinder selbst, die müssten daher nicht allerlei wünschen und hoffen, sondern still und fromm erwarten, was ihnen beschert worden. Die kleine Marie wurde ganz nachdenklich, aber Fritz murmelte vor sich hin: »Einen Fuchs und Husaren hätt ich nun einmal gern.«

Es war ganz finster geworden. Fritz und Marie, fest aneinander gedrückt, wagten kein Wort mehr zu reden, es war ihnen, als rausche es mit linden Flügeln um sie her und als ließe sich eine ganz ferne, aber sehr herrliche Musik vernehmen. Ein heller Schein streifte an der Wand hin, da wussten die Kinder, dass nun das Christkind auf glänzenden Wolken fortgeflogen zu andern glücklichen Kindern. In dem Augenblick ging es mit silberhellem Ton: »Klingling, klingling«, die Türen sprangen auf, und solch ein Glanz strahlte aus dem großen Zimmer hinein, dass die Kinder mit lautem Ausruf: »Ach ! – Ach !« wie erstarrt auf der Schwelle stehen blieben. Aber Papa und Mama traten in die Türe, fassten die Kinder bei der Hand und sprachen: »Kommt doch nur, kommt doch nur, ihr lieben Kinder, und seht, was euch der Heilige Christ beschert hat.«

Ich wende mich an dich selbst, sehr geneigter Leser oder Zuhörer, lieber Fritz, Theodor, Ernst oder wie du sonst heißen magst, und bitte dich, dass du dir deinen letzten mit schönen bunten Gaben reich geschmückten Weihnachtstisch recht lebhaft vor Augen bringen mögest, dann wirst du es dir wohl auch denken können, wie die Kinder mit glänzenden Augen und ganz verstummt stehen blieben, wie erst nach einer Weile Marie mit einem tiefen Seufzer rief: »Ach, wie schön – ach, wie schön«, und Fritz versuchte einige Luftsprünge, die ihm überaus wohl gerieten. Aber die

Kinder mussten auch das ganze Jahr über besonders artig und fromm gewesen sein, denn nie war ihnen so viel Schönes, Herrliches einbeschert worden als dieses Mal.

Der große Tannenbaum in der Mitte trug viele goldne und silberne Äpfel, und wie Knospen und Blüten keimten Zuckermandeln und bunte Bonbons und was es sonst noch für schönes Naschwerk gibt, aus allen Ästen. Als das Schönste an dem Wunderbaum musste aber wohl gerühmt werden, dass in seinen Zweigen hundert kleine Lichter wie Sternlein funkelten und er selbst, in sich hinein- und herausleuchtend, die Kinder freundlich einlud, seine Blüten und Früchte zu pflücken. Um den Baum umher glänzte alles sehr bunt und herrlich – was es da alles für schöne Sachen gab – ja, wer das zu beschreiben vermöchte! Marie erblickte die zierlichsten Puppen, allerlei saubere kleine Gerätschaften, und was vor allem schön anzusehen war, ein seidenes Kleidchen, mit bunten Bändern zierlich geschmückt, hing an einem Gestell so der kleinen Marie vor Augen, dass sie es von allen Seiten betrachten konnte, und das tat sie denn auch, indem sie ein Mal über das andere ausrief: »Ach, das schöne, ach, das liebe – liebe Kleidchen; und das werde ich – ganz gewiss – das werde ich wirklich anziehen dürfen!«

Fritz hatte indessen, schon drei- oder viermal um den Tisch herumgaloppierend und -trabend, den neuen Fuchs versucht, den er in der Tat am Tische angezäumt gefunden. Wieder absteigend, meinte er, es sei eine wilde Bestie, das täte aber nichts, er wolle ihn schon kriegen, und musterte die neue Schwadron Husaren, die sehr prächtig in Rot und Gold gekleidet waren, lauter silberne Waffen trugen und auf solchen weißglänzenden Pferden ritten, dass man beinahe hätte glauben sollen, auch diese seien von purem Silber.

Eben wollten die Kinder, etwas ruhiger geworden, über die Bilderbücher her, die aufgeschlagen waren, dass man allerlei sehr schöne Blumen und bunte Menschen, ja auch allerliebste spielende Kinder, so natürlich gemalt, als lebten und sprächen sie wirklich, gleich anschauen konnte. Ja! Eben wollten die Kinder über diese wunderbaren Bücher her, als nochmals geklingelt wurde. Sie wussten, dass nun der Pate Droßelmeier einbescheren würde, und liefen nach dem an der Wand stehenden Tisch, schnell wurde der Schirm, hinter dem er so lange versteckt gewesen, weggenommen. Was erblickten da die Kinder! Auf einem grünen, mit bunten Blumen geschmückten Rasenplatz stand ein sehr herrliches Schloss mit vielen Spiegelfenstern und goldnen Türmen. Ein Glockenspiel ließ sich hören, Türen und Fenster gingen auf, und man sah, wie sehr kleine, aber zierliche Herren und Damen mit Federhüten und langen Schleppkleidern in den Sälen herumspazierten. In dem Mittelsaal, der ganz in Feuer zu stehen schien – so viel Lichterchen brannten an silbernen Kronleuchtern –, tanzten Kinder in kurzen Wämschen und Röckchen nach dem Glockenspiel. Ein Herr in einem smaragdenen Mantel sah oft durch ein Fenster, winkte heraus und verschwand wieder, sowie auch Pate Droßelmeier selbst, aber kaum viel höher als Papas Daumen, zuweilen unten an der Tür des Schlosses stand und wieder hineinging.

Fritz hatte mit auf den Tisch gestemmten Armen das schöne Schloss und die tanzenden und spazierenden Figürchen angesehen, dann sprach er: »Pate Droßelmeier! Lass mich mal hineingehen in dein Schloss!«

Der Obergerichtsrat bedeutete ihm, dass das nun ganz und gar nicht anginge. Er hatte auch recht, denn es war töricht von Fritzen, dass er in ein Schloss gehen wollte, welches überhaupt mitsamt seinen goldenen Türmen nicht so hoch war als er selbst. Fritz sah das auch ein. Nach einer Weile, als immerfort auf dieselbe Weise die Herren und Damen hin und her spazierten, die Kinder tanzten, der smaragdne Mann zu demselben Fenster heraussah, Pate Droßelmeier, vor die Tür trat, da rief Fritz ungeduldig: »Pate

Droßelmeier, nun komm mal zu der andern Türe da drüben heraus.«

»Das geht nicht, liebes Fritzchen«, erwiderte der Obergerichtsrat. »Nun, so lass mal«, sprach Fritz weiter, »lass mal den grünen Mann, der so oft herausguckt, mit den andern herumspazieren.«

»Das geht auch nicht«, erwiderte der Obergerichtsrat aufs Neue. »So sollen die Kinder herunterkommen«, rief Fritz, »ich will sie näher besehen.«

»So-o?«, fragte Fritz mit gedehntem Ton, »das geht alles nicht? Hör mal, Pate Droßelmeier, wenn deine kleinen geputzten Dinger in dem Schlosse nichts mehr können als immer dasselbe, da taugen sie nicht viel, und ich frage nicht sonderlich nach ihnen. – Nein, da lob ich mir meine Husaren, die müssen manövrieren, vorwärts, rückwärts, wie ich's haben will, und sind auch in kein Haus eingesperrt.« Und damit sprang er fort an den Weihnachtstisch und ließ seine Eskadron auf den silbernen Pferden hin und her trottieren und schwenken und einbauen und feuern nach Herzenslust. Auch Marie hatte sich sachte fortgeschlichen, denn auch sie wurde des Herumgehens und Tanzens der Püppchen im Schlosse bald überdrüssig und mochte es, da sie sehr artig und gut war, nur nicht so merken lassen wie Bruder Fritz.

Der Obergerichtsrat Droßelmeier sprach ziemlich verdrießlich zu den Eltern: »Für unverständige Kinder ist solch künstliches Werk nicht, ich will nur mein Schloss wieder einpacken«; doch die Mutter trat hinzu und ließ sich den innern Bau und das wunderbare, sehr künstliche Räderwerk zeigen, wodurch die kleinen Püppchen in Bewegung gesetzt wurden. Der Rat nahm alles auseinander und setzte es wieder zusammen. Dabei war er wieder ganz heiter geworden und schenkte den Kindern noch einige schöne braune Männer und Frauen mit goldnen Gesichtern, Händen und Beinen. Sie waren sämtlich aus Thorn, und rochen so süß und angenehm wie Pfefferkuchen, worüber Fritz und Marie sich sehr erfreuten.

Schwester Luise hatte, wie es die Mutter gewollt, das schöne Kleid angezogen, welches ihr einbeschert worden, und sah wunderhübsch aus, aber Marie meinte, als sie auch ihr Kleid anziehen sollte, sie möchte es lieber noch ein bisschen so ansehen. Man erlaubte ihr das gern.

Eigentlich mochte Marie sich deshalb gar nicht von dem Weihnachtstisch trennen, weil sie eben etwas noch nicht Bemerktes entdeckt hatte. Durch das Ausrücken von Fritzens Husaren, die dicht an dem Baum in Parade gehalten, war nämlich ein sehr vortrefflicher kleiner Mann sichtbar geworden, der still und bescheiden dastand, als erwarte er ruhig, wenn die Reihe an ihn kommen werde. Gegen seinen Wuchs wäre freilich vieles einzuwenden gewesen, denn abgesehen davon dass der etwas lange, starke Oberleib nicht recht zu den kleinen dünnen Beinchen passen wollte, so schien auch der Kopf bei Weitem zu groß. Vieles machte die propre Kleidung gut, welche auf einen Mann von Geschmack und Bildung schließen ließ. Er trug nämlich ein sehr schönes violettglänzendes Husarenjäckchen mit vielen weißen Schnüren und Knöpfchen, ebensolche Beinkleider und die schönsten Stiefelchen, die jemals an die Füße eines Studenten, ja wohl gar eines Offiziers gekommen sind. Sie saßen an den zierlichen Beinchen so knapp angegossen, als wären sie darauf gemalt. Komisch war es zwar, dass er zu dieser Kleidung sich hinten einen schmalen unbeholfenen Mantel, der recht aussah wie von Holz, angehängt und ein Bergmannsmützchen aufgesetzt hatte, indessen dachte Marie daran, dass Pate Droßelmeier ja auch einen sehr schlechten Matin umhänge und eine fatale Mütze aufsetze, dabei aber doch ein gar lieber Pate sei. Auch stellte Marie die Betrachtung an, dass Pate Droßelmeier, trüge er sich auch übrigens so zierlich wie der Kleine, doch nicht einmal so hübsch als er aussehen werde.

Indem Marie den netten Mann, den sie auf den ersten Blick liebgewonnen, immer mehr und mehr ansah, da wurde sie erst recht inne, welche Gutmütigkeit auf seinem Gesichte lag. Aus den hellgrünen, etwas zu großen hervorstehenden Augen sprach nichts als Freundschaft und Wohlwollen. Es stand dem Manne gut, dass sich um sein Kinn ein wohlfrisierter Bart von weißer Baumwolle legte, denn umso mehr konnte man das süße Lächeln des hochroten Mundes bemerken. »Ach!«, rief Marie endlich aus, »ach, lieber Vater, wem gehört denn der allerliebste kleine Mann dort am Baum?«

»Der«, antwortete der Vater, »der, liebes Kind! soll für euch alle tüchtig arbeiten, er soll euch fein die harten Nüsse aufbeißen, und er gehört Luisen, deiner großen Schwester ebenso gut als dir und dem Fritz.« Damit nahm ihn der Vater behutsam vom Tische, und indem er den hölzernen Mantel in die Höhe hob, sperrte das Männlein den Mund weit, weit auf und zeigte zwei Reihen sehr weißer spitzer Zähnchen. Marie schob auf des Vaters Geheiß eine Nuss hinein, und – knack! – hatte sie der Mann zerbissen, dass die Schalen abfielen und Marie den süßen Kern in die Hand bekam.

Nun musste wohl jeder und auch Marie wissen, dass der zierliche kleine Mann aus dem Geschlecht der Nussknacker abstammte und die Profession seiner Vorfahren trieb. Sie jauchzte auf vor Freude, da sprach der Vater: »Da dir, liebe Marie, Freund Nussknacker so sehr gefällt, so sollst du ihn auch besonders hüten und schützen, unerachtet, wie ich gesagt, Luise und Fritz ihn mit ebenso vielem Recht brauchen können als du!«

Marie nahm ihn sogleich in den Arm und ließ ihn Nüsse aufknacken, doch suchte sie die kleinsten aus, damit das Männlein nicht so weit den Mund aufsperren durfte, wel-

46

ches ihm doch im Grunde nicht gut stand. Luise gesellte sich zu ihr, und auch für sie musste Freund Nussknacker seine Dienste verrichten, welches er gern zu tun schien, da er immerfort sehr freundlich lächelte.

Fritz war unterdessen vom vielen Exerzieren und Reiten müde geworden, und da er so lustig Nüsse knacken hörte, sprang er hin zu den Schwestern und lachte recht von Herzen über den kleinen drolligen Mann, der nun, da Fritz auch Nüsse essen wollte, von Hand zu Hand ging und gar nicht aufhören konnte mit Auf- und Zuschnappen. Fritz schob immer die größten und härtesten Nüsse hinein, aber mit einem Male ging es – krack – krack – und drei Zähnchen fielen aus des Nussknackers Munde, und sein ganzes Unterkinn war lose und wacklig.

»Ach, mein armer lieber Nussknacker!«, schrie Marie laut und nahm ihn dem Fritz aus den Händen.

»Das ist ein einfältiger dummer Bursche«, sprach Fritz. »Will Nussknacker sein, und hat kein ordentliches Gebiss – mag wohl auch sein Handwerk gar nicht verstehn. – Gib ihn nur her, Marie! Er soll mir Nüsse zerbeißen, verliert er auch noch die übrigen Zähne, ja das ganze Kinn obendrein, was ist an dem Taugenichts gelegen.«

»Nein, nein«, rief Marie weinend, »du bekommst ihn nicht, meinen lieben Nussknacker, sieh nur her, wie er mich so wehmütig anschaut und mir sein wundes Mündchen zeigt! – Aber du bist ein hartherziger Mensch – du schlägst deine Pferde und lässt wohl gar einen Soldaten totschießen.«

»Das muss so sein, das verstehst du nicht«, rief Fritz. »Aber der Nussknacker gehört ebensogut mir als dir, gib ihn nur her.«

Marie fing an, heftig zu weinen, und wickelte den kranken Nussknacker schnell in ihr kleines Taschentuch ein. Die Eltern kamen mit dem Paten Droßelmeier herbei. Dieser nahm zu Mariens Leidwesen Fritzens Partie. Der Vater sagte aber: »Ich habe den Nussknacker ausdrücklich unter Mariens Schutz gestellt, und da, wie ich sehe, er dessen eben jetzt bedarf, so hat sie volle Macht über ihn, ohne dass jemand dreinzureden hat. Übrigens wundert es mich sehr von Fritzen, dass er von einem im Dienst Erkrankten noch fernere Dienste verlangt. Als guter Militär sollte er doch wohl wissen, dass man Verwundete niemals in Reihe und Glied stellt?«

Fritz war sehr beschämt und schlich, ohne sich weiter um Nüsse und Nussknacker zu bekümmern, fort an die andere Seite des Tisches, wo seine Husaren, nachdem sie gehörige Vorposten ausgestellt hatten, ins Nachtquartier gezogen waren. Marie suchte Nussknackers verlorne Zähnchen zusammen, um das kranke Kinn hatte sie ein hübsches weißes Band, das sie von ihrem Kleidchen abgelöst, gebunden und dann den armen Kleinen, der sehr blass und erschrocken aussah, noch sorgfältiger als vorher in ihr Tuch eingewickelt. So hielt sie ihn wie ein kleines Kind wiegend in den Armen und besah die schönen Bilder des neuen Bilderbuchs, das heute unter den andern vielen Gaben lag. Sie wurde, wie es sonst gar nicht ihre Art war, recht böse, als Pate Droßelmeier so sehr lachte und immerfort frug: wie sie denn mit einem so grundhässlichen kleinen Kerl so schöntun könne?

Jener sonderbare Vergleich mit Droßelmeier, den sie anstellte, als der Kleine ihr zuerst in die Augen fiel, kam ihr wieder in den Sinn, und sie sprach sehr ernst: »Wer weiß, lieber Pate, ob du denn putztest dich auch so heraus wie mein lieber Nussknacker und hättest du auch solche schöne blanke Stiefelchen an, wer weiß, ob du denn doch so hübsch aussehen würdest als er!«

Marie wusste gar nicht, warum denn die Eltern so laut auflachten und warum der Obergerichtsrat solch eine rote Nase bekam und gar nicht so hell mitlachte wie zuvor. Es mochte wohl seine besondere Ursache haben.

Bei Medizinalrats in der Wohnstube, wenn man zur Türe hineintritt, gleich links an der breiten Wand, steht ein hoher Glasschrank, in welchem die Kinder all die schönen Sachen, die ihnen jedes Jahr einbeschert worden, aufbewahren. Die Luise war noch ganz klein, als der Vater den Schrank von einem sehr geschickten Tischler machen ließ, der so himmelhelle Scheiben einsetzte und überhaupt das Ganze so geschickt einzurichten wusste, dass alles drinnen sich beinahe blanker und hübscher ausnahm, als wenn man es in Händen hatte. Im obersten Fache, für Marien und Fritzen unerreichbar, standen des Paten Droßelmeier Kunstwerke, gleich darunter war das Fach für die Bilderbücher, die beiden untersten Fächer durften Marie und Fritz anfüllen, wie sie wollten, jedoch geschah es immer, dass Marie das unterste Fach ihren Puppen zur Wohnung einräumte, Fritz dagegen in dem Fache drüber seine Truppen Kantonierungsquartiere beziehen ließ.

So war es auch heute gekommen, denn, indem Fritz seine Husaren oben aufgestellt, hatte Marie unten Mamsell Trudchen beiseite gelegt, die neue schön geputzte Puppe in das sehr gut möblierte Zimmer hineingesetzt und sich auf Zuckerwerk bei ihr eingeladen. Sehr gut möbliert war das Zimmer, habe ich gesagt, und das ist auch wahr, denn ich weiß nicht, ob du, meine aufmerksame Zuhörerin Marie! ebenso wie die kleine Stahlbaum (es ist dir schon bekannt geworden, dass sie auch Marie heißt), ja! – ich meine, ob du ebenso wie diese ein kleines schöngeblümtes Sofa, mehrere allerliebste Stühlchen, einen niedlichen Teetisch, vor allen Dingen aber ein sehr nettes blankes Bettchen besitzest, worin die schönsten Puppen ausruhen? Alles dieses stand in der Ecke des Schranks, dessen Wände hier sogar mit bunten Bilderchen tapeziert waren, und du kannst dir wohl denken, dass in diesem Zimmer die neue Puppe, welche, wie Marie noch denselben Abend erfuhr, Mamsell Klärchen hieß, sich sehr wohl befinden musste.

Es war später Abend geworden, ja Mitternacht im An-
zuge, und Pate Droßelmeier längst fortgegangen, als die
Kinder noch gar nicht wegkommen konnten von dem Glasschrank, sosehr auch die Mutter mahnte, dass sie doch endlich nun zu Bette gehen möchten.

»Es ist wahr«, rief endlich Fritz, »die armen Kerls« (seine
Husaren meinend) »wollen auch nun Ruhe haben, und solange ich da bin, wagt's keiner, ein bisschen zu nicken, das
weiß ich schon!« Damit ging er ab; Marie aber bat gar sehr:
»Nur noch ein Weilchen, ein einziges kleines Weilchen lass
mich hier, liebe Mutter, hab ich ja doch manches zu besorgen, und ist das geschehen, so will ich ja gleich zu Bette gehen!«

Marie war gar ein frommes vernünftiges Kind, und so
konnte die gute Mutter wohl ohne Sorgen sie noch bei den
Spielsachen allein lassen. Damit aber Marie nicht etwa gar
zu sehr verlockt werde von der neuen Puppe und den schönen Spielsachen überhaupt, soaber die Lichter vergäße, die
rings um den Wandschrank brannten, löschte die Mutter
sie sämtlich aus, sodass nur die Lampe, die in der Mitte des
Zimmers von der Decke herabhing, ein sanftes anmutiges
Licht verbreitete. »Komm bald hinein, liebe Marie! sonst
kannst du ja morgen nicht zu rechter Zeit aufstehen«, rief
die Mutter, indem sie sich in das Schlafzimmer entfernte.
Sobald sich Marie allein befand, schritt sie schnell dazu,
was ihr zu tun recht auf dem Herzen lag, und was sie doch
nicht, selbst wusste sie nicht warum, der Mutter zu entdecken vermochte. Noch immer hatte sie den kranken Nussknacker, eingewickelt in ihr Taschentuch, auf dem Arm
getragen. Jetzt legte sie ihn behutsam auf den Tisch, wickelte leise, leise das Tuch ab und sah nach den Wunden.
Nussknacker war sehr bleich, aber dabei lächelte er so sehr
wehmütig freundlich, dass es Marien recht durch das Herz
ging. »Ach, Nussknackerchen«, sprach sie sehr leise, »sei

nur nicht böse, dass Bruder Fritz dir so wehe getan hat, er hat es auch nicht so schlimm gemeint, er ist nur ein bisschen hartherzig geworden durch das wilde Soldatenwesen, aber sonst ein recht guter Junge, das kann ich dich versichern. Nun will ich dich aber auch recht sorglich so lange pflegen, bis du wieder ganz gesund und fröhlich geworden; dir deine Zähnchen recht fest einsetzen, dir die Schultern einrenken, das soll Pate Droßelmeier, der sich auf solche Dinge versteht.«

Aber nicht ausreden konnte Marie, denn indem sie den Namen Droßelmeier nannte, machte Freund Nussknacker ein ganz verdammt schiefes Maul, und aus seinen Augen fuhr es heraus wie grünfunkelnde Stacheln. In dem Augenblick aber, dass Marie sich recht entsetzen wollte, war es ja wieder des ehrlichen Nussknackers wehmütig lächelndes Gesicht, welches sie anblickte, und sie wusste nun wohl, dass der von der Zugluft berührte, schnell auflodernde Strahl der Lampe im Zimmer Nussknackers Gesicht so entstellt hatte.

»Bin ich nicht ein töricht Mädchen, dass ich so leicht erschrecke, sodass ich sogar glaube, das Holzpüppchen da könne mir Gesichter schneiden! Aber lieb ist mir doch Nussknacker gar zu sehr, weil er so komisch ist, und doch so gutmütig, und darum muss er gepflegt werden, wie sich's gehört!«

Damit nahm Marie den Freund Nussknacker in den Arm, näherte sich dem Glasschrank, kauerte vor demselben und sprach also zur neuen Puppe: »Ich bitte dich recht sehr, Mamsell Clärchen, tritt dein Bettchen dem kranken wunden Nussknacker ab und behelfe dich, so gut wie es geht, mit dem Sofa. Bedenke, dass du sehr gesund und recht bei Kräften bist, denn sonst würdest du nicht solche dicke dunkelrote Backen haben, und dass sehr wenige der allerschönsten Puppen solche weiche Sofas besitzen.« Mamsell Clärchen sah in vollem glänzenden Weihnachtsputz sehr vornehm und verdrießlich aus, und sagte nicht »Muck!«

»Was mache ich aber auch für Umstände«, sprach Marie, nahm das Bette hervor, legte sehr leise und sanft Nussknackerchen hinein, wickelte noch ein gar schönes Bändchen, das sie sonst um den Leib getragen, um die wunden Schultern, und bedeckte ihn bis unter die Nase. »Bei der unartigen Claire darf er aber nicht bleiben«, sprach sie weiter, und hob das Bettchen samt dem darinneliegenden Nussknacker heraus in das obere Fach, sodass es dicht neben dem schönen Dorf zu stehen kam, wo Fritzens Husaren kantonierten. Sie verschloss den Schrank und wollte ins Schlafzimmer, da – horcht auf, Kinder! – da fing es an, leise – leise zu wispern und zu flüstern und zu rascheln ringsherum, hinter dem Ofen, hinter den Stühlen, hinter den Schränken. – Die Wanduhr schnurrte dazwischen lauter und lauter, aber sie konnte nicht schlagen. Marie blickte hin, da hatte die große vergoldete Eule, die darauf saß, ihre Flügel herabgesenkt, sodass sie die ganze Uhr überdeckten, und den hässlichen Katzenkopf mit krummem Schnabel weit vorgestreckt. Und stärker schnurrte es mit vernehmlichen Worten:

»Uhr, Uhre, Uhre, Uhren,
Müsst alle nur leise schnurren, leise schnurren.
Mäusekönig hat ja wohl ein feines Ohr
Purrpurr – pum, pum – singt nur,
Singt ihr altes Liedlein vor – purr, purr – pum, pum
Schlag an, Glöcklein, schlag an – bald ist es um ihn getan!«

Und pum, pum ging es ganz dumpf und heiser, zwölfmal! – Marien fing an, sehr zu grauen, und entsetzt wär' sie beinahe davongelaufen, als sie Pate Droßelmeier erblickte, der statt der Eule auf der Wanduhr saß und seine gelben Rockschöße von beiden Seiten wie Flügel herabgehängt hatte, aber sie

ermannte sich und rief laut und weinerlich: »Pate Droßelmeier, Pate Droßelmeier, was willst du da oben? Komm herunter zu mir und erschrecke mich nicht so, du böser Pate
Droßelmeier!«

Aber da ging ein tolles Kichern und Gepfeife los rundum-
her, und bald trottierte und lief es hinter den Wänden wie
mit tausend kleinen Füßchen, und tausend kleine Lichterchen blickten aus den Ritzen der Dielen. Aber nicht Lichterchen waren es, nein! kleine funkelnde Augen, und Marie
wurde gewahr, dass überall Mäuse hervorguckten und sich
hervorarbeiteten. Bald ging es trott – trott – hopp, hopp
in der Stube umher – immer lichtere und dichtere Haufen
Mäuse galoppierten hin und her und stellten sich endlich
in Reihe und Glied, so wie Fritz seine Soldaten zu stellen
pflegte, wenn es zur Schlacht gehen sollte.

Das kam nun Marien sehr possierlich vor, und da sie nicht,
wie manche andre Kinder, einen natürlichen Abscheu gegen
Mäuse hatte, wollte ihr eben alles Grauen vergehen, als es
mit einemmal so entsetzlich und so schneidend zu pfeifen
begann, dass es ihr eiskalt über den Rücken lief! – Ach, was
erblickte sie jetzt!

Dicht, dicht vor ihren Füßen sprühte es, wie von unterir-
discher Gewalt getrieben, Sand und Kalk und zerbröckelte
Mauersteine hervor, und sieben Mäuseköpfe mit sieben hell
funkelnden Kronen erhoben sich recht gräßlich zischend
und pfeifend aus dem Boden: Bald arbeitete sich auch der
Mäusekörper, an dessen Hals die sieben Köpfe angewach-
sen waren, vollends hervor, und der großen, mit sieben
Diademen geschmückten Maus jauchzte in vollem Chorus
dreimal laut aufquiekend das ganze Heer entgegen, das sich
nun auf einmal in Bewegung setzte, und hott, hott – trott –
trott ging es – ach, geradezu auf den Schrank – geradezu
auf Marien los, die noch dicht an der Glastüre des Schran-
kes stand.

Vor Angst und Grauen hatte Marien das Herz schon so gepocht, dass sie glaubte, es müsse nun gleich aus der Brust herausspringen, und dann müsste sie sterben; aber nun war es ihr, als stehe ihr das Blut in den Adern still. Halb ohnmächtig wankte sie zurück, da ging es klirr – klirr – prr, und in Scherben fiel die Glasscheibe des Schranks herab, die sie mit dem Ellbogen eingestoßen. Sie fühlte wohl in dem Augenblick einen recht stechenden Schmerz am linken Arm, aber es war ihr auch plötzlich viel leichter ums Herz, sie hörte kein Quieken und Pfeifen mehr, es war alles ganz still geworden, und obschon sie nicht hinblicken mochte, glaubte sie doch, die Mäuse wären von dem Klirren der Scheibe erschreckt wieder abgezogen in ihre Löcher.

Aber was war denn das wieder? – Dicht hinter Marien fing es an, im Schrank auf seltsame Weise zu rumoren, und ganz feine Stimmchen fingen an:

>»Aufgewacht – aufgewacht
Woll'n zur Schlacht – noch diese Nacht
Aufgewacht – auf zur Schlacht.«

Und dabei klingelte es mit harmonischen Glocklein gar hübsch und anmutig!

»Ach, das ist ja mein kleines Glockenspiel«, rief Marie freudig und sprang schnell zur Seite. Da sah sie, wie es im Schrank ganz sonderbar leuchtete und herumwirtschaftete und hantierte.

Es waren mehrere Puppen, die durcheinanderliefen und mit den kleinen Armen herumfochten. Mit einemmal erhob sich jetzt Nussknacker, warf die Decke weit von sich und sprang mit beiden Füßen zugleich aus dem Bette, indem er laut rief:

»Knack – knack – knack
Dummes Mäusepack
Dummer toller Schnack – Mäusepack
Knack – knack – Mäusepack
Krick und krack – wahrer Schnack.«

Und damit zog er sein kleines Schwert und schwang es in den Lüften und rief: »Ihr, meine lieben Vasallen, Freunde und Brüder, wollt ihr mir beistehen im harten Kampf?«

Sogleich schrien heftig drei Skaramuze, ein Pantalon, vier Schornsteinfeger, zwei Zitherspielmänner und ein Tambour: »Ja, Herr – wir hängen Euch an in standhafter Treue – mit Euch ziehen wir in Tod, Sieg und Kampf!« und stürzten sich nach dem begeisterten Nussknacker, der den gefährlichen Sprung wagte, vom obern Fach herab.

Sowie Nussknacker herabspringt, geht auch das Quieken und Piepen wieder los. Ach! unter dem großen Tische halten ja die fatalen Rotten unzählige Mäuse, und über alle ragt die abscheuliche Maus mit den sieben Köpfen hervor! Wie wird das nun werden!

»Schlagt den Generalmarsch, getreuer Vasalle Tambour!«, schrie Nussknacker sehr laut, und sogleich fing der Tambour an, auf die künstlichste Weise zu wirbeln, dass die Fenster des Glasschranks zitterten und dröhnten.

Nun krackte und klapperte es drinnen, und Marie wurde gewahr, dass die Deckel sämtlicher Schachteln, worin Fritzens Armee einquartiert war, mit Gewalt auf- und die Soldaten heraus und herab ins unterste Fach sprangen, dort sich aber in blanken Rotten sammelten. Nussknacker lief auf und nieder, begeisterte Worte zu den Truppen sprechend.

»Kein Hund von Trompeter regt und rührt sich«, schrie Nussknacker erbost, wandte sich aber dann schnell zum Pantalon, der, etwas blass geworden, mit dem langen Kinn sehr wackelte, und sprach feierlich: »General, ich kenne ihren Mut und Ihre Erfahrung, hier gilt's schnellen Überblick und Benutzung des Moments – ich vertraue Ihnen das Kommando sämtlicher Kavallerie und Artillerie an – ein Pferd brauchen Sie nicht, Sie haben sehr lange Beine und galoppieren damit leidlich. Tun Sie jetzt, was Ihres Berufs ist.«

Sogleich drückte Pantalon die dürren langen Fingerchen an den Mund und krähte so durchdringend, dass es klang, als würden hundert helle Trompetlein lustig geblasen. Da ging es im Schrank an ein Kichern und Stampfen, und siehe, Fritzens Kürassiere und Dragoner, vor allen Dingen aber die neuen glänzenden Husaren rückten aus und hielten bald unten auf dem Fußboden. Nun defilierte Regiment auf Regiment mit fliegenden Fahnen und klingendem Spiel bei Nussknacker vorüber und stellte sich in breiter Reihe quer über den Boden des Zimmers. Aber vor ihnen her fuhren rasselnd Fritzens Kanonen auf, von den Kanonieren umgeben, und bald ging es bum – bum, und Marie sah, wie die Zuckererbsen einschlugen in den dicken Haufen der Mäuse, die davon ganz weiß überpudert wurden und sich sehr schämten. Vorzüglich tat ihnen aber eine schwere Batterie viel Schaden, die auf Mamas Fußbank aufgefahren war und Pum – Pum – Pum, immer hintereinander fort Pfeffernüsse unter die Mäuse schoss, wovon sie umfielen. Die Mäuse kamen aber doch immer näher und überrannten sogar einige Kanonen, aber da ging es Prr – Prr – Prr, und vor Rauch und Staub konnte Marie kaum sehen, was nun geschah. Doch so viel war gewiss, dass jedes Korps sich mit der höchsten Erbitterung schlug und der Sieg lange hin- und herschwankte. Die Mäuse entwickelten immer mehr und mehr Massen, und ihre kleinen silbernen Pillen, die sie sehr geschickt zu schleudern wussten, schlugen schon bis in den Glasschrank hinein. Verzweiflungsvoll liefen Clairchen und Trutchen umher, und rangen sich die Händchen wund.

»Soll ich in meiner blühendsten Jugend sterben! Ich, die schönste der Puppen!«, schrie Clairchen.

»Hab ich darum mich so gut konserviert, um hier in meinen vier Wänden umzukommen?«, rief Trutchen.

Dann fielen sie sich um den Hals und heulten so sehr, dass man es trotz des tollen Lärms doch hören konnte. Denn von dem Spektakel, der nun losging, habt ihr kaum einen Begriff, werte Zuhörer.

Das ging – Prr – Prr – Puff, Piff – Schnetterdeng – Schnetterdeng – Bum, Burum, Bum – Burum – Bum – durcheinander, und dabei quiekten und schrien Mauskönig und Mäuse, und dann hörte man wieder Nussknackers gewaltige Stimme, wie er nützliche Befehle austeilte, und sah ihn, wie er über die im Feuer stehenden Bataillone hinwegschritt!

Pantalon hatte einige sehr glänzende Kavalleriangriffe gemacht und sich mit Ruhm bedeckt, aber Fritzens Husaren wurden von der Mäuseartillerie mit hässlichen, übel riechenden Kugeln beworfen, die ganz fatale Flecke in ihre roten Wämsern machten, weshalb sie nicht recht vor wollten.

Pantalon ließ sie links abschwenken, und in der Begeisterung des Kommandierens machte er es ebenso und seine Kürassiere und Dragoner auch, das heißt, sie schwenkten alle links ab und gingen nach Hause. Dadurch geriet die auf der Fußbank postierte Batterie in Gefahr, und es dauerte auch gar nicht lange, so kam ein dicker Haufe sehr hässlicher Mäuse und rannte so stark an, dass die ganze Fußbank mitsamt den Kanonieren und Kanonen umfiel. Nussknacker schien sehr bestürzt und befahl, dass der rechte Flügel eine rückgängige Bewegung machen solle.

Am linken Flügel der Nussknackerischen Armee stand alles noch sehr gut und war für Feldherrn und Armee viel zu hoffen. Während des hitzigsten Gefechts waren leise leise Mäuse-Kavalleriemassen unter der Kommode herausdebouchiert und hatten sich unter lautem gräßlichen Gequiek mit

Wut auf den linken Flügel der Nussknackerischen Armee geworfen, aber welchen Widerstand fanden sie! Langsam, wie es die Schwierigkeit des Terrains nur erlaubte, da die Leiste des Schranks zu passieren, war das Devisen-Korps unter der Anführung zweier chinesischer Kaiser vorgerückt und hatte sich en quarré formiert. Diese wackern, sehr bunten und herrlichen Truppen, die aus vielen Gärtnern, Tirolern, Tungusen, Friseurs, Harlekins, Kupidos, Löwen, Tigern, Meerkatzen und Affen bestanden, fochten mit Fassung, Mut und Ausdauer. Mit spartanischer Tapferkeit hätte dies Bataillon von Eliten dem Feinde den Sieg entrissen, wenn nicht ein verwegener feindlicher Rittmeister tollkühn vordringend einem der chinesischen Kaiser den Kopf abgebissen und dieser im Fallen zwei Tungusen und eine Meerkatze erschlagen hätte. Dadurch entstand eine Lücke, durch die der Feind eindrang, und bald war das ganze Bataillon zerbissen. Doch wenig Vorteil hatte der Feind von dieser Untat. Sowie ein Mäusekavallerist mordlustig einen der tapfern Gegner mittendurch zerbiss, bekam er einen kleinen gedruckten Zettel in den Hals, wovon er augenblicklich starb. Half dies aber wohl auch der Nussknackerischen Armee, die, einmal rückgängig geworden, immer rückgängiger wurde und immer mehr Leute verlor, sodass der unglückliche Nussknacker nur mit einem gar kleinen Häufchen dicht vor dem Glasschranke hielt? »Die Reserve soll heran! – Pantalon – Skaramuz – Tambour – wo seid ihr?«

So schrie Nussknacker, der noch auf neue Truppen hoffte, die sich aus dem Glasschrank entwickeln sollten. Es kamen auch wirklich einige braune Männer und Frauen aus Thorn mit goldnen Gesichtern, Hüten und Helmen heran, die fochten aber so ungeschickt um sich herum, dass sie keinen der Feinde trafen und bald ihrem Feldherrn Nussknacker selbst die Mütze vom Kopfe heruntergefochten hätten. Die feindlichen Chasseurs bissen ihnen auch bald die Beine ab, sodass sie umstülpten und noch dazu einige von Nuss-knackers Waffenbrüdern erschlugen. Nun war Nussknacker vom Feinde dicht umringt, in der höchsten Angst und Not. Er wollte über die Leiste des Schranks springen, aber die Beine waren zu kurz, Clairchen und Trutchen lagen in Ohnmacht, sie konnten ihm nicht helfen. Husaren – Dragoner sprangen lustig bei ihm vorbei und hinein, da schrie er auf in heller Verzweiflung: »Ein Pferd – ein Pferd – ein Königreich für ein Pferd!«

In dem Augenblick packten ihn zwei feindliche Tirailleurs bei dem hölzernen Mantel, und im Triumph aus sieben Kehlen aufquiekend, sprengte Mäusekönig heran.

Marie wusste sich nicht mehr zu fassen, »O mein armer Nussknacker – mein armer Nussknacker!«, so rief sie schluchzend, fasste, ohne sich deutlich ihres Tuns bewusst zu sein, nach ihrem linken Schuh und warf ihn mit Gewalt in den dicksten Haufen der Mäuse hinein auf ihren König.

In dem Augenblick schien alles verstoben und verflogen, aber Marie empfand am linken Arm einen noch stechendern Schmerz als vorher und sank ohnmächtig zur Erde nieder.

Als Marie wie aus tiefem Todesschlaf erwachte, lag sie in ihrem Bettchen, und die Sonne schien hell und funkelnd durch die mit Eis belegten Fenster in das Zimmer hinein. Dicht neben ihr saß ein fremder Mann, den sie aber bald für den Chirurgus Wendelstern kannte. Der sprach leise: »Nun ist sie aufgewacht!« Da kam die Mutter herbei und sah sie mit recht ängstlich forschenden Blicken an. »Ach, liebe Mutter«, lispelte die kleine Marie, »sind denn nun die hässlichen Mäuse alle fort, und ist denn der gute Nussknacker gerettet?«

»Sprich nicht solch albernes Zeug, liebe Marie«, erwiderte die Mutter, »was haben die Mäuse mit dem Nussknacker zu tun? Aber du, böses Kind, hast uns allen recht viel Angst und Sorge gemacht. Das kommt davon her, wenn die Kinder eigenwillig sind und den Eltern nicht folgen. Du spieltest gestern bis in die tiefe Nacht hinein mit deinen Puppen. Du wurdest schläfrig, und mag es sein, dass ein hervorspringendes Mäuschen, deren es doch sonst hier nicht gibt, dich erschreckt hat; genug, du stießest mit dem Arm eine Glasscheibe des Schranks ein und schnittest dich so sehr in den Arm, dass Herr Wendelstern, der dir eben die noch in den Wunden steckenden Glasscherbchen herausgenommen hat, meint, du hättest, zerschnitt das Glas eine Ader, einen steifen Arm behalten oder dich gar verbluten können. Gott sei gedankt, dass ich, um Mitternacht erwachend und dich noch so spät vermissend, aufstand und in die Wohnstube ging. Da lagst du dicht neben dem Glasschrank ohnmächtig auf der Erde und blutetest sehr. Bald wär' ich vor Schreck auch ohnmächtig geworden. Da lagst du nun, und um dich her zerstreut erblickte ich viele von Fritzens bleiernen Soldaten und andere Puppen, zerbrochene Devisen, Pfefferkuchenmänner; Nussknacker lag aber auf deinem blutenden Arme und nicht weit von dir dein linker Schuh.«

»Ach, Mütterchen, Mütterchen«, fiel Marie ein, »sehen Sie wohl, das waren ja noch die Spuren von der großen Schlacht zwischen den Puppen und Mäusen, und nur darüber bin ich so sehr erschrocken, als die Mäuse den armen Nussknacker, der die Puppenarmee kommandierte, gefangen nehmen wollten. Da warf ich meinen Schuh unter die Mäuse, und dann weiß ich weiter nicht, was vorgegangen.«

Der Chirurgus Wendelstern winkte der Mutter mit den Augen, und diese sprach sehr sanft zu Marien: »Lass es nur gut sein, mein liebes Kind! – beruhige dich, die Mäuse sind alle fort, und Nussknackerchen steht gesund und lustig im Glasschrank.«

Nun trat der Medizinalrat ins Zimmer und sprach lange mit dem Chirurgus Wendelstern; dann fühlte er Mariens Puls, und sie hörte wohl, dass von einem Wundfieber die Rede war. Sie musste im Bette bleiben und Arzenei nehmen, und so dauerte es einige Tage, wiewohl sie außer einigem Schmerz am Arm sich nicht eben krank und unbehaglich fühlte. Sie wusste, dass Nussknackerchen gesund aus der Schlacht sich gerettet hatte, und es kam ihr manchmal wie im Traume vor, dass er ganz vernehmlich, wiewohl mit sehr wehmütiger Stimme sprach: »Marie, teuerste Dame, Ihnen verdanke ich viel, doch noch mehr können Sie für mich tun!« Marie dachte vergebens darüber nach, was das wohl sein könnte, es fiel ihr durchaus nicht ein. Spielen konnte Marie gar nicht recht wegen des wunden Arms, und wollte sie lesen oder in den Bilderbüchern blättern, so flimmerte es ihr seltsam vor den Augen, und sie musste davon ablassen. So musste ihr nun wohl die Zeit recht herzlich lang werden, und sie konnte kaum die Dämmerung erwarten, weil dann die Mutter sich an ihr Bett setzte und ihr sehr viel Schönes vorlas und erzählte.

Eben hatte die Mutter die vorzügliche Geschichte vom Prinzen Fakardin vollendet, als die Türe aufging und der Pate Droßelmeier mit den Worten hineintrat: »Nun muss ich doch wirklich einmal selbst sehen, wie es mit der kranken und wunden Marie zusteht.«

Sowie Marie den Paten Droßelmeier in seinem gelben Röckchen erblickte, kam ihr das Bild jener Nacht, als Nussknacker die Schlacht wider die Mäuse gewann, gar lebendig vor Augen, und unwillkürlich rief sie laut dem Obergerichtsrat entgegen: »O Pate Droßelmeier, du bist recht hässlich gewesen, ich habe dich wohl gesehen, wie du auf der Uhr saßest und sie mit deinen Flügeln bedecktest, dass sie nicht laut schlagen sollte, weil sonst die Mäuse verscheucht worden wären, – ich habe es wohl gehört, wie du dem Mäusekönig riefest! – warum kamst du dem Nussknacker, warum kamst du mir nicht zu Hilfe, du hässlicher Pate Droßelmeier, bist du denn nicht allein schuld, dass ich verwundet und krank im Bette liegen muss?«

Die Mutter frug ganz erschrocken: »Was ist dir denn, liebe Marie?«

Aber der Pate Droßelmeier schnitt sehr seltsame Gesichter und sprach mit schnarrender, eintöniger Stimme: »Perpendikel musste schnurren – picken – wollte sich nicht schicken – Uhren – Uhren – Uhrenperpendikel müssen schnurren – leise schnurren – schlagen Glocken laut kling klang – Hink und Honk, und Honk und Hank – Puppenmädel sei nicht bang! – schlagen Glöcklein, ist geschlagen, Mäusekönig fortzujagen, kommt die Eul' in schnellem Flug – Pak und Pik, und Pik und Puk – Glöcklein bim bim – Uhren – schnurr schnurr – Perpendikel müssen schnurren – picken wollte sich nicht schicken – Schnarr und schnurr, und pirr und purr!«

Marie sah den Paten Droßelmeier starr mit großen Augen an, weil er ganz anders und noch viel hässlicher aussah als sonst und mit dem rechten Arm hin und her schlug, als würd' er gleich einer Drahtpuppe gezogen.

Es hätte ihr ordentlich grauen können vor dem Paten, wenn die Mutter nicht zugegen gewesen wäre und wenn nicht endlich Fritz, der sich unterdessen hineingeschlichen, ihn mit lautem Gelächter unterbrochen hätte. »Ei, Pate Droßelmeier«, rief Fritz, »du bist heute wieder auch gar zu possierlich, du gebärdest dich ja wie mein Hampelmann, den ich längst hinter den Ofen geworfen.«

Die Mutter blieb sehr ernsthaft und sprach: »Lieber Herr Obergerichtsrat, das ist ja ein recht seltsamer Spaß, was meinen Sie denn eigentlich?«

»Mein Himmel«, erwiderte Droßelmeier lachend, »kennen Sie denn nicht mehr mein hübsches Uhrmacherliedchen? Das pfleg' ich immer zu singen bei solchen Patienten wie Marie.« Damit setzte er sich schnell dicht an Mariens Bette und sprach: »Sei nur nicht böse, dass ich nicht gleich dem Mäusekönig alle vierzehn Augen ausgehackt, aber es konnte nicht sein, ich will dir auch stattdessen eine rechte Freude machen.« Der Obergerichtsrat langte mit diesen Worten in die Tasche, und was er nun leise, leise hervorzog, war – der Nussknacker, dem er sehr geschickt die verlornen Zähnchen fest eingesetzt und den lahmen Kinnbacken eingerenkt hatte.

Marie jauchzte laut auf vor Freude, aber die Mutter sagte lächelnd: »Siehst du nun wohl, wie gut es Pate Droßelmeier mit deinem Nussknacker meint?«

»Du musst es aber doch eingestehen, dass Nussknacker nicht eben zum besten gewachsen und sein Gesicht nicht eben schön zu nennen ist. Wie sotane Häßlichkeit in seine Familie gekommen und vererbt worden ist, das will ich dir wohl erzählen, wenn du es anhören willst. Oder weißt du vielleicht schon die Geschichte von der Prinzessin Pirlipat, der Hexe Mauserinks und dem künstlichen Uhrmacher?« Und da alle die Geschichte hören wollten, erzählte Pate Droßelmeier das »Märchen von der harten Nuss«.

Einst hatte die Hexe Mauserinks gedroht, die schöne Prinzessin Pirlipat totzubeißen. Die Königin hatte zwar Wachen aufstellen lassen, aber es konnte nicht verhindert werden, dass Frau Mauserinks sich der Prinzessin Pirlipat, als alles rund umher vom Schlafe befangen lag, näherte und ihren Kopf auf das Gesicht der Prinzessin legte. Mauserinks wurde entdeckt und floh durch eine Ritze in dem Fußboden des Zimmers. Pirlipatchen erwachte von dem Rumor und weinte sehr kläglich. »Dank dem Himmel«, riefen die Wärterinnen, »sie lebt!« Doch wie groß war ihr Schrecken, als sie hinblickten nach Pirlipatchen und wahrnahmen, was aus dem schönen zarten Kinde geworden. Statt des weißen und roten, goldgelockten Engelsköpfchens saß ein unförmlicher dicker Kopf auf einem winzig kleinen zusammengekrümmten Leibe, die azurblauen Äugelein hatten sich verwandelt in grüne hervorstehende starrblickende Augen, und das

Mündchen hatte sich verzogen von einem Ohr zum andern. Der königliche Vater schob alle Schuld an der Verwandlung seiner Tochter auf den Hofuhrmacher und Arkanisten Elias Droßelmeier und drohte ihm an, wenn er den vorigen Zustand nicht wiederherstellen könne, werde er dem schmachvollen Tode unter dem Beil des Henkers verfallen sein. Von dem königlichen Hofastronomen erfuhr Droßelmeier, Pirlipat könne ihre ursprüngliche Gestalt wieder zurückbekommen, wenn sie den süßen Kern der Nuss Krakatuk esse. Und noch eine Bedingung gab es, die die Aufgabe schier unmöglich erscheinen ließ: Ein junger Mann, der sich noch nie rasiert und noch keine Stiefel getragen hatte, musste die überaus harte Nuss knacken.

Nach einer langen Suche fand nun der königliche Hofuhrmeister in Nürnberg die goldene Nuss, und sein Neffe, er hieß ebenfalls Droßelmeier, war der geeignete Jüngling, der die Bedingungen erfüllte, die gestellt waren, um die Prinzessin zu retten.

Als nun der König in der Angst seines Herzens dem, der die Entzauberung vollenden werde, Tochter und Reich versprochen, meldete sich der artige sanfte Jüngling Droßelmeier und bat, auch den Versuch beginnen zu dürfen. Keiner als der junge Droßelmeier hatte so sehr der Prinzessin Pirlipat gefallen; sie legte die kleinen Händchen auf das Herz und seufzte recht innig: »Ach wenn es doch der wäre, der die Nuss Krakatuk wirklich aufbeißt und mein Mann wird.« Nachdem der junge Droßelmeier den König und die Königin, dann aber die Prinzessin Pirlipat sehr höflich gegrüßt, empfing er aus den Händen des Oberzeremonienmeisters die Nuss Krakatuk, nahm sie ohne Weiteres zwischen die Zähne, zog stark den Zopf an, und Krak – Krak zerbröckelte die Schale in viele Stücke. Geschickt reinigte er den Kern von den noch daranhängenden Fasern und überreichte ihn mit einem untertänigen Kratzfuß der Prinzessin, worauf er die Augen verschloss und rückwärts zu schreiten begann. Die Prinzessin verschluckte alsbald den Kern und o Wunder! – verschwunden war die Missgestalt, und statt ihrer stand ein engelschönes Frauenbild da, das Gesicht wie von lilienweißen und rosaroten Seidenflocken geweht, die Augen wie glänzende Azure, die vollen Locken wie von Goldfäden gekräuselt. Trompeten und Pauken mischten sich in den lauten Jubel des Volks. Der König, sein ganzer Hof, tanzte wie bei Pirlipats Geburt auf einem Beine, und die Königin musste mit Eau de Cologne bedient werden, weil sie in Ohnmacht gefallen vor Freude und Entzücken. Der große Tumult brachte den jungen Droßelmeier, der noch seine sieben Schritte zu vollenden hatte, nicht wenig aus der Fassung, doch hielt er sich und streckte eben den rechten Fuß aus zum siebenten Schritt, da erhob sich, hässlich piepend und quiekend, Frau Mauserinks aus dem Fußboden, sodass Droßelmeier, als er den Fuß niedersetzen wollte, auf sie trat und dermaßen stolperte, dass er beinahe gefallen wäre.

O Missgeschick! – urplötzlich war der Jüngling ebenso missgestaltet, als es vorher Prinzessin Pirlipat gewesen. Der Körper war zusammengeschrumpft und konnte kaum den dicken ungestalteten Kopf mit großen hervorstechenden Augen und dem breiten, entsetzlich aufgähnenden Maule tragen. Statt des Zopfes hing ihm hinten ein schmaler hölzerner Mantel herab, mit dem er den untern Kinnbacken regierte.

Uhrmacher und Astronom waren außer sich vor Schreck und Entsetzen, sie sahen aber, wie Frau Mauserinks sich blutend auf dem Boden wälzte. Ihre Bosheit war nicht ungerächt geblieben, denn der junge Droßelmeier hatte sie mit dem spitzen Absatz seines Schuhes so derb in den Hals getroffen, dass sie sterben musste. Aber indem Frau Mauserinks von der Todesnot erfasst wurde, da piepte und quiekte sie ganz erbärmlich:

»O Krakatuk, harte Nuss,
An der ich nun sterben muss,
Hi hi – pi pi, fein Nussknackerlein,
Wirst auch bald des Todes sein,
Söhnlein mit den sieben Kronen,
Wird's dem Nussknacker lohnen,
Wird die Mutter rächen fein,
An dir, du klein Nussknackerlein
O Leben, so frisch und rot,
Von dir scheid' ich, o Todesnot!
Quiek –«

Mit diesem Schrei starb Frau Mauserinks und wurde von dem königlichen Ofenheizer fortgebracht. Um den jungen Droßelmeier hatte sich niemand bekümmert, die Prinzessin erinnerte aber den König an sein Versprechen, und sogleich befahl er, dass man den jungen Helden herbeischaffe. Als nun aber der Unglückliche in seiner Missgestalt hervortrat, da hielt die Prinzessin beide Hände vors Gesicht und schrie: »Fort, fort mit dem abscheulichen Nussknacker!« Alsbald ergriff ihn auch der Hofmarschall bei den kleinen Schultern und warf ihn zur Türe heraus. Der König war voller Wut, dass man ihm habe einen Nussknacker als Eidam aufdringen wollen, schob alles auf das Ungeschick des Uhrmachers und des Astronomen und verwies beide auf ewige Zeiten aus der Residenz. Das hatte nun nicht in dem Horoskop gestanden, welches der Astronom in Nürnberg gestellt, er ließ sich aber nicht abhalten, aufs Neue zu observieren, und da wollte er in den Sternen lesen, dass der junge Droßelmeier sich in seinem neuen Stande so gut nehmen werde, dass er trotz seiner Ungestalt Prinz und König werden würde. Seine Missgestalt könne aber nur dann verschwinden, wenn der Sohn der Frau Mauserinks, den sie nach dem Tode ihrer sieben Söhne, mit sieben Köpfen geboren und welcher Mäusekönig geworden, von seiner Hand gefallen sei und eine Dame ihn, trotz seiner Missgestalt, liebgewinnen werde. Man soll denn auch wirklich den jungen Droßelmeier in Nürnberg zur Weihnachtszeit in seines Vaters Bude zwar als Nussknacker, aber doch als Prinzen gesehen haben!

So schloss der Obergerichtsrat seine Erzählung. Marie meinte, dass die Prinzessin Pirlipat doch eigentlich ein garstiges undankbares Ding sei; Fritz versicherte dagegen, dass, wenn Nussknacker nur sonst ein braver Kerl sein wolle, er mit dem Mäusekönig nicht viel Federlesens machen und seine vorige hübsche Gestalt bald wiedererlangen werde.

Dass der königliche Uhrmeister am Hofe von Pirlipats Vater niemand anders gewesen als der Obergerichtsrat Droßelmeier selbst, daran hatte Marie schon bei der Erzählung nicht einen Augenblick gezweifelt.

Es begab sich, dass der Obergerichtsrat einmal eine Uhr in dem Hause des Medizinalrats reparierte, Marie saß am Glasschrank und schaute, in ihre Träume vertieft, den Nussknacker an, da fuhr es ihr wie unwillkürlich heraus: »Ach, lieber Herr Droßelmeier, wenn Sie doch nur wirklich lebten, ich würd's nicht so machen wie Prinzessin Pirlipat und Sie verschmähen, weil Sie um meinetwillen aufgehört haben, ein hübscher junger Mann zu sein!«

In dem Augenblick schrie der Obergerichtsrat: »Hei, hei – toller Schnack.« – Aber in dem Augenblicke geschah auch ein solcher Knall und Ruck, dass Marie ohnmächtig vom Stuhle sank. Als sie wieder erwachte, war die Mutter um sie beschäftigt und sprach: »Aber wie kannst du nur vom Stuhle fallen, ein so großes Mädchen! Hier ist der Neffe des Herrn Obergerichtsrat aus Nürnberg angekommen – sei hübsch artig!«

Sie blickte auf, der Obergerichtsrat hatte wieder seine Glasperücke aufgesetzt, seinen gelben Rock angezogen und lächelte sehr zufrieden, aber an seiner Hand hielt er einen zwar kleinen, aber sehr wohlgewachsenen jungen Mann. Wie Milch und Blut war sein Gesichtchen, er trug einen herrlichen roten Rock mit Gold, weißseidene Strümpfe und Schuhe, hatte im Jabot ein allerliebstes Blumenbukett, war sehr zierlich frisiert und gepudert, und hinten über den Rücken hing ihm ein ganz vortrefflicher Zopf herab. Der kleine Degen an seiner Seite schien von lauter Juwelen, so blitzte er, und das Hütlein unterm Arm von Seidenflocken gewebt. Welche angenehme Sitten der junge Mann besaß, bewies er gleich dadurch, dass er Marien eine Menge herrlicher Spielsachen, vorzüglich aber den schönsten Marzipan und dieselben Figuren, welche der Mäusekönig zerbissen, dem Fritz aber einen wunderschönen Säbel mitgebracht hatte. Bei Tische knackte der Artige für die ganze Gesellschaft Nüsse auf, die härtesten widerstanden ihm nicht, mit der rechten Hand steckte er sie in den Mund, mit der linken zog er den Zopf an – Krak – zerfiel die Nuss in Stücke!

Marie war glutrot geworden, als sie den jungen artigen Mann erblickte, und noch röter wurde sie, als nach Tische der junge Droßelmeier sie einlud, mit ihm in das Wohnzimmer an den Glasschrank zu gehen. »Spielt nur hübsch miteinander, ihr Kinder, ich habe nun, da alle meine Uhren richtig gehen, nichts dagegen«, rief der Obergerichtsrat. Kaum aber war der junge Droßelmeier mit Marien allein, als er sich auf ein Knie niederließ und also sprach: »O meine allervortrefflichste Demoiselle Stahlbaum, sehen Sie hier zu Ihren Füßen den beglückten Droßelmeier, dem Sie an dieser Stelle das Leben retteten! Sie sprachen es gütigst aus, dass Sie mich nicht wie die garstige Prinzessin Pirlipat verschmähen wollten, wenn ich ihretwillen hässlich geworden! Sogleich hörte ich auf, ein schnöder Nussknacker zu sein, und erhielt meine vorige nicht unangenehme Gestalt wieder. O vortreffliche Demoiselle, beglücken Sie mich mit Ihrer werten Hand, teilen Sie mit mir Reich und Krone, herrschen

Sie mit mir auf Marzipanschloss, denn dort bin ich jetzt König!« – Marie hob den Jüngling auf und sprach leise: »Lieber Herr Droßelmeier! Sie sind ein sanftmütiger guter Mensch, und da Sie dazu noch ein anmutiges Land mit sehr hübschen lustigen Leuten regieren, so nehm ich Sie zum Bräutigam an!«

Hierauf wurde Marie sogleich Droßelmeiers Braut. Nach Jahresfrist hat er sie, wie man sagt, auf einem goldnen, von silbernen Pferden gezogenen Wagen abgeholt. Auf der Hochzeit tanzten zweiundzwanzigtausend der glänzendsten, mit Perlen und Diamanten geschmückten Figuren, und Marie soll noch zur Stunde Königin eines Landes sein, in dem man überall funkelnde Weihnachtswälder, durchsichtige Marzipanschlösser, kurz, die allerherrlichsten, wunderbarsten Dinge erblicken kann, wenn man nur darnach Augen hat.

9. Der Tannenbaum

Draußen im Walde stand ein niedlicher, kleiner Tannenbaum; er hatte einen guten Platz, Sonne konnte er bekommen, Luft war genug da, und ringsumher wuchsen viel größere Kameraden, sowohl Tannen als Fichten. Aber dem kleinen Tannenbaum schien nichts so wichtig als das Wachsen; er achtete nicht der warmen Sonne und der frischen Luft, er kümmerte sich nicht um die Bauernkinder, die da gingen und plauderten, wenn sie herausgekommen waren, um Erdbeeren und Himbeeren zu sammeln. Oft kamen sie mit einem ganzen Topf voll oder hatten Erdbeeren auf einen Strohhalm gezogen, dann setzten sie sich neben den kleinen Tannenbaum und sagten: »Wie niedlich klein ist der!« Das mochte der Baum gar nicht hören.

Im folgenden Jahre war er ein langes Glied größer, und

das Jahr darauf war er um noch eins länger, denn bei den Tannenbäumen kann man immer an den vielen Gliedern, die sie haben, sehen, wie viele Jahre sie gewachsen sind.

»O, wäre ich doch so ein großer Baum wie die andern!«, seufzte das kleine Bäumchen. »Dann könnte ich meine Zweige so weit umher ausbreiten und mit der Krone in die weite Welt hinausblicken! Die Vögel würden dann Nester zwischen meinen Zweigen bauen, und wenn der Wind weht, könnte ich so vornehm nicken, gerade wie die andern dort!«

Er hatte gar keine Freude am Sonnenschein, an den Vögeln und den roten Wolken, die morgens und abends über ihn hinsegelten.

War es nun Winter und der Schnee lag ringsumher funkelnd weiß, so kam häufig ein Hase angesprungen und setzte gerade über den kleinen Baum weg. O, das war ärgerlich! Aber zwei Winter vergingen und im dritten war das Bäumchen so groß, dass der Hase um dasselbe herumlaufen musste. »O, wachsen, wachsen, groß und alt werden, das ist doch das einzige Schöne in dieser Welt!«, dachte der Baum.

Im Herbst kamen immer Holzhauer und fällten einige der größten Bäume; das geschah jedes Jahr, und dem jungen Tannenbaum, der nun ganz gut gewachsen war, schauderte dabei; denn die großen, prächtigen Bäume fielen mit Knacken und Krachen zur Erde, die Zweige wurden abgehauen, die Bäume sahen ganz nackt, lang und schmal aus; sie waren fast nicht zu erkennen. Aber dann wurden sie auf Wagen gelegt und Pferde zogen sie davon, aus dem Walde hinaus.

Wohin sollten sie? Was stand ihnen bevor?

Im Frühjahr, als die Schwalben und Störche kamen, fragte sie der Baum: »Wisst Ihr nicht, wohin sie geführt wurden? Seid Ihr ihnen begegnet?«

Die Schwalben wussten nichts, aber der Storch sah nachdenkend aus, nickte mit dem Kopfe und sagte: »Ja, ich glaube wohl; mir begegneten viele neue Schiffe, als ich aus

Ägypten flog; auf den Schiffen waren prächtige Mastbäume; ich darf annehmen, dass sie es waren, sie hatten Tannengeruch; ich kann vielmals grüßen, sie prangen, sie prangen!«

»O, wäre ich doch auch groß genug, um über das Meer hinfahren zu können! Was ist das eigentlich, dieses Meer, und wie sieht es aus?«

»Ja, das ist weitläufig zu erklären!«, sagte der Storch und damit ging er.

»Freue Dich Deiner Jugend!«, sagten die Sonnenstrahlen, »freue Dich Deines frischen Wachstums, des jungen Lebens, das in Dir ist!«

Und der Wind küsste den Baum, und der Tau weinte Tränen über denselben, aber das verstand der Tannenbaum nicht.

Wenn es gegen die Weihnachtszeit war, wurden ganz junge Bäume gefällt, Bäume, die oft nicht einmal so groß oder gleichen Alters mit diesem Tannenbaume waren, der weder Rast noch Ruhe hatte, sondern immer davon wollte; diese jungen Bäume, und es waren gerade die allerschönsten, behielten immer alle ihre Zweige; sie wurden auf Wagen gelegt und Pferde zogen sie von dannen zum Walde hinaus.

»Wohin sollen diese?«, fragte der Tannenbaum. »Sie sind nicht größer als ich, einer ist sogar viel kleiner; weswegen behalten sie alle ihre Zweige? Wohin fahren sie?«

»Das wissen wir! Das wissen wir!«, zwitscherten die Sperlinge. »Unten in der Stadt haben wir in die Fenster gesehen! Wir wissen, wohin sie fahren! O, sie gelangen zur größten Pracht und Herrlichkeit, die man sich denken kann! Wir haben in die Fenster gesehen und erblickt, dass sie mitten in der warmen Stube aufgepflanzt und mit den schönsten Sachen, vergoldeten Äpfeln, Honigkuchen, Spielzeug und vielen hundert Lichtern geschmückt werden.«

»Und dann?«, fragte der Tannenbaum und bebte in allen Zweigen. »Und dann? Was geschieht dann?«

»Ja, mehr haben wir nicht gesehen! Das war unvergleichlich schön!«

»Ob ich wohl bestimmt bin, diesen strahlenden Weg zu betreten?«, jubelte der Tannenbaum. »Das ist noch besser, als über das Meer zu ziehen! Wie leide ich an Sehnsucht! Wäre es doch Weihnachten! Nun bin ich hoch und entfaltet wie die andern, die im vorigen Jahre davongeführt wurden! O, wäre ich erst auf dem Wagen, wäre ich doch in der warmen Stube mit all' der Pracht und Herrlichkeit! Und dann? Ja, dann kommt noch etwas Besseres, noch Schöneres, warum würden sie mich sonst so schmücken? Es muss noch etwas Größeres, Herrlicheres kommen! Aber was? O, ich leide, ich sehne mich, ich weiß selbst nicht, wie es mir ist!«

»Freue Dich unser!«, sagten die Luft und das Sonnenlicht, »freue Dich Deiner frischen Jugend im Freien!«

Aber er freute sich durchaus nicht; er wuchs und wuchs, Winter und Sommer stand er grün; dunkelgrün stand er da, die Leute, die ihn sahen, sagten: »Das ist ein schöner Baum!« und zur Weihnachtszeit wurde er von allen zuerst gefällt. Die Axt hieb tief durch das Mark; der Baum fiel mit einem Seufzer zu Boden, er fühlte einen Schmerz, eine Ohnmacht, er konnte gar nicht an irgendein Glück denken, er war betrübt, von der Heimat scheiden zu müssen, von dem Flecke, auf dem er emporgeschossen war; er wusste ja, dass er die lieben, alten Kameraden, die kleinen Büsche und Blumen ringsumher nie mehr sehen werde, ja vielleicht nicht einmal die Vögel. Die Abreise hatte durchaus nichts Behagliches.

Der Baum kam erst wieder zu sich selbst, als er im Hofe, mit andern Bäumen abgeladen, einen Mann sagen hörte: »Dieser hier ist prächtig! Wir brauchen nur diesen!«

Nun kamen zwei Diener im vollen Staat und trugen den Tannenbaum in einen großen, schönen Saal. Ringsherum an den Wänden hingen Bilder, und bei dem großen Kachelofen standen große chinesische Vasen mit Löwen auf den

Deckeln; da waren Wiegestühle, seidene Sofas, große Tische voll von Bilderbüchern und Spielzeug für hundertmal hundert Taler; wenigstens sagten das die Kinder. Der Tannenbaum wurde in ein großes, mit Sand gefülltes Fass gestellt, aber niemand konnte sehen, dass es ein Fass war, denn es wurde rundherum mit grünem Zeug behängt und stand auf einem großen, bunten Teppich. O, wie der Baum bebte! Was wird da doch vorgehen? Sowohl die Diener als die Fräulein schmückten ihn. An einen Zweig hängten sie kleine Netze aus farbigem Papier ausgeschnitten, jedes Netz war mit Zuckerwerk gefüllt; vergoldete Äpfel und Walnüsse hingen herab, als wären sie festgewachsen und über hundert rote, blaue und weiße kleine Lichter wurden in den Zweigen festgesteckt. Puppen, die leibhaft wie die Menschen aussahen – der Baum hatte früher nie solche gesehen – schwebten im Grünen, und hoch oben in der Spitze wurde ein Stern von Flittergold befestigt. Das war prächtig, ganz außerordentlich prächtig!

»Heute Abend«, sagten alle, »heute Abend wird es strahlen!«

»O«, dachte der Baum, »wäre es doch Abend! Würden nur die Lichter bald angezündet! Und was dann wohl geschieht? Ob da wohl Bäume aus dem Walde kommen, mich zu sehen? Ob die Sperlinge gegen die Fensterscheiben fliegen? Ob ich hier festwachse und Winter und Sommer geschmückt stehen werde?«

Ja, er wusste gut Bescheid; aber er hatte ordentlich Borkenschmerzen vor lauter Sehnsucht, und Borkenschmerzen sind für einen Baum ebenso schlimm wie Kopfschmerzen für uns andere.

Nun wurden die Lichter angezündet. Welcher Glanz, welche Pracht! Der Baum bebte in allen Zweigen dabei, sodass eins der Lichter das Grüne anbrannte; es sengte ordentlich.

»Gott bewahre uns!«, schrieen die Fräulein und löschten es hastig aus.

Nun durfte der Baum nicht einmal beben. O, das war ein Grauen! Ihm war bange, etwas von seinem Staate zu verlieren; er war ganz betäubt von all' dem Glanze. Da gingen beide Flügeltüren auf, und eine Menge Kinder stürzten herein, als wollten sie den ganzen Baum umwerfen, die älteren Leute kamen bedächtig nach; die Kleinen standen ganz stumm, aber nur einen Augenblick, dann jubelten sie wieder, dass es laut schallte, sie tanzten um den Baum herum, und ein Geschenk nach dem andern wurde abgepflückt.

»Was machen sie?«, dachte der Baum. »Was soll geschehen?« Die Lichter brannten gerade bis auf die Zweige herunter, und je nachdem sie niederbrannten, wurden sie ausgelöscht, und dann erhielten die Kinder die Erlaubnis, den Baum zu plündern. O, sie stürzten auf denselben ein, dass es in allen Zweigen knackte; wäre er nicht mit der Spitze und mit dem Goldsterne an der Decke festgemacht gewesen, so wäre er umgestürzt.

Die Kinder tanzten mit ihrem prächtigen Spielzeug herum, niemand sah nach dem Baume, ausgenommen das alte Kindermädchen, welches kam und zwischen die Zweige blickte; aber es geschah nur, um zu sehen, ob nicht noch eine Feige oder ein Apfel vergessen sei.

»Eine Geschichte, eine Geschichte!«, riefen die Kinder und zogen einen kleinen, dicken Mann gegen den Baum hin, und er setzte sich gerade unter denselben, »denn so sind wir im Grünen«, sagte er, »und der Baum kann besonders Nutzen davon haben, zuzuhören! Aber ich erzähle nur eine Geschichte. Wollt Ihr die von Ivede-Avede oder die von Klumpe-Dumpe hören, der die Treppen hinunterfiel und doch erhöht wurde und die Prinzessin erhielt?«

»Ivede-Avede!«, schrieen einige, »Klumpe-Dumpe!«, schrieen andere. Das war ein Rufen und Schreien! Nur der

Tannenbaum schwieg ganz still und dachte: »Komme ich gar nicht mit, werde ich nichts dabei zu tun haben?« Er war ja mit gewesen, hatte ja geleistet, was er sollte.

Der Mann erzählte von Klumpe-Dumpe, welcher die Treppen hinunterfiel und doch erhöht wurde und die Prinzessin erhielt. Und die Kinder klatschten in die Hände und riefen: »Erzähle, erzähle!« Sie wollten auch die Geschichte von Ivede-Avede hören, aber sie bekamen nur die von Klumpe-Dumpe. Der Tannenbaum stand ganz stumm und gedankenvoll, nie hatten die Vögel im Walde dergleichen erzählt. »Klumpe- Dumpe fiel die Treppen hinunter und bekam doch die Prinzessin! Ja, ja, so geht es in der Welt zu!«, dachte der Tannenbaum und glaubte, dass es wahr sei, weil es ein so netter Mann war, der es erzählte. »Ja, ja! Vielleicht falle ich auch die Treppe hinunter und bekomme eine Prinzessin!« Und er freute sich, den nächsten Tag wieder mit Lichtern und Spielzeug, Gold und Früchten aufgeputzt zu werden.

»Morgen werde ich nicht zittern!«, dachte er. »Ich will mich recht aller meiner Herrlichkeit freuen. Morgen werde ich wieder die Geschichte von Klumpe-Dumpe und vielleicht auch die von Ivede-Avede hören.« Und der Baum stand die ganze Nacht still und gedankenvoll.

Am Morgen kamen die Diener und das Mädchen herein.

»Nun beginnt der Staat aufs Neue!«, dachte der Baum; aber sie schleppten ihn zum Zimmer hinaus, die Treppe hinauf, auf den Boden, und stellten ihn in einen dunkeln Winkel, wohin kein Tageslicht schien. »Was soll das bedeuten?«, dachte der Baum. »Was soll ich hier wohl machen? Was mag ich hier wohl hören sollen?« Er lehnte sich gegen die Mauer und dachte und dachte. Und er hatte Zeit genug, denn es vergingen Tage und Nächte; niemand kam herauf, und als endlich jemand kam, so geschah es, um einige große Kasten in den Winkel zu stellen; der Baum stand ganz versteckt, man musste glauben, dass er ganz vergessen war.

»Nun ist es Winter draußen!«, dachte der Baum. »Die Erde ist hart und mit Schnee bedeckt, die Menschen können mich nicht pflanzen; deshalb soll ich wohl bis zum Frühjahr hier im Schutz stehen! Wie wohl bedacht ist das! Wie die Menschen doch so gut sind! Wäre es hier nur nicht so dunkel und schrecklich einsam! Nicht einmal ein kleiner Hase! Das war doch niedlich da draußen im Walde, wenn der Schnee lag und der Hase vorbeisprang, ja selbst als er über mich hinwegsprang; aber damals mochte ich es nicht leiden. Hier oben ist es doch schrecklich einsam!«

»Pip, pip!«, sagte da eine kleine Maus und huschte hervor; und dann kam noch eine kleine. Sie beschnüffelten den Tannenbaum und dann schlüpften sie zwischen dessen Zweige.

»Es ist eine gräuliche Kälte!«, sagten die kleinen Mäuse. »Sonst ist hier gut sein; nicht wahr, Du alter Tannenbaum?«

»Ich bin gar nicht alt!«, sagte der Tannenbaum »es gibt viele, die weit älter sind denn ich!«

»Woher kommst Du?«, fragten die Mäuse, »und was weißt Du?« Sie waren gewaltig neugierig. »Erzähle uns doch von den schönsten Orten auf Erden! Bist Du dort gewesen? Bist Du in der Speisekammer gewesen, wo Käse auf den Brettern liegen und Schinken unter der Decke hängen, wo man auf Talglicht tanzt, mager hineingeht und fett herauskommt?«

»Das kenne ich nicht«, sagte der Baum, »aber den Wald kenne ich, wo die Sonne scheint und die Vögel singen!« Und dann erzählte er alles aus seiner Jugend, die kleinen Mäuse hatten früher nie dergleichen gehört, und sie horchten auf und sagten: »Wie viel Du gesehen hast! Wie glücklich Du gewesen bist!«

»Ich?«, sagte der Tannenbaum und dachte über das, was er selbst erzählte, nach. »Ja, es waren im Grunde ganz fröhliche Zeiten!« Aber dann erzählte er vom Weihnachtsabend, wo er mit Kuchen und Lichtern geschmückt war.

»O«, sagten die kleinen Mäuse, »wie glücklich Du gewesen bist, Du alter Tannenbaum!«

»Ich bin gar nicht alt!«, sagte der Baum, »erst in diesem Winter bin ich vom Walde gekommen! Ich bin in meinem allerbesten Alter, ich bin nur so aufgeschossen.«

»Wie schön Du erzählst!«, sagten die kleinen Mäuse, und in der nächsten Nacht kamen sie mit vier anderen kleinen Mäusen, die den Baum erzählen hören sollten, und je mehr er erzählte, desto deutlicher erinnerte er sich selbst an alles und dachte: »Es waren doch ganz fröhliche Zeiten! Aber sie können wiederkommen, können wiederkommen! Klumpe-Dumpe fiel die Treppe hinunter und erhielt doch die Prinzessin; vielleicht kann ich auch eine Prinzessin bekommen.« Und dann dachte der Tannenbaum an eine kleine niedliche Birke, die draußen im Walde wuchs; das war für den Tannenbaum eine wirkliche schöne Prinzessin.

»Wer ist Klumpe-Dumpe?«, fragten die kleinen Mäuse. Da erzählte der Tannenbaum das ganze Märchen, er konnte sich jedes einzelnen Wortes entsinnen; die kleinen Mäuse waren aus reiner Freude bereit, bis an die Spitze des Baumes zu springen. In der folgenden Nacht kamen weit mehr Mäuse und am Sonntage sogar zwei Ratten, aber die meinten, die Geschichte sei nicht hübsch, und das betrübte die kleinen Mäuse, denn nun hielten sie auch weniger davon.

»Wissen Sie nur die eine Geschichte?«, fragten die Ratten.

»Nur die eine«, antwortete der Baum, »die hörte ich an meinem glücklichsten Abend, aber damals dachte ich nicht daran, wie glücklich ich war.«

»Das ist eine höchst jämmerliche Geschichte! Kennen Sie keine von Speck und Talglicht? Keine Speisekammergeschichte?«

»Nein!«, sagte der Baum.

»Ja, dann danken wir dafür!«, erwiderten die Ratten und gingen zu den Ihrigen zurück.

Die kleinen Mäuse blieben zuletzt auch weg, und da seufzte der Baum: »Es war doch ganz hübsch, als sie um mich herum saßen, die beweglichen kleinen Mäuse, und zuhörten, wie ich erzählte! Nun ist auch das vorbei! Aber ich werde daran denken, mich zu freuen, wenn ich wieder hervorgenommen werde.«

Aber wann geschah das? Ja, es war eines Morgens, da kamen Leute und wirtschafteten auf dem Boden; die Kasten wurden weggesetzt, der Baum wurde hervorgezogen; sie warfen ihn freilich ziemlich hart gegen den Fußboden, aber ein Diener schleppte ihn gleich nach der Treppe hin, wo der Tag leuchtete.

»Nun beginnt das Leben wieder!«, dachte der Baum; er fühlte die frische Luft, die ersten Sonnenstrahlen, und nun war er draußen im Hofe. Alles ging geschwind, der Baum vergaß völlig, sich selbst zu betrachten, da war so vieles ringsumher zu sehen. Der Hof stieß an einen Garten, und alles blühte darin; die Rosen hingen frisch und duftend über das kleine Gitter hinaus, die Lindenbäume blühten, und die Schwalben flogen umher und sagten: »Quirrevirrevit, mein Mann ist kommen!« Aber es war nicht der Tannenbaum, den sie meinten.

»Nun werde ich leben!«, jubelte dieser und breitete seine Zweige weit aus; aber ach, die waren alle vertrocknet und gelb; und er lag da zwischen Unkraut und Nesseln. Der Stern von Goldpapier saß noch oben in der Spitze und glänzte im hellen Sonnenschein.

Im Hofe selbst spielten ein paar der munteren Kinder, die zur Weihnachtszeit den Baum umtanzt hatten und so froh über denselben gewesen waren. Eins der kleinsten lief hin und riss den Goldstern ab.

»Sieh, was da noch an dem hässlichen, alten Tannenbaum sitzt!«, sagte es und trat auf die Zweige, sodass sie unter seinen Stiefeln knackten.

Der Baum sah auf all' die Blumenpracht und Frische im Garten, er betrachtete sich selbst und wünschte, dass er in seinem dunkeln Winkel auf dem Boden geblieben wäre; er gedachte seiner frischen Jugend im Walde, des lustigen Weihnachtsabends und der kleinen Mäuse, die so munter die Geschichte von Klumpe-Dumpe angehört hatten.

»Vorbei, vorbei!«, sagte der arme Baum. »Hätte ich mich doch gefreut, als ich es noch konnte! Vorbei, vorbei!«

Der Diener kam und hieb den Baum in kleine Stücke, ein ganzes Bund lag da; hell flackerte es auf unter dem großen Braukessel. Der Baum seufzte tief und jeder Seufzer war einem kleinen Schusse gleich; deshalb liefen die Kinder, die da spielten, herbei und setzten sich vor das Feuer, blickten in dasselbe hinein und riefen: »Piff, paff!« Aber bei jedem Knalle, der ein tiefer Seufzer war, dachte der Baum an einen Sommerabend im Walde oder an eine Winternacht da draußen, wenn die Sterne funkelten; er dachte an den Weihnachtsabend und an Klumpe-Dumpe, das einzige Märchen, welches er gehört hatte und zu erzählen wusste – und dann war der Baum verbrannt.

Die Knaben spielten im Garten, und der kleinste hatte den Goldstern auf der Brust, den der Baum an seinem glücklichsten Abend getragen; nun war der vorbei, und mit dem Baum war es auch vorbei und mit der Geschichte auch; vorbei, vorbei, und so geht es mit allen Geschichten!

10. Schneeblume

Eine junge Königstochter hieß Schneeblume, weil sie weiß wie der Schnee war und im Winter geboren. Eines Tages war ihre Mutter krank geworden, und sie ging in den Wald und wollte heilsame Kräuter brechen. Wie sie nun an einem großen Baum vorüberging, flog ein Schwarm Bienen heraus und bedeckte ihren ganzen Leib von Kopf bis zu den Füßen. Aber sie stachen sie nicht und taten ihr nicht weh, sondern trugen Honig auf ihre Lippen, und ihr ganzer Leib strahlte ordentlich von Schönheit.

11. Der Kamerad

Es war einmal ein Bauernbursch, dem träumte, er werde eine Prinzessin bekommen, weit, weit fort, und sie wäre so weiß wie Milch und so rot wie Blut und so reich, dass ihr Reichtum kein Ende hätte. Beim Aufwachen vermeinte er noch, sie stünde leibhaftig vor ihm, und sie war so schön und lieblich, dass er nicht weiterleben konnte ohne sie. Da verkaufte er alles, was er hatte, und zog aus und suchte sie. Er wanderte weit umher und kam schließlich zur Winterszeit in ein Land, wo alle Straßen geradeaus gingen und keinerlei Krümmung machten. Als er ein Vierteljahr lang geradeaus gewandert war, kam er in eine Stadt. Da lag außen vor der Kirchentür ein großer Eisklumpen, und mitten darin war eine Leiche, und die ganze Gemeinde spuckte im Vorbeigehen darauf. Der Bursche verwunderte sich darüber, und als der Pfarrer aus der Kirche kam, fragte er ihn, was das bedeuten solle. »Das ist ein übler Betrüger gewesen«, sagte der Pfarrer, »man hat ihn um seiner Sünden willen hingerichtet und hier zu Spott und Schande aufgestellt.«

»Was hat er denn getan?«, fragte der Bursche.

»In seinem Erdenleben war er ein Weinhändler«, sagte der Pfarrer, »und er hat Wasser in den Wein geschüttet.«

So schrecklich kam das dem Burschen nicht vor. »Wenn man ihn doch mit dem Leben hat dafür bezahlen lassen«, sagte er, »könnte man ihm jetzt doch ein christliches Begräbnis zukommen und den Toten ruhen lassen!« Aber darauf sagte der Pfarrer, das sei auf keine Weise zu machen. Um ihn aus dem Eis herauszubrechen, brauche man Leute; und man brauche Geld, um von der Kirche das Grab zu kaufen, und der Totengräber wolle Geld für seine Mühe, der Küster für die Glocken, der Kantor für den Gesang und der Pfarrer für die Leichenpredigt.

»Glaubst du, dass es einen Menschen gibt, der all das viele Geld für einen solchen argen Sünder zahlen will?«, fragte der Pfarrer.

»Ja«, sagte der Bursche, wenn er ihm nur ein Begräbnis verschaffen könne, so wolle er schon den Leichenschmaus zahlen aus seinem schmalen Beutel.

Der Pfarrer wollte erst nichts davon wissen, aber als der Bursche mit zwei Männern wiederkam und ihn in ihrem Beisein fragte, ob er das christliche Begräbnis verweigere, wagte er keinen Widerspruch mehr.

Also befreiten sie den Weinhändler aus dem Eisklotz und legten ihn in geweihte Erde. Die Glocken läuteten, und es wurde gesungen, und der Pfarrer warf Erde auf den Sarg, und sie hielten einen Leichenschmaus, und es gab abwechselnd Tränen und Gelächter. Als aber der Bursche den Leichenschmaus bezahlt hatte, hatte er nicht mehr viele Groschen in der Tasche.

Darauf machte er sich wieder auf den Weg. Aber er war noch nicht weit gegangen, als ein Mann hinter ihm herkam und ihn fragte, ob er es nicht langweilig finde, so allein vor sich hin zu gehen.

»Nein«, sagte der Bursche, er habe immer etwas, woran er denken müsse. Der Mann fragte, ob er nicht einen Diener brauche.

»Nein«, sagte der Bursche, »ich bin gewöhnt, mein eigener Diener zu sein, deshalb brauche ich keinen, und wenn ich auch noch so gern einen haben wollte, so könnte ich doch nicht, denn ich habe kein Geld für Kost und Lohn.«

»Du hast aber doch einen Diener nötig, das weiß ich besser als du«, sagte der Mann, »und zwar brauchst du einen, auf den du dich in Leben und Tod verlassen kannst. Wenn du mich aber nicht als Diener haben willst, so nimm mich als Kameraden. Ich verspreche dir, es soll dein Schade nicht sein, und ich werde dich keinen Schilling kosten. Ich reise auf eigene Kosten, und um Essen und Kleider brauchst du dich auch nicht zu kümmern.«

Unter diesen Umständen wollte er ihn gern als Kameraden annehmen, und so setzten sie die Reise zusammen fort, und der Mann ging gewöhnlich voraus und zeigte den Weg.

Als sie lang durch die Lande gezogen waren, über Berge und Heiden, standen sie plötzlich vor einer Felswand. Der Kamerad klopfte an und bat um Einlass. Da tat sich der Fels vor ihnen auf, und als sie ein gut Stück in den Berg hineingegangen waren, kam ihnen eine Hexe entgegen und bot ihnen einen Stuhl an: »Seid so gut und setzt euch, ihr werdet müde sein!«

»Setz dich selbst!«, sagte der Mann. Da musste sie sich setzen und da sitzen bleiben, denn der Stuhl hatte die Eigenschaft, dass er alles festhielt, was ihm nahe kam. Inzwischen wanderten sie im Berg herum, und der Kamerad sah sich um, bis er ein Schwert erblickte, das über der Tür hing, das wollte er haben und versprach der Hexe, er wolle sie von dem Stuhl befreien, wenn sie ihm das Schwert überlasse.

»Nein«, schrie sie, »bitte mich, um was du willst! Alles andere kannst du haben, nur das nicht, denn das ist mein Dreischwestern-Schwert!« (Es waren nämlich drei Schwestern, denen das Schwert zusammen gehörte.) »Dann kannst du hier sitzen bleiben bis an der Welt Ende!«, sagte der Mann. Als sie das hörte, versprach sie ihm doch das Schwert, wenn er sie befreite.

Er nahm das Schwert und ging damit fort und ließ sie doch sitzen. Als sie weit gewandert waren, über nackte Felsen und öde Heiden, kamen sie wieder an eine Felswand. Da pochte der Kamerad wieder und bat um Einlass. Es ging wie das letzte Mal, der Fels tat sich auf, und als sie tief drinnen im Berg waren, kam ihnen eine Hexe mit einem Stuhl entgegen und hieß sie niedersitzen, sie seien doch müde, sagte sie.

»Setz dich selbst!«, sagte der Kamerad. Und es ging ihr wie ihrer Schwester, sie musste sich setzen und konnte nicht mehr loskommen. Indessen gingen der Bursche und sein Kamerad im Berge umher, und er machte alle Schränke und Schubladen auf, bis er fand, was er suchte, nämlich ein Knäuel Goldfaden. Das wollte er haben und versprach der Hexe, sie von dem Stuhl loszulassen, wenn sie ihm das Knäuel geben wolle. Sie sagte, er könne all ihr Hab und Gut nehmen, aber das Knäuel könne sie nicht hergeben, das sei ihr Dreischwestern-Knäuel. Aber als sie hörte, dass sie bis zum Jüngsten Tag hier sitzen bleiben sollte, wenn sie das Knäuel nicht hergebe, so ging sie doch darauf ein. Da nahm der Kamerad das Knäuel und ließ sie trotzdem sitzen, wo sie saß.

Darauf gingen sie manchen Tag durch Wald und Heide, bis sie wieder an eine Felswand kamen. Es ging gerade wie die beiden vorigen Male, der Kamerad klopfte an, der Berg tat sich auf, und drinnen kam ihnen eine Hexe mit einem Stuhl entgegen und hieß sie sitzen, sie seien wohl müde. Aber der Kamerad befahl: »Setz dich selber!«, und da musste sie sich setzen. Die beiden waren noch nicht durch viele Gemächer gegangen, da erblickte der Kamerad einen alten Hut an einem Haken hinter der Tür. Den wollte er haben. Aber die Alte wollte sich nicht davon trennen, denn es sei ihr Dreischwestern-Hut, wenn sie den hergebe, werde sie todunglücklich. Als sie jedoch hörte, dass sie hier bis an den Jüngsten Tag sitzen bleiben sollte, wenn sie den Hut nicht hergebe, so willigte sie endlich ein. Der Kamerad nahm den Hut und hieß sie dann sitzen bleiben, wo sie saß, wie ihre Schwestern.

Schließlich kamen sie an einen Fluss. Da nahm der Kamerad das Knäuel und warf es so kräftig an den Berg auf der anderen Seite des Flusses, dass es wieder zurückflog, und als es mehrmals hin und wider geflogen war, stand eine Brücke da. Darauf überschritten sie den Fluss, und als sie auf der anderen Seite ankamen, sagte der Mann zu dem Burschen, er solle so rasch wie möglich den Goldfaden wieder aufwickeln. »Denn wenn wir ihn nicht schnell wegschaffen, so kommen die drei Hexen herüber und reißen uns in Stücke.« Der Bursche wickelte so schnell, wie er konnte. Gerade als er am letzten Faden war, kamen die Hexen angefaucht.

Sie stürzten sich ins Wasser, dass der Schaum hoch aufspritzte, und haschten nach dem Ende des Fadens. Aber sie konnten es nicht packen und ertranken im Fluss.

Als sie wieder einige Tage gegangen waren, sagte der Kamerad: »Nun kommen wir bald an das Schloss, in dem sie wohnt, die Prinzessin, von der du geträumt hast, und wenn wir hinkommen, so musst du ins Schloss hineingehen und dem König sagen, was du geträumt hast und was dein Reiseziel ist.«

Als sie hinkamen, tat er das und wurde sehr gut aufgenommen. Er bekam ein Zimmer für sich und eins für seinen Diener, und als es Essenszeit war, wurde er an des Königs eigenen Tisch gebeten. Als er die Prinzessin erblickte, erkannte er sie nach dem Traumgesicht sofort wieder. Er sagte ihr auch, weshalb er gekommen sei, und sie antwortete, sie könne ihn gut leiden und wolle ihn gern nehmen, aber zuerst müsse er drei Proben bestehen. Als sie gespeist hatten, gab sie ihm eine goldene Schere und sagte: »Die erste Probe ist, dass du diese Schere nimmst und aufhebst und sie mir morgen Mittag wiedergibst. Das ist keine sehr schwere Probe«, sagte sie und lächelte, »aber wenn du sie nicht bestehst, so musst du sterben, so will es das Gesetz, und dein Körper wird aufs Rad geflochten und dein Kopf auf einen

Spieß gesteckt, und es geht dir wie den Freiern, deren Schädel und Gerippe du draußen vor dem Schloss sehen kannst.«

»Das ist doch keine Kunst«, dachte sich der Bursche. Aber die Prinzessin war so lustig und munter und trieb solchen Schabernack mit ihm, dass er die Schere und sich selbst darüber vergaß, und während sie lachten und scherzten, stibitzte sie ihm heimlich die Schere weg, ohne dass er es merkte. Als er am Abend in die Kammer kam und erzählte, wie es ihm gegangen war, was sie zu ihm gesagt hätte und was es mit der Schere, die sie ihm zum Aufheben gegeben hätte, auf sich habe, fragte der Kamerad: »Hast du die Schere auch noch?«

Der Bursche suchte in allen seinen Taschen, aber es war keine Schere darin, und er war mehr als unglücklich, als er merkte, dass er sie verloren hatte.

»Nun, nun, sei nur ruhig, ich will sehen, ob ich dir sie wieder verschaffen kann«, sagte der Kamerad und ging hinunter in den Stall. Da stand ein mächtiger Bock, der gehörte der Prinzessin und konnte viel schneller durch die Luft fliegen als auf ebener Erde gehen. Der Kamerad nahm das Dreischwestern-Schwert und gab ihm damit einen Hieb zwischen die Hörner und fragte: »Wann reitet die Prinzessin heut Nacht zu ihrem Liebsten?« Der Bock meckerte und sagte, das traue er sich nicht zu sagen, aber als der Kamerad ihm noch einen Hieb gab, sagte er doch, die Prinzessin werde Punkt elf Uhr kommen. Der Kamerad setzte den Dreischwestern-Hut auf, da war er unsichtbar, und wartete auf die Prinzessin. Als sie kam, schmierte sie den Bock mit einer Salbe ein, die sie in einem großen Horn mitbrachte, und dann rief sie: »Auf! Auf! Über Giebel und Turm, über Land, über See, über Berg und Tal, zum Liebsten, der mich im Berg erwartet!«

Wie der Bock aufflog, schwang sich der Kamerad hintenauf, und nun ging es wie der Wind durch die Wolken. Der

Weg war nicht lang. Auf einmal waren sie vor einer Felswand, sie klopfte an, und dann ging die Fahrt in den Berg hinein zu dem Troll, der ihr Liebster war. »Jetzt ist ein neuer Freier gekommen, der mich haben will, Schätzchen«, sagte sie und tat dem Troll schön. »Ich habe ihm eine Probe auferlegt, und hier ist die Schere, die er aufheben und verwahren sollte. Verwahre du sie jetzt!« Da lachten die beiden, als wäre der Bursche schon aufs Rad geflochten. »Ja, ich will sie aufheben und gut verwahren, und ich will schlafen in Liebchens Arm, wenn den Burschen umkrächzt der Krähenschwarm!«, sagte der Troll und legte die Schere in einen eisernen Schrein mit drei Schlössern davor. Aber in dem Augenblick, wo sie die Schere in den Schrein fallen ließen, nahm der Kamerad sie weg. Keiner konnte es sehen, denn er hatte den Dreischwestern-Hut auf. Also schloss der Troll den leeren Schrein sorgfältig zu, und die Schlüssel steckte er in einen hohlen Backenzahn, wo er noch andere Zauberdinge aufhob. Da würde der Freier sie gewiss nicht finden, meinte er.

Nach Mitternacht machte sie sich auf den Heimweg. Der Kamerad schwang sich wieder hintenauf, und der Heimweg war nicht lange.

Am nächsten Mittag wurde der Bursche zur königlichen Tafel geladen. Aber da hatte die Prinzessin ein so hochnäsiges Benehmen und war so stolz und schnippisch, dass sie fast gar nicht nach der Seite hinsah, wo der Bursche saß. Aber nachdem man gespeist hatte, machte sie ein recht feierliches Gesicht und fragte zuckersüß: »Du hast wohl die Schere noch, die ich dir gestern zum Aufheben gegeben habe?«

»Ja, hier ist sie«, sagte der Bursche, zog die Schere heraus und schleuderte sie auf den Tisch, dass es nur so klirrte. Die Prinzessin hätte nicht mehr erschrecken können, wenn er ihr die Schere ins Gesicht geworfen hätte. Aber sie machte gute Miene zum bösen Spiel und sagte mit süßer Stimme: »Da du die Schere so gut verwahrt hast, wird es dir nicht so schwerfallen, mein Knäuel Goldfaden aufzuheben. Morgen Mittag möchte ich es wiederhaben, aber wenn du es da nicht hast, so musst du von Rechts wegen sterben«, sagte sie. Der Bursche meinte, das sei ja nicht so schwer, und steckte das Knäuel Goldfaden in die Tasche. Aber da fing die Prinzessin wieder an, mit ihm zu scherzen und Spaß zu treiben, sodass er sich selbst und das goldene Knäuel dazu vergaß, und während sie mitten im lustigsten Spaß waren, entwendete sie ihm das Knäuel und hieß ihn dann gehen.

Als er hinauf in die Kammer kam und erzählte, was sie gesagt und getan hatte, fragte sein Kamerad: »Du hast doch das Knäuel noch?«

»Ja freilich«, sagte der Bursche und griff in die Tasche, in die er es gesteckt hatte. Aber da war kein Knäuel, und da kam er so in Verzweiflung, dass er nicht wusste, was anfangen.

»Sei nur ruhig«, sagte der Kamerad, »ich will sehen, ob ich es nicht wiederbekommen kann.« Er nahm sein Schwert und seinen Hut und ging zu einem Schmied und ließ an sein Schwert noch zwölf Pfund Eisen anschmelzen. Als er dann in den Stall kam, gab er dem Bock damit einen Schlag zwischen die Hörner, dass er taumelte, und fragte ihn: »Wann reitet die Prinzessin heute Nacht zu ihrem Liebsten?«

»Punkt zwölf Uhr«, sagte der Bock.

Der Kamerad setzte wieder seinen Dreischwestern-Hut auf und wartete, bis die Prinzessin mit dem Salbenhorn kam und den Bock einrieb. Dann sagte sie wieder wie das erste Mal: »Auf! Auf! Über Giebel und Turm, über Land, über See, über Berg und Tal, zum Liebsten, der mich im Berg erwartet!« Wie nun der Bock auffuhr, schwang sich der Kamerad hintenauf, und nun ging's wie der Blitz durch die Luft. Bald waren sie am Trollberg, und als sie drei Schläge getan hatte, ging es durch den Berg hindurch bis zu dem Troll, der ihr Liebster war.

»Wie hast du denn die goldene Schere verwahrt, die ich dir gestern gab, mein Freund?«, fragte die Prinzessin. »Der Freier hatte sie und gab sie mir wieder.«

Das sei ganz unmöglich, sagte der Troll, denn er habe sie in einen Schrein mit drei Schlössern eingeschlossen und die Schlüssel in seinen hohlen Zahn gesteckt. Aber als sie den Schrein aufschlossen und nachsahen, war keine Schere darin. Da erzählte die Prinzessin, dass sie ihm nun ihr goldenes Knäuel gegeben hätte.

»Hier ist es«, sagte sie, »ich habe es ihm wieder abgenommen, ohne dass er es merkte, aber was sollen wir nun anfangen, wenn er sich auf solche Künste versteht?«

Der Troll wusste auch keinen Rat. Aber als sie eine Weile nachgedacht hatten, kamen sie auf den Gedanken, ein großes Feuer anzuzünden und das Knäuel zu verbrennen, dann könne der Freier es gewiss nicht wiederbekommen. Aber wie sie es ins Feuer warf, stand der Kamerad auf dem Sprung und fing es auf, ohne dass es jemand sah, denn er hatte den Dreischwestern-Hut auf. Als die Prinzessin eine Weile bei dem Troll gewesen war und es gegen Morgen ging, fuhr sie wieder heim. Der Kamerad saß wieder hintenauf, und die Heimreise ging rasch und gut. Als der Bursche zu Tafel geladen wurde, gab der Kamerad ihm das Knäuel. Die Prinzessin war noch spitzer und spöttischer als das erste Mal, und nachdem man gegessen hatte, kniff sie den Mund ganz schmal und sagte: »Könnte ich nicht vielleicht mein goldenes Knäuel wiederbekommen, das ich dir gestern gab?«

»Ja«, sagte der Bursche, »das kannst du haben, hier!«, und er warf es auf den Tisch, dass er dröhnte und der König vor Schrecken hoch in die Höhe fuhr.

Die Prinzessin wurde weiß wie eine Leiche, aber sie machte gute Miene zum bösen Spiel und sagte, er habe seine

Sache gut gemacht. Nun habe er nur noch eine kleine Probe zu bestehen: »Wenn du mir das, woran ich denke, bis morgen Mittag beschaffen kannst, so sollst du mich haben und behalten.«

Der Bursche kam sich vor wie ein zum Tode Verurteilter, denn es schien ihm ganz unmöglich zu wissen, woran die Prinzessin denke, und noch unmöglicher, den Gegenstand zu beschaffen. Und als er in seine Kammer kam, konnte ihn der Kamerad kaum beruhigen. Er sagte, er wolle die Sache wie die beiden ersten Male schon in die Hand nehmen. Schließlich beruhigte sich der Bursche und legte sich schlafen. Inzwischen ging der Kamerad wieder zu dem Schmied und ließ sich noch vierundzwanzig Pfund Eisen an sein Schwert anschmieden, und als das geschehen war, ging in den Stall und hieb den Bock zwischen die Hörner, dass er an die andere Wand flog.

»Wann reitet die Prinzessin heut Nacht zu ihrem Liebsten?«, sagte er.

»Punkt ein Uhr«, meckerte der Bock.

Als es Zeit war, stand der Kamerad mit seinem Dreischwestern-Hut im Stall, und nachdem sie den Bock eingerieben und ihren Spruch wie sonst auch gesagt hatte, ging es wieder durch die Luft davon, und der Kamerad saß hintenauf. Aber diesmal war er gar nicht sanft, sondern gab der Prinzessin bald hier einen Puff, bald dort einen Puff und beutelte sie fürchterlich. Als sie an die Felswand kamen, klopfte sie dreimal an, und der Berg öffnete sich, und sie fuhren hindurch bis zu ihrem Liebsten. Da beklagte sie sich sehr bei ihm und jammerte und sagte, sie hätte nicht gedacht, dass einen das Wetter so mitnehmen könne; es sei ihr vorgekommen, als fliege jemand mit, der auf sie und den Bock losschlüge, und sie sei gewiss am ganzen Leibe braun und blau, so bös sei er mit ihr umgegangen. Und dann erzählte sie, dass der Freier auch das Knäuel wieder gehabt habe. Wie das zugegangen war, konnte sich weder sie noch der Troll denken.

»Aber weißt du, was ich mir ausgedacht habe?«, sagte sie. Das konnte der Troll nicht wissen.

»Ja«, sagte sie, »ich habe ihm gesagt, er solle mir das, woran ich denke, bis morgen Mittag beschaffen, und das war dein Kopf. Glaubst du, lieber Freund, dass er das schaffen kann?«, sagte die Prinzessin und tat dem Troll recht schön.

»Das glaube ich nicht«, sagte der Troll, und er war seiner Sache ganz sicher und lachte und gluckste vor Vergnügen ganz bösartig, und er und die Prinzessin glaubten steif und fest, eher werde der Bursche aufs Rad geflochten und Futter für die Raben, als dass er den Kopf des Trolles herbeischaffen könne.

Als es gegen Morgen ging, wollte die Prinzessin wieder nach Hause, aber sie hatte Angst, denn sie glaubte, es sei jemand hinter ihr her, und sie traute sich nicht allein zu reiten. Der Troll sollte sie begleiten. Er war auch bereit dazu und zog seinen Bock aus dem Stall – er hatte den gleichen wie die Prinzessin – und rieb ihn ein und salbte ihn auch zwischen den Hörnern. Als der Troll aufgestiegen war, saß der Kamerad bei ihm hintenauf, und dann ging es durch die Luft dem Königsschloss zu. Aber unterwegs schlug der Kamerad wacker auf den Troll und auf den Bock los und gab ihnen Hieb auf Hieb und Schlag auf Schlag mit dem Schwert, dass sie tiefer und tiefer hinuntergerieten und schließlich fast ins Meer gesunken wären, über das sie die Reise führte. Als der Troll merkte, wie bös es draußen zuging, begleitete er die Prinzessin bis zum Schloss und machte außen halt, um zu sehen, dass sie wirklich wohlbehalten heimkam. Aber in dem Augenblick, wo sie die Tür hinter sich zumachte, schlug der Kamerad dem Troll das Haupt ab und ging damit hinauf in die Kammer des Burschen.

»Hier ist das Ding, an das die Prinzessin gedacht hat«, sagte er.

Da war denn alles in schönster Ordnung, und als der Bursche zu Tafel geladen wurde und sie gegessen hatten, wurde die Prinzessin munter wie eine Lerche. »Hast du vielleicht das, woran ich gedacht habe?«, fragte sie.

»Freilich«, sagte der Bursche und zog das Haupt unter seinen Rockschößen hervor und schleuderte es hin, dass der Tisch mit allem, was darauf war, umfiel. Die Prinzessin wurde leichenblass. Aber sie konnte nicht leugnen, dass das das Ding war, woran sie gedacht hatte, und nun musste sie den Burschen nehmen, wie sie versprochen hatte. Also wurde die Hochzeit gefeiert, und es war große Freude im ganzen Königreich.

Aber der Kamerad nahm den Burschen beiseite und sagte, in der Hochzeitsnacht dürfe er wohl die Augen zumachen und tun, als ob er schliefe, aber wenn ihm sein Leben etwas wert sei und er ihm folgen wolle, so dürfe er so lange kein Auge zutun, bis er nicht die Prinzessin von ihrer Trollhaut befreit hätte. Er müsse sie ihr mit neun neuen Birkenruten lospeitschen und dann noch in drei Milchbädern abstreifen. Erst solle er sie in einem Kübel voll jähriger Molke abschrubben, dann in einem Kübel voll saurer Milch abreiben und schließlich in einem Kübel voll süßer Milch abschwemmen. Die Birkenruten habe er unters Bett gelegt und die drei Kübel mit Milch in die Ecke gestellt. Es sei alles bereit. Der Bursche versprach, er wolle ihm folgen und tun, was er ihm gesagt hatte.

Als sie sich abends ins Bett gelegt hatten, tat er, als ob er schliefe. Die Prinzessin richtete sich auf dem Ellenbogen auf, um zu sehen, ob er wirklich schlafe, und kitzelte ihn unter der Nase. Aber er schlief ganz fest. Da zupfte sie ihn am Haar und am Bart. Aber er schlief wie ein Sack, meinte sie wenigstens. Da zog sie unter ihrem Kopfkissen ein großes Schlachtermesser hervor und wollte ihm damit den Kopf abhacken. Aber da fuhr der Bursche auf, schlug ihr das Messer aus der Hand, packte sie an den Haaren und peitschte sie mit den Ruten und hörte nicht auf, bis keine einzige mehr ganz war. Darauf warf er sie in den Molkekübel, und da sah er, was für ein Tier sie war, denn sie war rabenschwarz am ganzen Körper. Aber als er sie in der Molke abgeschrubbt, in der Sauermilch abgerieben und in der süßen Milch abgeschwemmt hatte, da war die Trollhaut ganz weg, und sie war so wunderschön, wie sie zuvor noch nie gewesen war.

Am folgenden Tag sagte der Kamerad, nun sollten sie reisen. Der Bursche war reisefertig und die Prinzessin auch, denn ihre Mitgift war schon lange bereit. In der Nacht brachte der Kamerad alles Gold und Silber und alle Kostbarkeiten, die der Troll im Berg hinterlassen hatte, ins Schloss, und als sie am Morgen fortreisen wollten, war der ganze Hof so voll, dass sie kaum durchkommen konnten. Diese Mitgift war mehr wert als das ganze Land des Königs, und sie hatten keine Ahnung, wie sie alles heimschaffen sollten. Aber der Kamerad wusste einen Ausweg aus der Verlegenheit. Der Troll hatte auch sechs Böcke hinterlassen, die durch die Luft fliegen konnten. Die belud er so reichlich mit Gold und Silber, dass sie auf der Erde gehen mussten und nicht stark genug waren, um sich in die Luft zu heben. Was die Böcke nicht mehr tragen konnten, musste im Schloss zurückbleiben. So reisten sie eine lange Zeit, aber schließlich wurden die Böcke so müde und waren so hinfällig, dass sie nicht mehr weitergehen konnten. Der Bursche und die Prinzessin wussten sich nicht zu helfen. Aber als der Kamerad sah, dass sie nicht mehr von der Stelle kamen, nahm er die ganze Mitgift auf den Rücken, legte die Böcke obendrauf und trug das alles, bis man nur noch eine halbe Meile von der Heimat des Burschen entfernt war. Da sagte der Kamerad: »Nun muss ich mich von dir trennen. Ich kann nicht weiter bei dir bleiben.« Aber der Bursche wollte von einer

Trennung nichts wissen und ihn um keinen Preis weggehen lassen.

Also ging er noch eine halbe Meile mit, aber weiter konnte er nicht mehr, und als der Bursche in ihn drang und ihn nötigen wollte, mit ihm nach Hause zu kommen und dazubleiben oder doch wenigstens die Heimkehr mitzufeiern, da sagte er immer nur, nein, er könne nicht. Da fragte ihn der Bursche, was er denn haben wolle als Lohn für seine Begleitung und Hilfe. »Wenn ich mir etwas wünschen soll, so möchte ich die Hälfte haben von allem, was du in den nächsten fünf Jahren gewinnst«, sagte der Kamerad. Das wurde ihm auch zugesagt.

Als der Kamerad fort war, versteckte der Bursche seinen ganzen Reichtum und zog spornstreichs nach Hause. Da feierten sie ein Heimkehrfest, dass man in sieben Königreichen davon sprach, und als das vorbei war, mussten sie den ganzen Winter lang mit den Böcken und mit den zwölf Pferden, die der Vater hatte, hin- und herfahren, um all das Gold und Silber nach Hause zu schaffen.

Nach fünf Jahren kam der Kamerad wieder und wollte sein Teil haben. Da schied der Mann seine ganze Habe in zwei gleiche Teile.

»Aber ein Ding hast du nicht geteilt«, sagte der Kamerad.

»Was wäre das?«, fragte der Mann. »Ich glaubte, ich hätte alles geteilt.«

»Du hast doch ein Kind bekommen«, sagte der Kamerad. »Das musst du auch in zwei Teile teilen.«

Ja, so war es wirklich. Er nahm also das Schwert, aber als er es aufhob und das Kind teilen wollte, packte der Kamerad die Schwertspitze, sodass er nicht zuschlagen konnte.

»Freust du dich nicht, dass du nicht zuschlagen musstest?«, sagte er.

»Ja, so froh war ich noch nie«, sagte der Mann.

»So froh war auch ich, als du mich aus dem Eisklumpen

befreitest«, sagte der Kamerad. »Behalte alles, was du hast. Ich brauche nichts, denn ich bin ein schwebender Geist.« Und er erzählte, er sei der Weinhändler, der in dem Eisklotz vor der Kirchentür lag und den alle anspien. Und er sei sein Kamerad geworden und habe ihm geholfen, weil der Bursche seine Habe drangegeben habe, um ihm Frieden und ein christliches Begräbnis zu verschaffen. Er habe ihn ein Jahr lang begleiten dürfen, und das sei bei ihrem ersten Abschied abgelaufen gewesen. Nun habe er ihn nochmals besuchen dürfen, aber jetzt müssten sie sich für immer trennen, denn nun riefen ihn die Himmelsglocken.

12. Yingeangeut und der Erdmacher

Einst gingen Yingeangeut, Tschanaingaut, Kilu und Kitschimengeut, die Nieren-Frau, aus, um Beeren zu pflücken und Wurzeln zu graben. Sie schlugen in der Wildnis ein Zelt auf und lebten dort. Eines Morgens gingen die Mädchen Beeren lesen, und Yingeangeut trennte sich von ihren Freundinnen. Sie ließ ihren Korb auf der Erde liegen, entfernte sich, pflückte Beeren und kehrte zu ihrem Korbe zurück. Als sie ihren Korb sah, erblickte sie etwas Mark vom Beine eines Rentiers darin; dies aß sie.

Yingeangeut wurde durch den Genuß dieses Markes schwanger und sagte am folgenden Tage zu ihren Schwestern: »Geht allein Beeren und Wurzeln suchen, ich werde zu Hause bleiben.« So gingen denn die Schwestern ohne sie in den Wald. Als sie fort waren, gebar Yingeangeut einen Knaben; sie legte ihn in einen Trog und brachte ihn in das Vorratshaus. Als ihre Schwestern am Abend heimkehrten, sagte Yingeangeut zu ihnen: »Ich habe keinen Mann gesehen und dennoch einen Knaben bekommen.«

Am folgenden Tage sagte Kilu zu ihren Freundinnen:

»Geht ihr Beeren suchen, ich will zu Hause bleiben.« Als sie fort waren, legte Kilu einen Hund in den Trog und brachte ihn in das Vorratshaus. Als am Abend ihre Freundinnen wieder heimkamen, sprach sie zu ihnen: »Auch ich habe keinen Mann gesehen und dennoch geboren.«

Der Herbst kam heran. Die Brüder fuhren flussaufwärts in ihren Fellbooten, um ihre Schwester abzuholen; und sie beluden die Fellboote mit den Beeren, Wurzeln und Fliegenpilzen, welche die Mädchen gesammelt hatten.

Als sie den Trog bemerkten, in welchem das Kind lag, und ihn in das Boot trugen, sagte Yingeangeut: »Seid vorsichtig mit dem Troge.« Ebenso bat Kilu ihren Bruder Illa, vorsichtig zu sein, indem sie auf den Trog wies, in welchem sich der Hund befand. Illa brachte ihn in das Boot, doch er fiel dabei aus seinen Händen, weil er sehr schwer war; da heulte der Hund, doch Illa nahm den Trog wieder auf und verstaute ihn im Boote. Darauf fuhren die Brüder und Schwestern in ihren Ruderbooten den Fluss bis zur Mündung hinab, dort landeten sie und luden ihre Fracht in den Vorratshäusern ab; dann feierten sie das Walfischfest.

Die Rentier-Leute kamen an, auch der Zwielicht-Mann, Frost-Mann, Neidisch, Nebel-Mann und andere kamen herbei. Der Große Rabe ließ sie alle sich versammeln und befahl, das Kind im Troge hereinzubringen. Er sprach zu dem Kinde: »Sieh dir die Rentier-Leute an. Ist dein Vater unter ihnen?« Das Kind aber wies auf keinen von ihnen. Darauf brachte Kilu den Trog mit dem Hunde herbei, und als er ihn öffnete, erkannte Ememqut den Hund als einen von denen, die ihm gehörten. Nach dem Walfischfeste zogen die Gäste davon.

Eine Zeit lang lebte die Familie des Großen Raben allein. Eines Abends kam jemand auf einem Rentierschlitten herbeigefahren. Ememqut trat heraus, ihn zu begrüßen, und sah, dass der Fremde ein ganz junger Mann, beinahe noch ein Knabe war. Er hieß Erdmacher. Ememqut sprach zu ihm: »Du bist wohl gekommen, um dich nach deinem Sohne zu erkundigen?«

»Allerdings«, erwiderte Erdmacher. »Ich bin gekommen, ihn zu sehen. Ich schämte mich, in menschlicher Gestalt zu Yingeangeut zu kommen und um sie zu werben. Ich habe mich daher in Rentiermark verwandelt, welches sie aß und wovon sie schwanger wurde.«

Erdmacher trat in das Haus, blieb über Nacht dort, und am folgenden Morgen fuhr er zusammen mit Yingeangeut auf einem großen Zuge von Rentierschlitten nach Hause.

Als Erdmacher auf sein Haus zugefahren kam, traten seine Verwandten heraus, um zu sehen, wer angekommen sei, und als sie die Yingeangeut mit einem Kinde auf dem Arm sahen, sprachen sie: »Diese Frau hat, ohne verheiratet zu sein, ein Kind bekommen.« Yingeangeut schämte sich so, dass sie in Stein verwandelt wurde.

Als dies der Erdmacher sah, dachte er: »Jetzt ist Yingeangeut tot. Ich werde umkehren und die Rentiere dem Großen Raben zurückgeben.« So kehrte er denn gleich um und betrat nicht einmal das Haus. Als er beim Hause des Großen Raben angekommen war, sah er dort sogleich die Yingeangeut. »Hier bist du?«, rief er. »Ich dachte, du wärest tot!«

»Ich schämte mich vor deinen Verwandten«, erwiderte Yingeangeut, »daher habe ich mich in Stein verwandelt und bin allein hierhergekommen.«

Am nächsten Tage fuhren sie wiederum fort. Als sie zum Hause des Erdmachers kamen, sahen sie dort noch den Stein stehen. Yingeangeut stieß ihn an, und eine zweite Yingeangeut stand da. Diese gaben sie dem Frost-Manne zur Frau. Von dieser Zeit an wurde Yingeangeut kränklich; der Erdmacher sorgte sich um sie und passte nicht mehr auf seine Rentierherden auf.

Eines Tages ging der Erdmacher aus und stolperte über

einen großen Schneehaufen. Er sah näher hin, da entdeckte er den Eingang eines unterirdischen Hauses. Er blickte hinein und sah einen jungen Mann, welcher auf und ab ging. Dieser war der Wolken-Mann; als er ihn sah, rief er: »Erdmacher, bist du es?«

»Freilich«, erwiderte der Erdmacher. »Komm herein«, sagte der Wolken-Mann. Erdmacher stieg in die Hütte hinab und erblickte einen alten Mann und eine alte Frau, welche schliefen; der Alte war der Aufseher, der Vater des Wolken-Mannes. Wolken-Mann fragte den Erdmacher: »Was denkst du? Warum mag deine Frau kränkeln?«

»Ich weiß nicht«, erwiderte der Erdmacher. »Ihre Gesundheit lässt nach«, meinte der Wolken-Mann, »weil du das doppelköpfige Rentier nicht erlegt hast, das sich in der Herde deines Vaters befindet. Das hättest du tun sollen, bevor du deine Frau heimführtest. Jetzt sieh ins Herdfeuer, sieh, wie mein Vater deine Frau hineinwirft.« Er sah hinein und erblickte tatsächlich seine Frau, die auf Steinen saß, welche den Herd umgaben. Er sah auch kleine Knaben mit kurzen Riemen an den Daumen. »Siehst du diese kleinen Knaben?«, sagte der Wolken-Mann. »Das sind deine künftigen Kinder, sie werden zwar zur Welt kommen, aber nicht lange am Leben bleiben. Sieh nur, ihre Riemen sind kurz.« Ferner zeigte der Wolken-Mann dem Erdmacher ein Mädchen mit sechs Fingern, das auf dem Dachsparren eines Hauses saß, und sprach: »Wecke den alten Mann auf und bitte ihn um jenes Mädchen. Sie hat einen langen Riemen um den Hals, daher wird sie lange leben. Um die Knaben bitte ihn nicht.«

Nun versuchte der Erdmacher, den Aufseher und dessen Frau aufzuwecken, doch musste er lange rufen, bis der Aufseher erwachte. Erdmacher fragte ihn: »Warum schläfst du, warum gibst du nicht auf die Erde acht?«

»Wir sind schlafen gegangen«, erwiderte der Aufseher, »weil du deine Frau mit nach Hause genommen hast und nicht bei dieser Gelegenheit für uns das doppelköpfige Rentier getötet hast. Daher schlafen wir und stoßen deine Frau ins Feuer.« Erdmacher erwiderte: »Sobald ich nach Hause komme, werde ich das doppelköpfige Rentier töten.« Darauf fragte der Aufseher den Erdmacher: »Möchtest du einen Sohn haben?«

»Nein«, entgegnete dieser, »ich möchte keinen Sohn haben, gib mir eine Tochter mit sechs Fingern.«

»Schön«, sagte der Aufseher, und nach einer Weile fügte er hinzu: »Geh jetzt nach Hause. Unterwegs wirst du einen Wolf erlegen. Das Wolfsfell musst du deiner Frau geben.« Der Erdmacher ging aus dem Hause, und siehe, da war kein Schneehügel. Er befand sich im Himmel. Er blickte durch eine Öffnung auf die Erde hinunter und sah mehrere Dörfer, auch erkannte er sein eigenes Haus. Darauf kam er wieder zur Erde herab. Unterwegs rannte ein Wolf auf ihn zu; den erlegte er und nahm ihn mit nach Hause.

Als der Erdmacher bei der Hütte seines Vaters angekommen war, begab er sich sogleich zu dessen Herde, ergriff das doppelköpfige Rentier und opferte es dem Wolken-Manne. Darauf wurde die Yingeangeut wieder gesund. Dann veranstalteten sie ein Wolfsfest. Yingeangeut legte das Fell des Wolfes an und umschritt den Feuerherd. Damit war das Wolfsfest beendet.

Nicht lange hernach gebar Yingeangeut eine Tochter mit sechs Fingern. Eines Tages sagte der Erdmacher: »Jetzt will ich dich zu deinen Eltern bringen, sonst denken sie, dass du schon lange gestorben bist.« So machten sie sich denn reisefertig und besuchten den Großen Raben; dort fanden sie den Wolken-Mann, der um die Tschanaingaut warb. Erdmacher und Yingeangeut brachten ihre Tochter ins Haus; der Wolken-Mann sah sie an und fragte: »Wißt ihr, woher sie ihre Tochter erhalten haben?« Groß-Licht, ein jüngerer Sohn des Großen Raben, war ein Zauberer; der sagte:

»Sie ist das Mädchen vom Dachsparren im Hause deines Vaters.«

Bald darauf heiratete der Wolken-Mann die Tschanaingaut, und später erhielten sie einen Sohn. Danach sprach er: »Ich will gehen und meinen Vater von mir hören lassen.« So begab er sich denn in den Himmel und kam zum Aufseher. Sein Vater fragte ihn: »Nun, hast du dich verheiratet?«

»Jawohl«, antwortete der Wolken-Mann, »ich habe sogar bereits einen Sohn.« Darauf begab er sich wieder zu seiner Frau. Als er ins Haus des Großen Raben kam, fragte ihn Groß-Licht: »Nun, ist dein Vater nicht böse wegen deiner Heirat geworden?«

»Gar nicht«, erwiderte der Wolken-Mann.

13. Das kleine Mädchen mit den Schwefelhölzern

Es war fürchterlich kalt; es schneite und begann dunkler Abend zu werden, es war der letzte Abend im Jahre, Neujahrsabend! In dieser Kälte und in dieser Finsternis ging ein kleines, armes Mädchen mit bloßem Kopfe und nackten Füßen auf der Straße. Sie hatte freilich Pantoffeln gehabt, als sie vom Hause wegging, aber was half das! Es waren sehr große Pantoffeln, ihre Mutter hatte sie zuletzt getragen, so groß waren sie, diese verlor die Kleine, als sie sich beeilte, über die Straße zu gelangen, indem zwei Wagen gewaltig schnell daher jagten. Der eine Pantoffel war nicht wieder zu finden und mit dem andern lief ein Knabe davon, der sagte, er könne ihn als Wiege benutzen, wenn er selbst einmal Kinder bekomme.

Da ging nun das arme Mädchen auf den bloßen, kleinen Füßen, die ganz rot und blau vor Kälte waren. In einer alten Schürze hielt sie eine Menge Schwefelhölzer, und ein Bund trug sie in der Hand. Niemand hatte ihr während des ganzen Tages etwas abgekauft, niemand hatte ihr auch nur einen Dreier geschenkt; hungrig und halb erfroren schlich sie einher und sah sehr gedrückt aus, die arme Kleine! Die Schneeflocken fielen in ihr langes, gelbes Haar, welches sich schön über den Hals lockte, aber an Pracht dachte sie freilich nicht.

In einem Winkel zwischen zwei Häusern – das eine sprang etwas weiter in die Straße vor als das andere – da setzte sie sich und kauerte sich zusammen. Die kleinen Füße hatte sie fest angezogen, aber es fror sie noch mehr, und sie wagte nicht nach Hause zu gehen, denn sie hatte ja keine Schwefelhölzer verkauft, nicht einen einzigen Dreier erhalten. Ihr Vater würde sie schlagen, und kalt war es daheim auch, sie hatten nur das Dach gerade über sich und da pfiff der Wind herein, obgleich Stroh und Lappen zwischen die größten Spalten gestopft waren. Ihre kleinen Hände waren vor Kälte fast ganz erstarrt. Ach! Ein Schwefelhölzchen könnte gewiss recht guttun; wenn sie nur wagen dürfte, eins aus dem Bunde herauszuziehen, es gegen die Wand zu streichen, und die Finger daran zu wärmen. Sie zog eins heraus, »Ritsch!« Wie sprühte es, wie brannte es! Es gab eine warme, helle Flamme, wie ein kleines Licht, als sie die Hand darum hielt, es war ein wunderbares Licht! Es kam dem kleinen Mädchen vor, als sitze sie vor einem großen eisernen Ofen mit Messingfüßen und einem messingenen Aufsatz; das Feuer brannte ganz herrlich darin und wärmte schön! Die Kleine streckte schon die Füße aus, um auch diese zu wärmen, da erlosch die Flamme, der Ofen verschwand – sie saß mit einem kleinen Stumpf des ausgebrannten Schwefelholzes in der Hand.

Ein neues wurde angestrichen, es brannte, es leuchtete, und wo der Schein desselben auf die Mauer fiel, wurde diese durchsichtig wie ein Flor. Sie sah gerade in das Zimmer hinein, wo der Tisch mit einem glänzend weißen Tischtuch und mit feinem Porzellan gedeckt stand, und herrlich dampfte eine mit Pflaumen und Äpfeln gefüllte, gebratene Gans darauf! Und was noch prächtiger war, die Gans sprang von der Schüssel herab, watschelte auf dem Fußboden hin mit Gabel und Messer im Rücken, gerade auf das arme Mädchen kam sie zu. Da erlosch das Schwefelholz, und nur die dicke, kalte Mauer war zu sehen.

Sie zündete ein neues an. Da saß sie unter dem schönsten Weihnachtsbaume. Der war noch größer und aufgeputzter als der, welchen sie zu Weihnachten durch die Glastüre bei dem reichen Kaufmanne erblickt hatte. Viel tausend Lichter brannten auf den grünen Zweigen und bunte Bilder, wie die, welche die Ladenfenster schmücken, schauten zu ihr herab. Die Kleine streckte die beiden Hände in die Höh' – da erlosch das Schwefelholz; die vielen Weihnachtslichter stiegen höher und immer höher, nun sah sie, dass es die klaren Sterne am Himmel waren, einer davon fiel herab und machte einen langen Feuerstreifen am Himmel.

»Nun stirbt jemand!«, sagte die Kleine, denn ihre alte Großmutter, welche die einzige war, die sie lieb gehabt hatte, die jetzt aber tot war, hatte gesagt: »Wenn ein Stern fällt, so steigt eine Seele zu Gott empor.«

Sie strich wieder ein Schwefelholz gegen die Mauer, es leuchtete ringsumher, und im Glanze desselben stand die alte Großmutter, glänzend, mild und lieblich da.

»Großmutter!«, rief die Kleine. »O, nimm mich mit! Ich weiß, dass Du auch gehst, wenn das Schwefelholz ausgeht; gleichwie der warme Ofen, der schöne Gänsebraten und der große, herrliche Weihnachtsbaum!« Sie strich eiligst den ganzen Rest der Schwefelhölzer, welche noch im Bunde waren, sie wollte die Großmutter recht festhalten; und die Schwefelhölzer leuchteten mit solchem Glanz, dass es heller war als am lichten Tage. Die Großmutter war nie so schön, so groß gewesen; sie hob das kleine Mädchen auf ihren Arm, und in Glanz und Freude flogen sie in die Höhe, und da fühlte sie keine Kälte, keinen Hunger, keine Furcht – sie waren bei Gott!

Aber im Winkel am Hause saß in der kalten Morgenstunde das kleine Mädchen mit roten Wangen, mit lächelndem Munde – tot, erfroren am letzten Abend des alten Jahres. Der Neujahrsmorgen ging über die kleine Leiche auf, welche mit Schwefelhölzern dasaß, wovon ein Bund fast verbrannt war. Sie hat sich wärmen wollen, sagte man. Niemand wusste, was sie Schönes erblickt hatte, in welchem Glanze sie mit der alten Großmutter zur Neujahrsfreude eingegangen war!

14. Ottilie

Eines Tages, als Ottilie besonders eifrig zur Königin des Himmels gebetet hatte, sank sie auf den Stufen des Altars in einen heiligen Schlummer, der ihr eine Menge Träume vorführte, welche ihr ihre wahre Lage deutlich schilderten, ihr den Namen und die Absichten ihrer Verfolgerin nannten, und ihr alles sagten, was sie von ihr für sich und ihr Kind zu fürchten habe. – Nie haben Träume so deutlich gesprochen, nur schade, dass sie zu kurze Zeit dauerten, um ihr über das Notwendigste, über die Mittel, dem Unglück zu entgehen, Unterricht zu geben.

Ein Geräusch von außen verscheuchte das leichte Heer der Traumgebilde, und sie erwachte in einem Zustande, der sich nicht schrecklicher denken lässt. Welch ein Gefühl, den geöffneten Abgrund vor sich zu sehen, die Hand im Nacken zu fühlen, welche uns hinabstürzen wird, ohne hinlängliche Kraft zu besitzen, sich zu retten, ohne weit und breit einen Retter zu sehen, der das ersetzen könnte, was unsere Schwachheit nicht vermag!

»Ich traue auf dich, Heiligste des Himmels, treue Warnerin!«, sagte Ottilie, als sie in der Nacht nach der schrecklichen Entdeckung leise von ihrem Lager aufstand, das Schloss an der Tür, das sie vorsichtig mit dem Öl der nächtlichen Lampe getränkt hatte, sanft zurückzog und die steinerne Wendelstiege hinabschlich. »Ich traue auf dich, du wirst die Gewarnte nicht verderben lassen, oder, soll sie ja umkommen, dich wenigstens ihres verlassenen Kindes erbarmen. Flucht ist das Einzige, was ich zu meiner Rettung tun kann.«

Es war in einer der kältesten Nächte des Christmonats, als die bedrängte Fürstin das Schloss verließ, das sie in glücklichen Zeiten erbaut hatte. Es gelang ihr, durch ein niedriges Fenster in den beschneiten Garten, und von da durch eine nur von innen verschlossene Tür auf das Feld zu kommen. Kunigunde hatte auf alles, nur nicht auf die mögliche Flucht ihrer Gefangenen gedacht; sie glaubte, ihre Gefahr sei ihr verborgen, und würde sie auch dieselbe gewahr, so müsste ihr Zustand ihr es unmöglich machen, derselben zu entgehen.

Ottilie war in einer Art von Betäubung, als sie den gefährlichen Schritt wagte; wie hätte sie sonst die gewisse Gefahr für die ungewisse wählen können? Sie sah ihrer Entbindung täglich entgegen, was sollte aus ihr werden, wenn die gefürchtete Stunde sie hilflos überraschte? Was sollte alsdann aus ihr werden, wenn dieselbe auch glücklich vorüberging? Sie wusste keinen Zufluchtsort, hatte auf keinen gesonnen. Die Fußstapfen im tiefen Schnee mussten ihren Weg verraten, und das Glücklichste, was ihr begegnen konnte, war, dass sie hier aufgefunden und in die Hände ihrer Verfolger zurückgebracht wurde.

Die unglückliche Fürstin dachte jedoch gar nicht an den wahrscheinlich unglücklichen Erfolg ihrer Flucht, ihr ganzes Wesen war zu sehr von einem unnennbaren Gefühl der heftigsten Schmerzen des Körpers und der Seele erfüllt. Sie strengte sich über Vermögen an, um nur einige Schritte weiterzugehen, um nur einige Spannen weiter von der Feindin entfernt zu sein, vor welcher sie der Traum gewarnt hatte, aber endlich verließen sie ihre letzten Kräfte, und sie sank ohne Empfindung auf einen großen Feldstein nieder.

Als sie wieder zu sich selbst kam, hörte sie das silberne Glöcklein auf ihrer Marienkapelle zur Metten läuten, denn die Christnacht war eben angebrochen, und ein heißer Seufzer zur Königin des Himmels drängte sich aus ihrem beängstigten Herzen. Sie schlug die Augen auf und sah an ihrer Seite auf dem Feldsteine eine schöne große Frau sitzen, deren Gestalt sie ganz erkennen konnte, ungeachtet die finstere Winternacht rund umher ihren Schleier ausgebreitet hatte. Ein mildes Licht, das aus der unbekannten Gefährtin selbst auszugehen schien, machte ihr dies Gesicht voll Majestät und sprechender Milde, machte ihr diesen Blick voll Mitleid, mit welchem ihr Auge auf ihr ruhte, sichtbar, und sie wollte schon einige Worte aussprechen, wie sie ihr das Entzücken über einen solchen Anblick in den Mund gab, als sie in den Armen der Fremden einen Gegenstand gewahr wurde, der noch ganz andere Gefühle in ihr erregte, welche zu fassen ihr Herz zu beengt, welche auszusprechen ihre Zunge zu schwach war.

Ein neugeborenes Kind von blendender Schönheit lag auf dem rosenfarbenen Schoß der Fremden, und wurde von ihrem himmelblauen Mantel liebreich gegen die schneidende Kälte geschützt.

Mit einem leisen unartikulierten Ton der Freude streckte Ottilie ihre Arme nach dem kleinen lächelnden Engel aus, den ihr die Fremde entgegenhielt, denn ihr Herz sagte ihr, wie nahe sie mit demselben verwandt sei. Es ist dein Kind! rief etwas im Innersten ihrer Seele, und ein Blick nebst etlichen abgebrochenen Worten der Unbekannten bejahte es.

»Ich fand euch«, sagte sie auf weiteres Befragen, »hier in

dem hilflosesten Zustande, und stand euch bei, so gut ich konnte. Aber was soll nun aus euch und eurem Kindlein werden?«

»Ach! mir wird bald auf ewig geholfen sein«, sagte die schwache Fürstin. »Ich fühle bereits den Tod im Herzen! Ich glaube, die Freude über die Neugeborene hat es vollends gebrochen! –«

»Aber was soll ich mit der verlassenen Kleinen beginnen?«

»Sie ist nicht verlassen, wenn sie in euren Händen ist; ihr scheint mir eine gute Frau zu sein. Fördert das Kind, das ich euch hinterlasse, zur Christenheit, und seid seine Pate; euch und die Königin des Himmels erwähle ich zu seinen Taufzeugen.«

Die Fremde lächelte ein wenig, und fragte, wie die Neugeborene heißen sollte?

»Marie!«, erwiderte die Fürstin, »nach ihrer vornehmsten Pate, und wollt ihr ihr noch einen Namen zum Andenken ihrer unglücklichen Mutter geben, so nennt sie Ottilie.«

Die Unbekannte schwieg ein wenig, taute darauf eine Handvoll Schnee mit ihrem Hauch zu Wasser auf, sprengte es über das Haupt des Kindes und gab ihm seine Namen.

»Wer seid ihr?«, fragte die Fürstin, die dieser Handlung mit Andacht zugesehen hatte.

»Ich heiße Marie!«

»Woher kommt ihr? Und wohin geht euer Weg?«

»Ich komme von oben, und walle dort nach meinem Hause, wo die silberne Glocke tönt.«

»O, nun kenne ich euch!«, rief Ottilie mit einem unaussprechlichen Blicke. »Heil mir! Mein Kind ist wohl beraten!« Darauf wandte sie sich auf die Seite, schloss die Augen und verschied.

Die Königin des Himmels – meine Leser werden wohl nicht mehr zweifeln, wer die Fremde war – ließ einige himmlische Tränen auf die Entseelte fallen, vertraute der mütterlichen Erde den Körper, und bedeckte das Grab mit dem Feldsteine, auf welchem sie neben ihr gesessen hatte. Das Kindlein aber hüllte sie in ihren Sternenmantel und nahm es mit sich hinauf in ihre ruhigen Wohnungen.

Wer kann die Geheimnisse der Überirdischen fassen, und wer kann genau sagen, wie es mit der Erziehung der kleinen Marie bei ihrer himmlischen Pate beschaffen sein mochte? So viel lässt sich aus dem, was die Sage von diesen wunderbaren Dingen aufbehalten hat, schließen, dass es die Absicht der Königin des Himmels war, das junge Fräulein für die Welt und nicht unmittelbar zum Leben der Seligen zu erziehen; daher sammelte sie solche Gegenstände um sie her, oder gab vielmehr allen Dingen, welche ihr in den oberen Regionen vorkommen mussten, ein solches Ansehen, wie sie in das Leben hienieden passten. Engel und Selige kamen der kleinen Erdbürgerin wie schöne goldgelockte Jünglinge und Jungfrauen vor, die Feste des Himmels hatten viel Ähnlichkeit mit den irdischen, bei welchen Tugend und Wohlstand herrscht, und selbst die kleinen Geschäfte, zu welchen sie, so wie sie heranwuchs, angehalten wurde, waren die nämlichen, wie sie ihr etwa in ihrem künftigen Erdenleben bestimmt sein mochten.

Dass indes ihr Herz in der himmlischen Gesellschaft, in welcher sie sich befand, unendlich veredelt, ihr Geschmack an Dinge gewöhnt werden musste, wie man sie auf Erden selten findet, das lässt sich denken, und so vorteilhaft das erste für sie war, so zog das andere doch gewisse üble Folgen nach sich, die sich nicht ganz vermeiden ließen. Ein Glück wär' es für die kleine Marie gewesen, wenn sie in den oberen Regionen völlig hätte heranwachsen oder ewig daselbst bleiben können; aber eine halbe vollendete Erziehung, und wäre es die beste von der Welt, kann nie großen Nutzen schaffen.

Die junge Erdbürgerin hatte das siebente Jahr eben angetreten, als sie von ihrer Pate vorgenommen und folgendermaßen angeredet ward: »Mein Kind, du trittst heute aus den Grenzen der Jahre, da der Mensch bloß lebt und atmet, ohne sich selbst zu kennen; deine Begriffe werden von nun an sich besser entwickeln, und da es nicht fehlen kann, dass du hier auf eine Menge Dinge stoßen wirst, die nicht recht zu denselben passen, so ist es nötig, dass ich dir die Augen über deinen wahren Zustand öffne. Das Land, in dem du lebst, ist nicht dein Vaterland; du bist in einer viel gröberen Luft geboren, als die wir hier atmen, bist zu einem Leben bestimmt, das weit unter demjenigen ist, das wir hier leben; gern behielt ich dich bei mir, aber dies ist mir gar nicht, oder nur unter gewissen Bedingungen erlaubt, die du schwerlich erfüllen wirst.«

Die kleine Marie weinte sehr, als sie von Trennung von einem Orte sprechen hörte, der ihr mit allen seinen Bewohnern so teuer war.

»Möchtest du gern bei mir bleiben?«, fragte die Heilige.

»O gern, gern liebe Pate!«, rief das Kind, welches anfing, noch heftiger zu weinen.

»Aber«, sagte sie, »du wirst größer werden, wirst Unarten annehmen, welche uns hier oben fremd sind; Vorwitz, Eigensinn und Stolz werden sich in deinen Handlungen äußern, und bei dem ersten Vergehen dieser Art würde ich genötigt sein, dich dahin zu verstoßen, woher du kamst. Willst du also das Glück immer genießen, das dir jetzt so teuer ist, so sei auf deiner Hut, denn von nun an wirst du in mannigfache Versuchung kommen, deren kleinste für deine Kräfte zu schwer sein möchte. Dürfte ich es auch wagen, dir, wenn du zum ersten Mal unterliegst, zu verzeihen, so würde dich doch ein zweiter und dritter Fall unausbleiblich in die Tiefe, aus der du gekommen bist, hinabstürzen.« –

Die kleine Sterbliche war klug genug, ihre Pate um einige Regeln zu bitten, nach welchen sie in der gefährlichen

Epoche, welche ihr angekündigt wurde, sich zu richten hätte, und sie erhielt folgende Lehren, die die Heilige, um sie dem Kinde desto merklicher zu machen, in diese kurzen Denkreimlein kleidete. »Strebe«, sprach sie mit warnender Miene, »strebe nicht nach höherem Himmelsglück; sieh es droht der Sterblichen Gefahr. Schaue nicht ins Erdental zurück, das zu Tod und Elend dich gebar. Und verwende deine kühnen Blicke nie nach dem, was dir verboten war.« Marie dankte ihrer Pate, und wiederholte die drei goldnen Regeln so oft bei sich selbst, bis sie ihr unvergesslich waren.

Auch hätte man glauben sollen, sie wären ihr ganz und gar entbehrlich gewesen; sie hatte an der kindischen Einfalt und Unschuld, die in ihrem Herzen wohnten, ein paar Schutzengel, die sie sicherer vor tausend Versuchungen vorbeiführten, als die ernstlichsten Warnungen. Sie wusste nichts von den Gefahren, die sie täglich bedrohten, denn Unbekanntschaft mit dem Bösen ließ sie immer recht handeln, ohne dass es ihr Mühe, Überwindung oder Nachdenken kostete.

Die himmlische Marie hatte die Freude, ihre kleine Namensträgerin zur Vollkommenheit der Engel heranwachsen zu sehen, und gewann sie immer lieber. Sie gab ihr unzählige Beweise ihres Wohlgefallens, unter denen, um sich nach der sinnlichen Natur des Kindes zu bequemen, freilich auch manche waren, die nicht recht in die überirdischen Regionen zu gehören schienen; und es war nicht unmöglich, dass die schönen Kleider und die bunten Zeitvertreibe, an welchen es ihr die zärtliche Pate nie fehlen ließ, den ersten Grund zu dem nachmaligen Falle des armen Mädchens legten.

Es war gegen Allerheiligen, als Marie ihre kleine Pate vornahm, und zu ihr sagte: »Ich schwebe hinauf in die translunarischen Gefilde, die höheren Feste des Himmels zu feiern, und lasse dich hier zurück, wo es dir auch nicht an Freuden fehlen wird, die sich für dich passen. Nur sei mit dem zufrieden, was dir zukommt, und suche dich nirgend einzudrängen, wo du nicht hingehörst. Vor allem aber beachte deine drei Regeln wohl. Du weißt, dass du in meiner Burg schier alles tun und an allen Orten sein kannst, wo du willst. Und die wenigen Gegenden, die dir verboten sind, kennst du auch; es sind die Zinnen meiner Türme, von welchen du herabstürzen könntest, und vor allem meine Bäder, in welchen dir die Gefahr zu ertrinken droht. Du siehst, dass ich es gut mit dir meine, und dir nichts untersage, als was dir schaden kann. Doch hast du deinen freien Willen; die Schlüssel zu allen Türen sind in deiner Hand, und du kannst tun, was dir gefällt.«

Die kleine Erdenbürgerin gelobte von Neuem Gehorsam und gute Aufführung, und man trennte sich auf baldiges Wiedersehen.

15. Die drei Männlein im Walde

Es war ein Mann, dem starb seine Frau, und eine Frau, der starb ihr Mann; und der Mann hatte eine Tochter, und die Frau hatte auch eine Tochter. Die Mädchen waren miteinander bekannt und gingen zusammen spazieren und kamen hernach zu der Frau ins Haus. Da sprach sie zu des Mannes Tochter: »Hör, sage deinem Vater, ich wollt ihn heiraten, dann sollst du jeden Morgen dich in Milch waschen und Wein trinken, meine Tochter aber soll sich in Wasser waschen und Wasser trinken.«

Das Mädchen ging nach Haus und erzählte seinem Vater, was die Frau gesagt hatte.

Der Mann sprach: »Was soll ich tun? Das Heiraten ist eine Freude und ist auch eine Qual.« Endlich, weil er keinen Entschluss fassen konnte, zog er seinen Stiefel aus und sagte: »Nimm diesen Stiefel, der hat in der Sohle ein Loch, geh damit auf den Boden, häng ihn an den großen Nagel und gieß dann Wasser hinein. Hält er das Wasser, so will ich wieder eine Frau nehmen, läuft's aber durch, so will ich nicht.«

Das Mädchen tat, wie ihm geheißen war; aber das Wasser zog das Loch zusammen, und der Stiefel ward voll bis obenhin. Es verkündigte seinem Vater, wie's ausgefallen war. Da stieg er selbst hinauf, und als er sah, dass es seine Richtigkeit hatte, ging er zu der Witwe und freite sie, und die Hochzeit ward gehalten.

Am andern Morgen, als die beiden Mädchen sich aufmachten, da stand vor des Mannes Tochter Milch zum Waschen und Wein zum Trinken, vor der Frau Tochter aber stand Wasser zum Waschen und Wasser zum Trinken. Am zweiten Morgen stand Wasser zum Waschen und Wasser zum Trinken so gut vor des Mannes Tochter als vor der Frau Tochter. Und am dritten Morgen stand Wasser zum Waschen und Wasser zum Trinken vor des Mannes Tochter und Milch zum Waschen und Wein zum Trinken vor der Frau Tochter, und dabei blieb's. Die Frau ward ihrer Stieftochter spinnefeind und wusste nicht, wie sie es ihr von einem Tag zum andern schlimmer machen sollte. Auch war sie neidisch, weil ihre Stieftochter schön und lieblich war, ihre rechte Tochter aber hässlich und widerlich. Einmal im Winter, als es steinhart gefroren hatte und Berg und Tal vollgeschneit lag, machte die Frau ein Kleid von Papier, rief das Mädchen und sprach: »Da, zieh das Kleid an, geh hinaus in den Wald und hol mir ein Körbchen voll Erdbeeren; ich habe Verlangen danach.«

»Du lieber Gott«, sagte das Mädchen, »im Winter wachsen ja keine Erdbeeren, die Erde ist gefroren, und der Schnee hat auch alles zugedeckt. Und warum soll ich in dem Papierkleide gehen? Es ist draußen so kalt, dass einem der Atem friert: da weht ja der Wind hindurch, und die Dornen reißen mir's vom Leib.«

»Willst du mir noch widersprechen?«, sagte die Stiefmutter. »Mach, dass du fortkommst, und lass dich nicht
eher wieder sehen, als bis du das Körbchen voll Erdbeeren hast.« Dann gab sie ihm noch ein Stückchen hartes Brot
und sprach: »Davon kannst du den Tag über essen«, und
dachte: »Draußen wird's erfrieren und verhungern und mir
nimmermehr wieder vor die Augen kommen.« Nun war das
Mädchen gehorsam, tat das Papierkleid an und ging mit dem
Körbchen hinaus.

Da war nichts als Schnee, die Weite und Breite, und war
kein grünes Hälmchen zu merken. Als es in den Wald kam,
sah es ein kleines Häuschen, daraus guckten drei kleine
Haulemännerchen. Es wünschte ihnen die Tageszeit und
klopfte bescheidenlich an die Tür. Sie riefen: »Herein«, und
es trat in die Stube und setzte sich auf die Bank am Ofen, da
wollte es sich wärmen und sein Frühstück essen. Die Haulemännerchen sprachen: »Gib uns auch etwas davon.«

»Gerne«, sprach es, teilte sein Stückchen Brot entzwei
und gab ihnen die Hälfte. Sie fragten: »Was willst du zur
Winterzeit in deinem dünnen Kleidchen hier im Wald?«

»Ach«, antwortete es, »ich soll ein Körbchen voll Erdbeeren suchen und darf nicht eher nach Hause kommen,
als bis ich es mitbringe.« Als es sein Brot gegessen hatte,
gaben sie ihm einen Besen und sprachen: »Kehre damit an
der Hintertüre den Schnee weg.« Wie es aber draußen war,
sprachen die drei Männerchen untereinander: »Was sollen
wir ihm schenken, weil es so artig und gut ist und sein Brot
mit uns geteilt hat?« Da sagte der erste: »Ich schenk ihm,
dass es jeden Tag schöner wird.« Der zweite sprach: »Ich
schenk ihm, dass Goldstücke ihm aus dem Mund fallen,
sooft es ein Wort spricht.« Der dritte sprach: »Ich schenk
ihm, dass ein König kommt und es zu seiner Gemahlin
nimmt.«

Das Mädchen aber tat, wie die Haulemännerchen gesagt

hatten, kehrte mit dem Besen den Schnee hinter dem kleinen Hause weg, und was glaubt ihr wohl, dass es gefunden hat? Lauter reife Erdbeeren, die ganz dunkelrot aus dem Schnee hervorkamen. Da raffte es in seiner Freude sein Körbchen voll, dankte den kleinen Männern, gab jedem die Hand und lief nach Haus und wollte der Stiefmutter das Verlangte bringen. Wie es eintrat und »Guten Abend«, sagte, fiel ihm gleich ein Goldstück aus dem Mund. Darauf erzählte es, was ihm im Walde begegnet war, aber bei jedem Worte, das es sprach, fielen ihm die Goldstücke aus dem Mund, sodass bald die ganze Stube damit bedeckt ward. »Nun sehe einer den Übermut«, rief die Stiefschwester, »das Geld so hinzu-werfen«, aber heimlich war sie neidisch darüber und wollte auch hinaus in den Wald und Erdbeeren suchen.

Die Mutter: »Nein, mein liebes Töchterchen, es ist zu kalt, du könntest mir erfrieren.«

Weil sie ihr aber keine Ruhe ließ, gab sie endlich nach, nähte ihm einen prächtigen Pelzrock, den es anziehen musste, und gab ihm Butterbrot und Kuchen mit auf den Weg. Das Mädchen ging in den Wald und gerade auf das kleine Häuschen zu. Die drei kleinen Haulemänner guckten wieder, aber es grüßte sie nicht, und ohne sich nach ihnen umzusehen und ohne sie zu grüßen, stolperte es in die Stube hinein, setzte sich an den Ofen und fing an, sein Butterbrot und seinen Kuchen zu essen. »Gib uns etwas davon«, riefen die Kleinen, aber es antwortete: »Es schickt mir selber nicht, wie kann ich andern noch davon abgeben?« Als es nun fertig war mit dem Essen, sprachen sie: »Da hast du einen Besen, kehr uns draußen vor der Hintertür rein.«

»Ei, kehrt euch selber«, antwortete es, »ich bin eure Magd nicht.« Wie es sah, dass sie ihm nichts schenken wollten, ging es zur Türe hinaus.

Da sprachen die kleinen Männer untereinander: »Was sol-len wir ihm schenken, weil es so unartig ist und ein böses neidisches Herz hat, das niemand etwas gönnt?« Der erste sprach: »Ich schenk ihm, dass es jeden Tag hässlicher wird.« Der zweite sprach: »Ich schenk ihm, dass ihm bei jedem Wort, das es spricht, eine Kröte aus dem Munde springt.« Der dritte sprach: »Ich schenk ihm, dass es eines unglücklichen Todes stirbt.«

Das Mädchen suchte draußen nach Erdbeeren, als es aber keine fand, ging es verdrießlich nach Haus. Und wie es den Mund auftat und seiner Mutter erzählen wollte, was ihm im Walde begegnet war, da sprang ihm bei jedem Wort eine Kröte aus dem Mund, sodass alle einen Abscheu vor ihm bekamen. Nun ärgerte sich die Stiefmutter noch viel mehr und dachte nur darauf, wie sie der Tochter des Mannes alles Herzeleid antun wollte, deren Schönheit doch alle Tage größer ward. Endlich nahm sie einen Kessel, setzte ihn zum Feuer und sott Garn darin. Als es gesotten war, hing sie es dem armen Mädchen auf die Schulter und gab ihm eine Axt dazu, damit sollte es auf den gefrornen Fluss gehen, ein Eisloch hauen und das Garn schlittern. Es war gehorsam, ging hin und hackte ein Loch in das Eis, und als es mitten im Hacken war, kam ein prächtiger Wagen hergefahren, worin der König saß. Der Wagen hielt still, und der König fragte: »Mein Kind, wer bist du, und was machst du da?«

»Ich bin ein armes Mädchen und schlittere Garn.« Da fühlte der König Mitleiden, und als er sah, wie es so gar schön war, sprach er: »Willst du mit mir fahren?«

»Ach ja, von Herzen gern«, antwortete es, denn es war froh, dass es der Mutter und Schwester aus den Augen kommen sollte. Also stieg es in den Wagen und fuhr mit dem König fort, und als sie auf sein Schloss gekommen waren, ward die Hochzeit mit großer Pracht gefeiert, wie es die kleinen Männlein dem Mädchen geschenkt hatten. Über ein Jahr gebar die junge Königin einen Sohn, und als die Stiefmutter von dem großen Glücke gehört hatte, so kam sie mit ihrer Tochter in das Schloss und tat, als wollte sie einen Besuch machen.

Als aber der König einmal hinausgegangen und sonst niemand zugegen war, packte das böse Weib die Königin am Kopf, und ihre Tochter packte sie an den Füßen, hoben sie aus dem Bett und warfen sie zum Fenster hinaus in den vorbeifließenden Strom. Darauf legte sich ihre hässliche Tochter ins Bett, und die Alte deckte sie zu bis über den Kopf.

Als der König wieder zurückkam und mit seiner Frau sprechen wollte, rief die Alte: »Still, still, jetzt geht das nicht, sie liegt in starkem Schweiß, Ihr müsst sie heute ruhen lassen.« Der König dachte nichts Böses dabei und kam erst den andern Morgen wieder, und wie er mit seiner Frau sprach und sie ihm Antwort gab, sprang bei jedem Wort eine Kröte hervor, während sonst ein Goldstück herausgefallen war. Da fragte er, was das wäre, aber die Alte sprach, das hätte sie von dem starken Schweiß gekriegt und würde sich schon wieder verlieren.

In der Nacht aber sah der Küchenjunge, wie eine Ente durch die Gosse geschwommen kam, die sprach:

>»König, was machst du?
>Schläfst du oder wachst du?«

Und als er keine Antwort gab, sprach sie:

>»Was machen meine Gäste?«

Da antwortete der Küchenjunge:

>»Sie schlafen feste.«

Fragte sie weiter:

»Was macht mein Kindelein?«

Antwortete er:

»Es schläft in der Wiege fein.«

Da ging sie in der Königin Gestalt hinauf, gab ihm zu trinken, schüttelte ihm sein Bettchen, deckte es zu und schwamm als Ente wieder durch die Gosse fort. So kam sie zwei Nächte, in der dritten sprach sie zu dem Küchenjungen: »Geh und sage dem König, dass er sein Schwert nimmt und auf der Schwelle dreimal über mir schwingt.« Da lief der Küchenjunge und sagte es dem König, der kam mit seinem Schwert und schwang es dreimal über dem Geist; und beim dritten Mal stand seine Gemahlin vor ihm, frisch, lebendig und gesund, wie sie vorher gewesen war.

Nun war der König in großer Freude, er hielt aber die Königin in einer Kammer verborgen bis auf den Sonntag, wo das Kind getauft werden sollte. Und als es getauft war, sprach er: »Was gehört einem Menschen, der den andern aus dem Bett trägt und ins Wasser wirft?«

»Nichts Besseres«, antwortete die Alte, »als dass man den Bösewicht in ein Faß steckt, das mit Nägeln ausgeschlagen ist, und den Berg hinab ins Wasser rollt.« Da sagte der König: »Du hast dein Urteil gesprochen«, ließ ein solches Faß holen und die Alte mit ihrer Tochter hineinstecken, dann ward der Boden zugehämmert und das Faß bergab gekullert, bis es in den Fluss rollte.

Es war eine Mutter, die hatte zwei Töchter. Eine war ihre eigene, die andere ihre Stieftochter. Die eigene Tochter hatte sie sehr lieb, die Stieftochter konnte sie nicht einmal ansehen, weil Maruschka schöner war als Holena. Die gute Maruschka wusste von ihrer Schönheit nichts. Sie konnte sich gar nicht erklären, warum die Mutter so böse war, sooft sie sie ansah. Alle Arbeit musste sie selbst verrichten: die Stube aufräumen, kochen, waschen, nähen, spinnen, weben, Gras zutragen und die Kuh allein versorgen. Holena putzte sich nur und machte sich einen schönen Tag. Aber Maruschka arbeitete gern, war geduldig und ertrug das Schelten, das Fluchen der Schwester und Mutter wie ein Lamm. Allein dies half nichts. Die Lage wurde von Tag zu Tag schlimmer, nur weil Maruschka je länger, desto schöner, Holena desto garstiger ward.

Die Mutter dachte: »Wozu sollte ich die schöne Stieftochter im Hause leiden, wenn meine eigene Tochter nicht auch so ist? Die Burschen werden auf Brautschau kommen: Maruschka wird ihnen gefallen, Holena werden sie nicht haben wollen!«

Von diesem Augenblick an überlegten sie, wie sie die arme Maruschka loswerden konnten. Sie quälten sie mit Hunger, sie schlugen sie, doch Maruschka ertrug alles geduldig und ward von Tag zu Tag schöner – und dies, obwohl ihre Stiefmutter und deren Tochter sich Qualen für Maruschka ausdachten, wie sie braven Menschen gar nicht in den Sinn gekommen wären.

Eines Tages – es war in der Mitte des Eismonats – wollte Holena Veilchen haben. »Geh, Maruschka, bring mir aus dem Walde einen Veilchenstrauß! Ich will ihn hinter den Gürtel stecken und an ihm riechen!«, trug sie der Schwester auf.

»Ach Gott, liebe Schwester, was fällt dir ein! Habe noch nie gehört, dass unter dem Schnee Veilchen wüchsen«, versetzte das arme Mädchen.

»Du nichtsnutziges Ding, du widersprichst, wenn ich befehle? Gleich wirst du in den Wald gehen, und bringst du keine Veilchen, so schlag ich dich tot!«, drohte Holena.

Die Stiefmutter fasste Maruschka, stieß sie zur Tür hinaus und schloss diese hinter ihr zu.

Das Mädchen ging bitter weinend in den Wald. Der Schnee lag hoch, nirgends war ein Fußstapfen zu sehen. Die Arme irrte, irrte lange herum: Hunger plagte sie, Kälte schüttelte sie. Sie bat Gott, er möchte sie lieber aus der Welt nehmen. Da gewahrte sie in der Ferne ein Licht. Sie ging dem Glanz nach und kam auf den Gipfel eines Berges. Auf dem Gipfel brannte ein großes Feuer, um das Feuer lagen zwölf Steine, auf den Steinen saßen zwölf Männer. Drei waren graubärtig, drei waren jünger, drei waren noch jünger, und die drei jüngsten waren die schönsten. Sie redeten nichts, sie blickten still in das Feuer. Die zwölf Männer waren die zwölf Monate. Der Eismonat saß obenan. Der hatte Haare und Bart, weiß wie Schnee. In der Hand hielt er einen Stab. Maruschka erschrak und blieb eine Weile verwundert stehen. Dann aber fasste sie Mut, trat näher und bat: »Liebe Leute, erlaubt mir, dass ich mich am Feuer wärme, Kälte schüttelt mich!« Der Eismonat nickte mit dem Haupt und fragte sie: »Weshalb bist du hergekommen, Mädchen? Was suchst du hier?«

»Ich suche Veilchen«, antwortete Maruschka.

»Es ist nicht an der Zeit, Veilchen zu suchen, wenn Schnee liegt«, sagte der Eismonat.

»Ich weiß wohl«, entgegnete Maruschka traurig, »allein Schwester Holena und die Stiefmutter haben mir befohlen, Veilchen aus dem Walde zu bringen. Bringe ich sie nicht, so schlagen sie mich tot. Bitteschön, ihr Hirten, sagt mir, wo ich welche finde!«

Da erhob sich der Eismonat, schritt zu dem jüngsten Monat, gab ihm den Stab in die Hand und sprach: »Bruder März, setz dich obenan!« Der Monat März setzte sich obenan und schwang den Stab über dem Feuer. In dem Augenblick loderte das Feuer höher, der Schnee begann zu tauen, Bäume trieben Knospen, unter den Buchen grünte Gras, in dem Gras keimten bunte Blumen, und es war Frühling. Unter Gesträuch verborgen blühten Veilchen, und eh sichs Maruschka versah, gab es so viele, als ob jemand ein blaues Tuch ausgebreitet hätte. »Schnell, Maruschka, pflücke!«, gebot der März. Maruschka pflückte freudig, bis sie einen großen Strauß beisammen hatte. Dann dankte sie den Monaten und eilte froh nach Hause. Holena wunderte sich, auch die Stiefmutter wunderte sich, als sie Maruschka mit dem großen Veilchenstrauß sahen. Sie gingen, um ihr die Tür zu öffnen, und der Duft der Veilchen verbreitete sich in der ganzen Hütte. »Wo hast du sie gepflückt?«, fragte Holena ungläubig. »Hoch auf dem Berge, dort wuchsen sie bündelweise«, erwiderte Maruschka. Holena nahm die Veilchen, steckte sie hinter den Gürtel, roch an ihnen und ließ die Mutter riechen. Zur Schwester sagte sie nicht einmal: »Riech auch!«

Des andern Tages saß Holena gelangweilt am Ofen, und sie hatte großen Hunger auf Erdbeeren. »Geh, Maruschka, bring mir Erdbeeren aus dem Walde!«, befahl Holena der Schwester.

»Ach Gott, liebe Schwester, wo werde ich Erdbeeren finden! Habe nie gehört, dass unter dem Schnee Erdbeeren wüchsen«, versetzte Maruschka.

»Du nichtsnutziges Ding, du widersprichst, wenn ich befehle? Gleich geh in den Wald, und bringst du keine Erdbeeren, wahrlich, so schlag ich dich tot!«, drohte die böse Holena.

Die Stiefmutter fasste Maruschka, stieß sie zur Tür hinaus und schloss diese fest hinter ihr zu. Das Mädchen ging bitter weinend in den Wald. Der Schnee lag hoch, nirgends war ein Fußstapfen zu sehen. Die Arme irrte, irrte lange herum: Hunger plagte sie, Kälte schüttelte sie. Da gewahrte sie in der Ferne dasselbe Feuer, das sie den Tag zuvor gesehen hatte. Frohen Mutes eilte sie darauf zu, und wieder kam sie zu dem großen Feuer, um das die zwölf Monate saßen. Der Eismonat saß obenan. »Liebe Leute, erlaubt mir, dass ich mich am Feuer wärme, Kälte schüttelt mich«, bat Maruschka. Der Eismonat nickte mit dem Haupt und fragte: »Warum bist du wieder gekommen, was suchst du?«

»Ich suche Erdbeeren«, entgegnete Maruschka.

»Es ist nicht an der Zeit, Erdbeeren zu suchen, wenn Schnee liegt«, sagte der Eismonat.

»Ich weiß wohl«, antwortete Maruschka traurig, »allein Schwester Holena und meine Stiefmutter haben mir befohlen, Erdbeeren zu bringen. Bringe ich keine heim, so schlagen sie mich tot. Bitteschön, ihr Hirten, sagt mir, wo ich welche finde!«

Der Eismonat erhob sich, schritt zum Monat, der ihm gegenüber saß, gab ihm den Stab in die Hand und sprach: »Bruder Juni, setz dich obenan!« Der schöne Monat Juni setzte sich obenan und schwang den Stab über dem Feuer. In dem Augenblick schlug die Flamme hoch empor, der Schnee zerschmolz alsbald, die Erde grünte, Bäume umhüllten sich mit Laub, Vögel begannen zu singen, eine ganze Blumenpracht erfüllte den Wald, und es war Sommer. Weiße Sternlein gab es, als ob sie jemand dahin gesät hätte. Sichtbar aber verwandelten sich die weißen Sternlein in Erdbeeren, die schnell reiften, und ehe sichs Maruschka versah, gab es so viele in dem grünen Rasen, als ob jemand Blut ausgegossen hätte. »Schnell, Maruschka, pflücke!«, gebot der Juni. Maruschka pflückte eifrig, bis sie die Schürze voll hatte. Dann dankte sie den Monaten schön und eilte froh nach Hause.

Holena wunderte sich, auch die Stiefmutter wunderte sich, als sie sahen, dass Maruschka Erdbeeren brachte – und noch dazu die ganze Schürze voll! Sie liefen, um ihr die Tür zu öffnen, und der Duft der Erdbeeren verbreitete sich in der ganzen Hütte.

»Wo hast du sie gepflückt?«, fragte Holena misstrauisch.

»Hoch auf dem Berg, dort wachsen genügend unter den Buchen«, erwiderte Maruschka.

Holena nahm die Erdbeeren, aß sich satt und gab auch der Mutter zu essen. Zu Maruschka sagten sie nicht einmal: »Probiere du doch auch!«

Holena hatten die Erdbeeren geschmeckt. Am dritten Tag hatte sie Appetit auf rote Äpfel. »Geh in den Wald, Maruschka, und bring mir rote Äpfel!«, befahl sie der Schwester.

»Ach Gott, liebe Schwester, woher sollten im Winter Äpfel kommen?«, versetzte die arme Maruschka.

»Du nichtsnutziges Ding, du widersprichst, wenn ich befehle? Gleich geh in den Wald, und bringst du keine roten Äpfel, wahrlich, so schlage ich dich tot!«, drohte die böse Holena.

Die Stiefmutter fasste Maruschka, stieß sie zur Tür hinaus und schloss diese fest hinter ihr zu. Das Mädchen eilte bitter weinend in den Wald. Der Schnee lag hoch, nirgend war ein Fußstapfen zu sehen. Nun irrte Maruschka nicht umher, sondern ging geradewegs auf den Gipfel des Berges zu, wo das große Feuer brannte und wo die zwölf Monate saßen. Sie saßen dort, der Eismonat obenan. »Liebe Leute, erlaubt mir, dass ich mich am Feuer wärme, Kälte schüttelt mich«, bat Maruschka und trat zum Feuer. Der Eismonat nickte mit dem Haupt und fragte: »Weshalb bist du wieder gekommen, was suchst du hier?«

»Ich suche rote Äpfel«, antwortete Maruschka.

»Es ist nicht an der Zeit«, sagte der Eismonat.

»Ich weiß wohl«, entgegnete Maruschka traurig, »aber Schwester Holena und meine Stiefmutter haben mir befohlen, rote Äpfel aus dem Wald zu bringen. Bringe ich keine, so schlagen sie mich tot. Bitte schön, ihr Hirten, sagt mir, wo ich welche finde!«

Da erhob sich der Eismonat, schritt zu einem der älteren Monate, gab ihm den Stab in die Hand und sprach: »Bruder September, setz dich obenan!« Der Monat September setzte sich obenan und schwang den Stab über dem Feuer. Das Feuer glühte rot, der Schnee verlor sich, aber die Bäume umhüllten sich nicht mit Laub, ein Blatt nach dem anderen fiel ab, und der kühle Wind verstreute sie auf dem schon graugelb gewordenen Rasen, eins dahin, das andere dorthin. Maruschka hatte noch nie so viele bunte Blumen gesehen. Am Talhang blühte Altmannskraut, aber auch rote Nelken gab es, und im Tal standen gelbliche Eschen, unter den Buchen wuchs hohes Farrenkraut und dichtes Immergrün. Maruschka blickte nur nach roten Äpfeln umher. Tatsächlich gewahrte sie einen Apfelbaum und hoch auf ihm zwischen den Zweigen sah sie rote Äpfel durchschimmern. »Schnell, Maruschka, schüttle!«, gebot der September. Maruschka schüttelte freudig den Apfelbaum; es fiel ein Apfel herab. Sie schüttelte noch einmal, da fiel ein zweiter herab. »Schnell, Maruschka, geh nach Hause!«, gebot der Monat. Maruschka gehorchte, nahm die zwei Äpfel, dankte den Monaten noch einmal und eilte froh nach Hause. Wieder konnte es Holena gar nicht fassen, auch die Stiefmutter verwunderte sich, als sie sahen, dass Maruschka Äpfel brachte. Sie gingen und öffneten ihr die Tür. Maruschka gab ihnen die zwei Äpfel.

»Wo hast du sie gepflückt?«

»Hoch auf dem Berg. Sie wachsen dort, und noch gibt's dort genug davon«, erwiderte Maruschka.

»Warum hast du nicht mehr gebracht? Oder hast du sie unterwegs gegessen?«, fuhr Holena zornig gegen sie los.

»Ach, liebe Schwester, ich habe keinen Bissen gegessen. Ich schüttelte einmal, da fiel ein Apfel herab. Ich schüttelte zum zweiten Mal, da fiel noch einer herab. Länger zu schütteln erlaubten sie mir nicht. Sie hießen mich nach Hause gehen.«

»Dass der Donner in dich fahre«, fluchte Holena und wollte Maruschka schlagen. Maruschka brach in Tränen aus und bat Gott, er soll sie lieber zu sich nehmen und sie nicht von der bösen Schwester und Stiefmutter erschlagen lassen. Sie floh in die Küche. Die hungrige Holena ließ das Fluchen und begann, einen Apfel zu essen. Der Apfel schmeckte ihr so, dass sie versicherte, noch niemals in ihrem Leben so etwas Köstliches gegessen zu haben. Auch die Stiefmutter ließ sich's schmecken. Sie aßen die Äpfel auf, und das machte Appetit auf mehr. »Mutter, gib mir meinen Pelz! Ich will selbst in den Wald gehen«, sagte Holena. »Das nichtsnutzige Ding würde sie unterwegs essen. Ich will schon den Ort finden und sie alle herabschütteln, ob es jemand erlaubt oder nicht!« Vergebens riet die Mutter ab. Holena zog den Pelz an, nahm ein Tuch um den Kopf und eilte in den Wald. Die Mutter stand auf der Schwelle und sah Holena nach.

Alles lag voll Schnee, nirgends war ein Fußstapfen zu sehen. Holena irrte, irrte lange umher. Ihr Heißhunger trieb sie immer weiter. Da gewahrte sie in der Ferne ein Licht. Sie eilte darauf zu. Sie gelangte auf den Gipfel, wo das Feuer brannte, um das auf zwölf Steinen die zwölf Monate saßen. Holena erschrak. Doch bald fasste sie sich ein Herz, trat näher ans Feuer heran und streckte die Hände aus, um sich zu wärmen. Sie fragte die zwölf Monate nicht: »Darf ich mich wärmen?«, und sprach kein Wort zu ihnen.

»Was suchst du hier, warum bist du hergekommen?«, fragte brummig der Eismonat.

»Wozu fragst du, du alter Tor? Du brauchst nicht zu wissen, wohin ich gehe!«, fertigte ihn Holena unwirsch ab und wandte sich vom Feuer in den Wald.

Der Eismonat runzelte die Stirn und schwang seinen Stab über dem Haupt. Im gleichen Augenblick verfinsterte sich der Himmel, das Feuer brannte niedrig, und es begann zu schneien, als ob jemand ein Federbett ausgeschüttet hätte. Eisiger Wind wehte durch den Wald. Holena konnte nicht einen Schritt vor sich sehen. Sie irrte umher, stürzte in eine Schneewehe und ihre Glieder ermatteten, erstarrten. Unaufhörlich fiel der Schnee, eisiger Wind wehte, und Holena verfluchte die Schwester und zürnte dem lieben Gott. Ihre Glieder erfroren in dem warmen Pelz.

Die Mutter wartete auf Holena, blickte zum Fenster hinaus, dann zur Tür hinaus, aber die Tochter war nirgends zu erblicken. Stunde auf Stunde verstrich, Holena kam nicht. »Vielleicht schmecken ihr die Äpfel so gut, dass sie sich nicht von ihnen trennen kann«, dachte die Mutter. »Ich muss nach ihr sehen!« Sie zog ihren Pelz an, nahm ein Tuch um den Kopf und ging, um Holena zu finden.

Alles lag voller Schnee, nirgendwo war eine Spur zu entdecken. Sie rief nach ihrer Tochter, aber niemand antwortete. Sie irrte lange umher. Schnee fiel dicht, eisiger Wind wehte. Derweil kochte Maruschka das Essen und versorgte die Kuh. Doch weder Holena noch die Stiefmutter kamen. »Wo bleiben sie so lange!«, sprach Maruschka zu sich und setzte sich zum Spinnrocken. Schon war die Spindel voll, schon dämmerte es in der Stube, aber weder Holena noch die Stiefmutter waren bis dahin aufgetaucht. »Ach Gott, was ist ihnen zugestoßen!«, klagte das gute Mädchen und sah zum Fenster hinaus. Der Himmel strahlte voller Sterne, die Erde glänzte von Schnee. Doch ließ sich niemand sehen. Traurig schloss Maruschka das Fenster, machte das Kreuzzeichen und betete ein Vaterunser für die Schwester und die Mutter.

Am anderen Morgen wartete sie auf beide mit dem Frühstück, wartete auf beide mit dem Mittagessen. Doch weder Holena noch die Stiefmutter kamen. Beide waren im Wald erfroren. Der guten Maruschka blieb die Hütte, die Kuh und ein Stückchen Feld. Später fand sich auch ein Hauswirt dazu, und beide lebten in Frieden glücklich miteinander.

17. Der Haushalt von Fuchs und Bär

Der Bär und der Fuchs hatten sich einmal zusammen ein Viertel Butter gekauft, das wollten sie zu Weihnachten haben und verwahrten es daher unter einem dicken Tannenbusch. Darauf gingen sie fort und legten sich auf einem Hügel in der Sonne schlafen. Als sie eine Weile gelegen hatten, sprang der Fuchs auf und rief: »Ja!«, und damit lief er geradewegs zu dem Butterviertel, wovon er gut den dritten Teil auffraß. Als er aber zurückkam und der Bär ihn fragte, wo er gewesen sei, dass er so fett ums Maul wäre, sagte er: »Meinst du denn nicht, ich sei zu Gevatter gebeten, du?«

»Na so!«, sagte der Bär. »Wie hieß denn das Kind?«

»Angefangen«, sagte der Fuchs.

Damit legten sie sich wieder schlafen. Nach einer Weile sprang der Fuchs abermals auf und rief: »Ja!«, und lief wieder zu dem Butterviertel. Als er zurückkam und der Bär ihn fragte, wo er gewesen sei, antwortete er: »Ach, wurde ich denn nicht wieder zu Gevatter gebeten, du?«

»Wie hieß jetzt das Kind?«, fragte der Bär.

»Halbverzehrt«, antwortete der Fuchs.

Der Bär meinte, das wär ein hübscher Name; aber es dauerte nicht lange, so fing er wieder an zu gähnen und schlief ein. Als er nun ein Weilchen gelegen hatte, ging es wieder ebenso wie die beiden vorigen Male. Der Fuchs sprang wieder auf und rief: »Ja!«, lief zu dem Butterviertel und fraß nun auch den letzten Rest auf. Wie er zurückkam, war er wieder zur Kindtaufe gewesen, und als der Bär wissen wollte, wie das Kind hieß, antwortete er: »Den-Boden-geleckt.« Damit legten sie sich wieder zur Ruhe und schliefen beide eine gute Weile.

Danach wollten sie hingehen und sich nach ihrer Butter umsehen. Als es sich nun aber fand, dass sie rein aufgezehrt war, beschuldigte der Bär dafür den Fuchs, und der Fuchs beschuldigte wieder den Bären, und der eine behauptete immer, der andere sei bei der Butter gewesen, während er dagelegen habe und geschlafen.

»Nun«, sagte Reineke, »wir wollen's bald erfahren, wer von uns die Butter gestohlen hat; wir wollen uns jetzt wieder auf den Hügel schlafen legen, und wer dann am fettesten unten beim Schwanz ist, wenn wir aufwachen, der hat sie gestohlen.«

Ja, der Bär wollte gleich auf die Probe eingehen, und weil er bei sich selbst wusste, dass er die Butter nicht einmal gekostet hatte, legte er sich ganz ruhig auf dem Hügel schlafen. Da schlich Reineke sich aber fort nach dem Viertel und erwischte noch ein Klümpchen Butter, das in einer Ritze sitzen geblieben war; damit schlich er sich zurück zu dem Bären, bestrich ihn mit der Butter unten beim Schwanz und legte sich dann wieder schlafen, als wüsste er von nichts. Als nun beide aufwachten, hatte die Sonne die Butter geschmolzen, und da war's denn gleichwohl der Bär, der die Butter gefressen hatte.

18. Eginhart und Emma

Eginhart, Karls des Großen Erzkapellan und Schreiber, der in dem königlichen Hofe löblich diente, wurde von allen Leuten wert gehalten, aber von Imma, des Kaisers

Tochter, heftig geliebt. Sie war dem griechischen König als Braut verlobt, und je mehr Zeit verstrich, desto mehr wuchs die heimliche Liebe zwischen Eginhart und Imma. Beide hielt die Furcht zurück, dass der König ihre Leidenschaft entdecken und darüber erzürnen möchte. Endlich aber mochte der Jüngling sich nicht länger zu bergen, fasste sich, weil er den Ohren der Jungfrau nichts durch einen fremden Boten offenbaren wollte, ein Herz und ging bei stiller Nacht zu ihrer Wohnung. Er klopfte leise an der Kammer Türe, als wäre er auf des Königs Geheiß hergesandt, und wurde eingelassen. Da gestanden sie sich ihre Liebe und genossen der ersehnten Umarmung. Als inzwischen der Jüngling bei Tagesanbruch zurückgehen wollte, woher er gekommen war, sah er, dass ein dicker Schnee über Nacht gefallen war, und scheute sich, über die Schwelle zu treten, weil ihn die Spuren von Mannsfüßen bald verraten würden. In dieser Angst und Not überlegten die Liebenden, was zu tun wäre, und die Jungfrau erdachte sich eine kühne Tat: sie wollte den Eginhart auf sich nehmen und ihn, eh es licht wurde, bis nah zu seiner Herberg tragen, daselbst absetzen und dann vorsichtig in ihren eigenen Fußspuren wieder zurückkehren. Diese Nacht hatte gerade durch Gottes Schickung der Kaiser keinen Schlaf, erhub sich bei der frühen Morgendämmerung und schaute von Weitem in den Hof seiner Burg. Da erblickte er seine Tochter unter ihrer schweren Last vorüberwanken und nach abgelegter Bürde schnell zurückspringen. Genau sah der Kaiser zu und fühlte Bewunderung und Schmerz zu gleicher Zeit; doch hielt er Stillschweigen. Eginhart aber, welcher sich wohl bewusst war, diese Tat würde in die Länge nicht verborgen bleiben, ratschlagte mit sich, trat vor seinen Herrn, kniete nieder und bat um Abschied, weil ihm doch sein treuer Dienst nicht vergolten werde. Der König schwieg lange und verhehlte sein Gemüt; endlich versprach er dem Jüngling, baldigen Bescheid zu sagen. Unterdessen setzte er ein Gericht an, berief seine ersten und vertrautesten Räte und offenbarte ihnen, dass das königliche Ansehen durch den Liebeshandel seiner Tochter Imma mit seinem Schreiber verletzt worden sei. Und während alle erstaunten über die Nachricht des neuen und großen Vergehens, sagte er ihnen weiter, wie sich alles zugetragen und er es mit seinen eigenen Augen angesehen hätte und er jetzo ihren Rat und ihr Urteil heische. Die meisten aber, weise und darum mild von Gesinnung, waren der Meinung, dass der König selbst in dieser Sache entscheiden solle. Karl, nachdem er alle Seiten geprüft hatte und den Finger der Vorsehung in dieser Begebenheit wohl erkannte, beschloss, Gnade für Recht ergehen zu lassen und die Liebenden miteinander zu verehelichen. Alle lobten mit Freuden des Königs Sanftmut, der den Schreiber vor sich forderte und also anredete: »Schon lange hätte ich deine Dienste besser vergolten, wo du mir dein Missvergnügen früher entdeckt hättest; jetzo will ich dir zum Lohn meine Tochter Imma, die dich hochgegürtet willig getragen, zur ehelichen Frau geben.« Sogleich befahl er, nach der Tochter zu senden, welche mit errötendem Gesicht in des Hofes Gegenwart ihrem Geliebten angetraut wurde. Auch gab er ihr reiche Mitgift an Grundstücken, Gold und Silber; und nach des Kaisers Absterben schenkte ihnen Ludwig der Fromme durch eine besondere Urkunde in dem Maingau Michlinstadt und Mühlenheim, welches jetzo Seligenstadt heißt. In der Kirche zu Seligenstadt liegen beide Liebende nach ihrem Tode begraben. Die mündliche Sage erhält dort ihr Andenken, und selbst dem nah liegenden Walde soll, ihr zufolge, Imma, als sie ihn einmal »O du Wald!« angeredet, den Namen Odenwald verliehen haben. Auch Seligenstadt soll einer Sage nach daher den Namen haben: Karl habe Emma verstoßen und, auf der Jagd verirrt, wieder an diesem Orte gefunden; nämlich als sie ihm in einer Fischerhütte sein Lieblingsgericht vorgesetzt, erkannte er die Tochter daran und rief: »Selig sei die Stadt genannt, Wo ich Emma wiederfand!«

19. Der Köhlernils und die Trollfrau

Auf einer Landzunge, die in der Nordwestecke des Rasvalsees in der Bergwerksgegend von Linde liegt, wohnte in alten Zeiten ein Kohlenbrenner, der hieß Nils, und wurde deshalb der Köhlernils genannt. Sein bisschen Ackerland ließ er durch einen Knecht besorgen; er selber hauste immer im Wald, im Sommer hieb er das Holz und im Winter brannte er es zu Kohlen. Aber wie sehr er sich auch bemühte, so war doch kein Segen auf seiner Arbeit, und überall sprach man nur von dem armen Köhlernils.

Eines Tages, als er sich auf der anderen Seite des Sees, in der Nähe des düsteren Harsberges befand, kam eine fremde Frau zu ihm und fragte, ob er keine Hilfe beim Kohlenbrennen brauchen könne.

»Ja freilich, das wäre gar nicht übel,« meinte der Köhlernils. Da begann sie Blöcke und Baumstämme herbeizutragen, viel mehr, als der Köhlernils mit seinem Pferd hätte schleppen können, und um die Mittagszeit war genug Holz für einen neuen Meiler da. Als es Abend wurde, fragte sie den Köhlernils, ob er mit ihrem Tagewerk zufrieden sei und ob sie morgen wiederkommen solle.

Das war dem Kohlenbrenner sehr recht, und sie kam am nächsten Tag wieder und auch alle anderen Tage. Als der Meiler ausgebrannt war, half sie ihm beim Ausräumen, und noch nie hatte Nils so viel und so prächtige Kohlen gehabt als dieses Mal.

So blieb sie drei Jahre lang bei ihm im Walde und bekam drei Kinder. Aber das kümmerte den Köhlernils wenig, denn sie sorgte für die Kleinen und er hatte gar keine

Beschwer davon. Als es nun in das vierte Jahr ging, wurde sie anspruchsvoller und wollte durchaus mit ihm heimziehen und seine Frau werden. Nils wollte nichts davon wissen; aber weil sie ihm beim Kohlenbrennen so nützlich war, ließ er sich nichts merken und sagte, er wolle sich die Sache überlegen.

Eines Sonntags traf es sich, dass er in die Kirche ging, wo er schon jahrelang nicht gewesen war, und was er dort zu hören bekam, brachte ihn auf Gedanken, die er nicht mehr gehabt hatte seit der Zeit, als er noch ein unschuldiges Kind war. Er begann zu überlegen, ob das wohl mit rechten Dingen zugegangen sei, und ob es nicht am Ende die Waldfrau sei, die ihm mit so großer Bereitwilligkeit beim Kohlenbrennen half.

Ganz vertieft in diese und ähnliche Gedanken, vergaß er bei seiner Rückkehr zum Meiler, dass er mit der Fremden übereingekommen war, schon am Anfang, als sie in seinen Dienst trat, dass er, wenn er zu Hause gewesen war und wieder auf den Meiler kam, mit der Axt drei Schläge gegen eine alte Kiefer tun sollte, die in der Nähe des Meilers stand. Diesmal vergaß er, wie gesagt, das Zeichen, und nun bekam er etwas zu sehen, das ihm fast den Verstand stillstehen ließ.

Als er sich dem Meiler näherte, sah er ihn in hellen Flammen stehen, und darum herum stand die Mutter mit den drei Kindern, und sie waren am Ausräumen.

Sie rissen und löschten, dass Feuer, Rauch und Asche himmelhoch aufwirbelten, aber an Stelle der Fichtenzweige, die man sonst zum Löschen braucht, hatten sie buschige Schwänze, die sie in den Schnee tauchten.

Als der Köhlernils das eine Weile angesehen hatte, schlich er wieder zurück zu der Kiefer, und mit den drei Hammerschlägen ließ er ihren Stamm erdröhnen, dass man es weit im Harsberg hörte. Darauf ging er zu dem Meiler, als ob er nichts gesehen hätte, und nun war wieder alles wie sonst. Der Meiler glimmte gleichmäßig und schön, und die große Frau ging herum und arbeitete wie gewöhnlich.

Als sie den Köhlernils erblickte, kam sie wieder mit ihrem dringenden Anliegen, ob sie nicht mit ihm in seinem Häuschen wohnen und seine Frau werden dürfe.

»Ja, das wird schon kommen«, tröstete Nils und wandte sich nach Hause, um das Pferd zu holen. Aber stattdessen ging er auf die Landzunge von Kallernäs, am östlichen Strand des Rasvalsees; dort wohnte ein weiser Mann, und den fragte er, was er tun solle.

Der Alte riet ihm, heimzugehen und das Pferd an den Kohlenwagen zu spannen, er solle das Pferd aber so anschirren, dass keine Schlinge am Geschirr und an den Strängen zu finden sei. Dann solle er sich auf das Pferd setzen und übers Eis fahren und zu dem Meiler, ohne anzuhalten, die Trollfrau und die Kinder in den Wagen steigen lassen und sogleich wieder aufs Eis hinausfahren.

Der Köhler tat, wie ihm der Mann gesagt hatte, sattelte sein Pferd und gab genau acht, dass am Zaum und Sattel keine Schlinge war, fuhr übers Eis und durch den Wald zum Meiler und hieß die Trollfrau und die Kleinen aufsitzen.

Dann wandte er rasch durch den Wald wieder aufs Eis hinaus, und da ließ er sein Pferd laufen, was es nur vermochte. Als er mitten auf dem See war, sah er von Abodaland am Nordende des Sees ein Rudel Wölfe daherstreichen und ihre Richtung aufs Eis zu nehmen. Da riss er das Sattelzeug von den Strängen, dass der Wagen mit dem Trollvolk auf dem blanken Eis stehen blieb, und ritt, was das Pferd laufen konnte, auf das andere Ufer zu. Als die Trolle die Wölfe erblickten, fingen sie an zu schreien.

»Kehr um, kehr um«, schrie die Mutter, »willst du nicht um meinetwillen, so tu es wenigstens deiner jüngsten Tochter Vipa (Kiebitz) zu lieb.« Aber der Köhlernils ritt ohne umzusehen nach dem Ufer. Da hörte er, wie die Trollfrau andere zu Hilfe rief:

>»Bruder im Harsberg,
Schwester in Stripa,
Vetter im Ringfels
Packt die Schlinge und zieht!«

»Es ist keine Schlinge da«, antwortete es tief im Harsberg.

»Dann fasst ihn bei Härkällarn ab!«

»Er reitet nicht nach dieser Richtung«, klang es vom Ringfelsen her.

Und der Köhlernils ritt auch nicht dorthin, sondern über Stock und Stein geraden Wegs nach Hause. Aber als er seinen Hof erreichte, stürzte das Pferd, und ein Trollschuss riss die Ecke des Stalles weg. Nils wurde kurz darauf krank und musste viele Wochen im Bett liegen. Als er wieder gesund war, verkaufte er sein Waldland und bestellte den Acker bei seiner Hütte bis zu seinem Tod.

So zog das Trollgeschöpf diesmal den Kürzeren.

20. Schneeweißchen

Es war einmal eine Königin, die hatte keine Kinder und wünschte sich eins, weil sie so ganz einsam war. Da sie nun eines Tages an einer Stickerei saß und den Rahmen von schwarzem Ebenholz betrachtete, während es schneite und Schneeflocken vom Himmel fielen, war sie in so tiefen Gedanken, dass sie sich heftig in die Finger stach, sodass drei Blutstropfen auf den weißen Schnee fielen; und da musste sie wieder daran denken, dass sie kein Kind hatte. »Ach!«, seufzte die Königin, »hätte ich doch ein Kind, so rot wie Blut, so weiß wie Schnee, so schwarz wie Ebenholz!«

Und nach einer Zeit bekam diese Königin ein Kind, ein Mägdlein. Das war so weiß wie Schnee an seinem Leibe, und seine Wangen blüheten wie blutrote Röselein, und seine Haare waren so schwarz wie Ebenholz. Die Königin freute sich, nannte das Kind Schneeweißchen, und bald darauf starb sie. Da der König nun ein Witwer geworden war und kein Witwer bleiben wollte, so nahm er sich eine andre Gemahlin, das war ein stattliches Weib voll hoher Schönheit, aber auch voll unsäglichen Stolzes und auch so eitel, dass sie sich für die schönste Frau in der ganzen Welt hielt. Dazu war sie zumal durch einen Zauberspiegel verleitet, der sagte ihr immer, wenn sie hineinsah und fragte:

>>Spieglein, Spieglein an der Wand,
Wer ist die Schönste im ganzen Land?<<
>>Ihr, Frau Königin, seid die Schönst' im Land.<<

Und der Spiegel schmeichelte doch nicht, sondern sagte die Wahrheit wie jeder Spiegel.

Das kleine Schneeweißchen, der Königin Stieftochter, wuchs heran und wurde die schönste Prinzessin, die es nur geben konnte, und wurde noch viel schöner wie die schöne Königin. Diese fragte, als das Schneeweißchen sieben Jahre alt war, einmal wieder ihren treuen Spiegel:

>>Spieglein, Spieglein an der Wand,
Wer ist die Schönst' im ganzen Land?<<,

aber da antwortete der Spiegel nicht wie sonst, sondern er antwortete:

>>Frau Königin, Ihr seid die Schönste hier,
Aber Schneeweißchen ist tausendmal schöner als Ihr.<<

Darüber erschrak die Königin zum Tode und war ihr, als kehre sich ihr ein Messer im Busen um, und da kehrte sich auch ihr Herz um gegen das unschuldige Schneeweißchen, das nichts zu seiner übergroßen Schönheit konnte. Und weil sie weder Tag noch Nacht Ruhe hatte vor ihrem bösen neidischen Herzen, so berief sie ihren Jäger zu sich und sprach: »Dieses Kind, das Schneeweißchen, sollst du in den dichten Wald führen und es töten. Bringe mir Lunge und Leber zum Wahrzeichen, dass du mein Gebot vollzogen!«

Und da musste das arme Schneeweißchen dem Jäger in den wilden Wald folgen, und im tiefsten Dickicht zog er seine Wehr und wollte das Kind durchstoßen. Das Schneeweißchen weinte jämmerlich und flehte, es doch leben zu lassen, es habe ja nichts verbrochen, und die Tränen und der Jammer des unschuldigen Kindes rührten den Jäger auf das innigste, sodass er bei sich dachte: »Warum soll ich mein Gewissen beladen und dies schöne unschuldige Kind ermorden? Nein, ich will es lieber laufen lassen! Fressen es die wilden Tiere, wie sie wohl tun werden, so mag das die Frau Königin vor Gott verantworten.« Und da ließ er Schneeweißchen laufen, wohin es wollte, fing ein junges Wild, stach es ab und weidete es aus und brachte Lunge und Leber der bösen Königin. Die nahm beides und briet es in Salz und Schmalz und verzehrte es und war froh, dass sie, wie sie vermeinte, nun wieder allein die Schönste sei im ganzen Lande. Schneeweißchen im Walde wurde bald angst und bange, wie es so mutterseelenallein durch das Dickicht schritt, und wie es zum ersten Male die harten spitzen Steine fühlte, wie die Dornen ihm das Kleid zerrissen, und vollends, als es zum ersten Male wilde Tiere sah. Aber die wilden Tiere taten ihm gar nichts zuleide; sie sahen Schneeweißchen an und fuhren in die Büsche. Und das Mägdlein ging den ganzen Tag und ging über sieben Berge.

Des Abends kam Schneeweißchen an ein kleines Häuschen mitten im Walde, da ging es hinein, sich auszuruhen, denn es war sehr müde, war auch sehr hungrig und sehr durstig. Darinnen in dem kleinen, kleinen Häuschen war alles gar zu niedlich und zierlich und dabei sehr sauber. Es stand ein kleines Tischlein in der Stube, das war schneeweiß gedeckt, und darauf standen und lagen sieben Tellerchen, auf jedem ein wenig Gemüse und Brot, sieben Löffelchen, sieben Paar Messerchen und Gäbelchen, sieben Becherchen. Und an der Wand standen sieben Bettchen, alle blütenweiß überzogen. Da aß nun das hungrige Schneeweißchen von den sieben Tellerchen, nur ein klein wenig von jedem, und trank aus jedem Becherchen ein Tröpflein Wein. Dann legte es sich in eins der sieben Bettchen, um zu ruhen, aber das Bettchen war zu klein, und sie musste es in einem andern probieren, doch wollte keins recht passen, bis zuletzt das siebente, das passte, da hinein schlüpfte Schneeweißchen, deckte sich zu, betete zu Gott und schlief ein, tief und fest wie fromme Kinder, die gebetet haben, schlafen.

Derweil wurde es Nacht, und da kamen die Häuschensherren, sieben kleine Bergmännerchen, jedes mit einem brennenden Grubenlichtchen vorn am Gürtel, und da sahen sie gleich, dass eins dagewesen war. Der erste fing an zu fragen: »Wer hat auf meinem Stühlchen gesessen?« Der zweite fragte: »Wer hat von meinem Tellerchen gegessen?« Der dritte fragte: »Wer hat von meinem Brötchen gebrochen?« Der vierte: »Wer hat von meinem Gemüslein geleckt?« Der fünfte: »Wer hat mit meinem Messerchen geschnitten?« Der sechste: »Wer hat mit meinem Gäbelchen gestochen?« und der siebente fragte: »Wer hat aus meinem Becherchen getrunken?« Wie die Zwerglein also gefragt hatten, sahen sie sich nach ihren Bettchen um und fragten: »Wer hat in unsern Bettchen gelegen?«, bis auf den siebenten, der fragte nicht so, sondern: »Wer liegt in meinem Bettchen?«, denn da lag das Schneeweißchen darin. Da leuchteten die Bergmännerchen mit ihren Lämpchen alle hin und sahen mit Staunen das schöne Kind und störten es nicht, sondern sie ließen den siebenten in ihren Bettchen liegen, in jedem ein Stündchen, bis die Nacht herum war. Da nun der Morgen mit seinen frühen Strahlen in das kleine, kleine Häuschen der Zwerglein schien, wachte Schneeweißchen auf und fürchtete sich vor den Zwergen. Die waren aber ganz gut und freundlich und sagten, es solle sich nicht fürchten, und fragten, wie es heiße? Da sagte und erzählte nun Schneeweißchen alles, wie es ihm ergangen sei. Darauf sagten die Zwergmännchen: »Du kannst bei uns in unserm Häuschen bleiben, Schneeweißchen, und kannst uns unsern Haushalt führen, kannst uns unser Essen kochen, unsre Wäsche waschen und alles hübsch rein und sauber halten, auch unsre Bettchen machen.« Das war Schneeweißchen recht, und es hielt den Zwergen Haus. Die taten am Tage ihre Arbeit in den Bergen, tief unter der Erde, wo sie Gold und Edelsteine suchten, und abends kamen sie und aßen und legten sich in ihre sieben Bettchen.

Unterdessen war die böse Königin froh geworden in ihrem argen Herzen, dass sie nun wieder die Schönste war, wie sie meinte, und versuchte den Spiegel wieder und fragte ihn:

> »Spieglein, Spieglein an der Wand,
> Wer ist die Schönst' im ganzen Land?«

Da antwortete ihr der Spiegel:

> »Frau Königin! Ihr seid die Schönste hier,
> Aber Schneeweißchen über den sieben Bergen,
> Bei den sieben guten Zwergen,
> Das ist noch tausendmal schöner als Ihr!«

Das war wiederum ein Dolchstich in das eitle Herz der Frau Königin, und sie sann nun Tag und Nacht darauf, wie sie dem Schneeweißchen ans Leben käme, und endlich fiel ihr ein, sich verkleidet selbst zu Schneeweißchen aufzumachen, und sie verstellte ihr Gesicht, und zog geringe Kleider an, nahm auch einen Allerhandkram und ging über die sieben Berge, bis sie an das kleine, kleine Häuschen der Zwerge kam. Da klopfte sie an die Türe und rief: »Holla! Holla! Kauft schöne Waren!« Die Zwerge hatten aber dem Schneeweißchen gesagt, es solle sich vor fremden Leuten in acht nehmen, vornehmlich vor der bösen Königin. Deshalb sah das Mägdlein vorsichtig heraus, da sah sie den schönen Tand, den die Frau zu Markte trug, die schönen Halsketten und Schnüre und allerlei Putz. Da dachte Schneeweißchen nichts Arges und ließ die Krämerin herein und kaufte ihr eine Halsschnur ab, und die Frau wollte ihr zeigen, wie diese Schnur umgetan würde, und schnürte ihm von hinten den Hals so zu, dass Schneeweißchen gleich der Odem ausging und es tot hinsank. »Da hast du den Lohn für deine übergroße Schönheit!«, sprach die böse Königin und hob sich von dannen.

Bald darauf kamen die sieben Zwerglein nach Hause, und da fanden sie ihr schönes liebes Schneeweißchen tot und sahen, dass es mit der Schnur erdrosselt war. Geschwinde schnitten sie die Schnur entzwei und träufelten einige Tropfen von der Goldtinktur auf Schneeweißchens blasse Lippen, da begann es, leise zu atmen und wurde allmählich wieder lebendig. Als es nun erzählen konnte, erzählte es, wie die alte Krämersfrau ihr den Hals böslich zugeschnürt, und die Zwerge riefen: »Das war kein anderes Weib als die falsche Königin! Hüte dich und lasse gar keine Seele in das kleine Häuschen, wenn wir nicht da sind.«

Die Königin trat, als sie von ihrem schlimmen Gange wieder nach Hause kam, gleich vor ihren Spiegel und fragte ihn:

»Spieglein, Spieglein an der Wand,
Wer ist die Schönst' im ganzen Land?«

Und der Spiegel antwortete:

»Frau Königin! Ihr seid die Schönst' allhier,
Aber Schneeweißchen über den sieben Bergen,
Bei den sieben guten Zwergen,
Das ist noch tausendmal schöner als Ihr.«

Da schwoll der Königin das Herz vor Zorn, wie einer Kröte
der Bauch, und sie sann wieder Tag und Nacht auf Schneeweißchens Verderben. Bald nahm sie wieder die falsche
Gestalt einer andern Frau an, durch Verstellung ihres Ge-
sichts und fremdländischer Kleidung, machte einen vergif-
teten Kamm, den tat sie zu anderm Kram, und ging über die
sieben Berge, an das kleine, kleine Zwergenhäuslein. Dort
klopfte sie wieder an die Türe, rief: »Holla! Holla! Kauft
schöne Waren! Holla!« Schneeweißchen sah zum Fenster
heraus und sagte: »Ich darf niemand hereinlassen!« Das
Kramweib aber rief: »Schade um die schönen Kämme!«
Und dabei zeigte sie den giftigen, der ganz golden blitzte.
Da wünschte sich Schneeweißchen von Herzen einen goldenen Kamm, dachte nichts Arges, öffnete die Türe und ließ
die Krämerin herein und kaufte den Kamm. »Nun will ich
dir auch zeigen, mein allerschönstes Kind, wie der Kamm
durch die Haare gezogen und wie er gesteckt wird«, sprach
die falsche Krämerin und strich dem Schneeweißchen damit
durchs Haar; da wirkte gleich das Gift, dass das arme Kind
umfiel und tot war. »So, nun wirst du wohl das Wiederauf-
stehen vergessen«, sprach die böse Königin und entfloh aus
dem Häuschen.

Bald darauf – und das war ein Glück – wurde es Abend,
und da kamen die sieben Zwerge wieder nach Hause, hiel-

ten das arme Schneeweißchen für tot und fanden in seinem schönen Haar den giftigen Kamm. Diesen zogen sie geschwind aus dem Haar, und da kam es wieder zu sich. Und die Zwerglein warnten es aufs Neue gar sehr, doch ja niemand ins Häuschen zu lassen.

Daheim trat die böse Königin wieder vor ihren Spiegel und fragte ihn:

>»Spieglein, Spieglein an der Wand,
Wer ist die Schönst' im ganzen Land?«

Und der Spiegel antwortete:

>»Frau Königin! Ihr seid die Schönst' allhier,
Aber über den sieben Bergen,
Bei den sieben guten Zwergen
Ist Schneeweißchen – tausendmal schöner als Ihr.«

Da wusste sich die Königin vor giftiger Wut darüber, dass alle ihre bösen Ränke gegen Schneeweißchen nichts fruchteten, gar nicht zu lassen und zu fassen und tat einen schweren Fluch, Schneeweißchen müsse sterben und solle es ihr, der Königin, selbst das Leben kosten. Und darauf machte sie heimlich einen schönen Apfel giftig, aber nur auf einer Seite, wo er am schönsten war, nahm dazu noch einen Korb voll gewöhnlicher Äpfel, verstellte ihr Gesicht, kleidete sich wie eine Bäuerin, ging abermals über die sieben Berge und klopfte am Zwergenhäuslein an, indem sie rief: »Holla! Schöne Äpfel kauft! Kauft!« Schneeweißchen sah zum Fenster heraus und sagte: »Geht fort, Frau! Ich darf nicht öffnen und auch nichts kaufen!«

»Auch gut, liebes Kind!«, sprach die falsche Bäuerin. »Ich werde auch ohne dich meine schönen Äpfel noch alle los! Da hast du einen umsonst!«

»Nein, ich danke schön, ich darf nichts annehmen!«, rief Schneeweißchen. »Denkst wohl gar, der Apfel wäre vergiftet? Siehst du, da beiße ich selber hinein! Das schmeckt einmal gut! So hast du in deinem ganzen Leben keinen Apfel gegessen.« Dabei biss das trügerische Weib in die Seite des Apfels, die nicht vergiftet war, und da wurde Schneeweißchen lüstern und griff nach dem Apfel hinaus, und die Bäuerin reichte ihn hin und blieb stehen. Kaum hatte Schneeweißchen den Apfel auf der andern Seite angebissen, wo er ein schönes rotes Bäckchen hatte, so wurden Schneeweißchens rote Bäckchen ganz blass, und es fiel um und war tot.

»Nun bist du aufgehoben, Ding!«, sprach die Königin und ging fort, und zu Hause trat sie wieder vor den Spiegel und fragte wieder:

>»Spieglein, Spieglein an der Wand,
> Wer ist die Schönst' im ganzen Land?«

Und der Spiegel antwortete dieses Mal:

>»Ihr, Frau Königin, seid allein die Schönst' im Land!«

Nun war das Herz der bösen Königin zufrieden, soweit ein Herz voll Bosheit und Tücke und Mordschuld zufrieden sein kann.

Aber wie erschraken die sieben guten Zwerge, als sie abends nach Hause kamen und ihr Schneeweißchen ganz tot fanden. Vergebens suchten sie nach einer Ursache, und vergebens versuchten sie die Wunderkraft ihrer Goldtinktur, Schneeweißchen war und blieb jetzt tot.

Da legten die betrübten Zwerglein das liebe Kind auf eine Bahre und setzten sich darum herum und weinten drei Tage lang, hernach wollten sie es begraben. Aber da Schneeweißchen noch nicht wie tot aussah, sondern noch frisch wie ein

Mägdlein, das schläft, so wollten sie es nicht allein in die Erde senken, sondern sie machten einen schönen Sarg von Glas, da hinein legten sie es und schrieben darauf: Schneeweißchen, eine Königstochter – und setzten dann den Sarg auf einen von den sieben Bergen, und hielt immer einer von ihnen Wache bei dem Sarge. Da kamen auch die Tiere aus dem Walde und weinten über Schneeweißchen, die Eule, der Rabe und das Täubelein.

Und so lag Schneeweißchen lange Jahre in dem Sarge, ohne dass es verweste, vielmehr sah es noch so frisch und so weiß aus wie frisch gefallener Schnee und hatte wieder rote Wängelein, wie frische Blutröschen, und die schwarzen ebenholzfarbenen Haare. Da kam ein junger schöner Königssohn zu dem kleinen Zwergenhäuslein, der sich verirrt hatte in den sieben Bergen, und sah den gläsernen Sarg stehen und las die Schrift darauf: Schneeweißchen, eine Königstochter – und bat die Zwerge, ihm doch den Sarg mit Schneeweißchen zu überlassen, er wolle denselben ihnen abkaufen.

Die Zwerge aber sprachen: »Wir haben Goldes die Fülle und brauchen deines nicht! Und um alles Gold in der Welt geben wir den Sarg nicht her.«

»So schenkt ihn mir!«, bat der Königssohn. »Ich kann nicht sein ohne Schneeweißchen, ich will es aufs Höchste ehren und heilighalten, und es soll in meinem schönsten Zimmer stehen; ich bitte euch darum!«

Da wurden die Zwerglein von Mitleid bewegt und schenkten ihm Schneeweißchen im gläsernen Sarge. Den gab er seinen Dienern, dass sie ihn vorsichtig forttrügen, und er folgte sinnend nach. Da stolperte der eine Diener über eine Baumwurzel, dass der Sarg schütterte und hätten ihn beinahe fallen lassen, und durch das Schüttern fuhr das giftige Stückchen Apfel, das Schneeweißchen noch im Munde hatte (weil es umgefallen war, ehe es den Bissen verschluckt), heraus, und da war es mit einem Male wieder lebendig.

Geschwind ließ es der Königssohn niedersetzen, öffnete den Sarg und hob es mit seinen Armen heraus und erzählte ihm alles und gewann es nun erst recht lieb und nahm es zu seiner Gemahlin, führte es auch gleich in seines Vaters Schloss und wurde zur Hochzeit zugerüstet mit großer Pracht, auch viele hohe Gäste wurden geladen, darunter auch die böse Königin. Die putzte sich auf das Allerschönste, trat vor ihren Spiegel und fragte wieder:

>»Spieglein, Spieglein an der Wand,
> Wer ist die Schönst' im ganzen Land?«

Darauf antwortete der Spiegel:

>»Frau Königin, Ihr seid die Schönst' allhier,
> Aber die junge Königin ist noch tausendmal
>   schöner als Ihr!«

Da wusste die Königin nicht, was sie vor Neid und Scheelsucht sagen und anfangen sollte, und es wurde ihr ganz bange ums Herz und wollte erst gar nicht auf die Hochzeit gehen; dann wollte sie aber doch die sehen, die schöner sei als sie, und fuhr hin. Und wie sie in den Saal kam, trat ihr Schneeweißchen als die allerschönste Königsbraut entgegen, die es jemals gegeben, und da mochte sie vor Schrecken in die Erde sinken.

Schneeweißchen aber war nicht allein die allerschönste, sondern sie hatte auch ein großes edles Herz, das die Untaten, die die falsche Frau an ihr verübt, nicht selbst rächte. Es kam aber ein giftiger Wurm, der fraß der bösen Königin das Herz ab, und dieser Wurm war der Neid.

Im Lande Friaul, welches, seiner Kälte ungeachtet, doch wegen seiner schönen Gebirge, vielen Flüssen und klaren Quellen sehr angenehm ist, liegt ein Ort Udine mit Namen. Hier lebte ehemals einen schöne Dame von edler Geburt namens Dianora, die Gattin eines gewissen angesehenen und reichen Mannes, Gilberto genannt, der sehr artig und gut gebildet war. Diese wurde, ihrer Vorzüge wegen, von einem großen angesehenen Baron, Ansaldo Gradense, einem Mann, der durch wichtige Unterhandlungen, Waffenübungen und Artigkeit überall bekannt war, heftig begehrt.

Bei seiner feurigen Leidenschaft gab er sich alle nur mögliche Mühe, sie zur Gegenliebe zu bewegen, und ließ sie daher durch mehrere Boten darum ersuchen, aber vergeblich. Endlich fielen ihr die ständigen Bitten des Kavaliers zur Last, und als sie sah, dass er von seiner Liebe und von seinen Zudringlichkeiten nicht abließ, obwohl sie ihm gleich immer alles abschlug, so glaubte sie, ihn sich durch ein ganz unerhörtes und ihrer Meinung nach ganz unmögliches Verlangen vom Hals schaffen zu können. »Gute Alte«, sprach sie daher zu einer Frau, die er öfter zu ihr schickte, »du hast mir so oft versichert, dass Ansaldo mich über alles liebt, und mir wunderschöne Geschenke gebracht. Diese kann er nur behalten, weil er mich dadurch nie zur Gegenliebe oder zur Einwilligung in sein Verlangen bewegen wird. Wäre ich aber überzeugt, dass er mich wirklich, so wie du vorgibst, liebte, so würde ich mich gewiss zur Gegenliebe entschließen und seine Wünsche erfüllen. Wird er nun den Beweis, den ich verlange, davon geben, so will ich ihm den Augenblick zu Befehl stehen.«

»Was verlangt Ihr denn von ihm?«, fragte die gute Alte.

»Mein Verlangen«, antwortete die Dame, »ist dieses: Er soll mir kommenden Januar bei diesem Ort einen Garten mit jungem Gras, Blumen und grünenden Bäumen, so, als ob es im Mai wäre, verschaffen. Tut er das nicht, so soll er weder dich noch sonst jemanden weiter an mich abschicken, und würde er mich alsdann noch weiter wie bisher beunruhigen, so würde ich meinem Mann und meinen Anverwandten entdecken, was ich zurzeit noch vor ihnen verschwiegen habe, und ihn loszuwerden suchen.«

Dem Kavalier schienen die Forderung und das Erbieten der Dame sehr hart und deren Erfüllung beinahe unmöglich. Er sah wohl, dass sie es aus keiner anderen Absicht getan hatte, als um ihm alle Hoffnung zu rauben, doch nahm er sich vor, alles mögliche zu versuchen. Er schickte in alle Teile der Welt aus, um jemanden zu finden, der ihm mit Rat und Tat an die Hand ginge. Endlich stieß er auf einen, der, gegen eine gute Belohnung, durch die schwarze Kunst sich dazu erbot. Ansaldo wurde um eine große Summe deshalb mit ihm einig und erwartete mit Vergnügen die bestimmte Zeit.

Sie erschien, als die größte Kälte und alles mit Schnee und Eis bedeckt war. Gleichwohl brachte der ehrliche Mann auf einer schönen Wiese nahe der Stadt es dahin, dass am Morgen, nach dem Geständnis aller Augenzeugen, der schönste Garten, den man je gesehen hatte, mit Gras, Bäumen und Früchten aller Art dastand. Voller Freude ließ Ansaldo, als er dies sah, einige der schönsten Blumen und Früchte abbrechen, sie heimlich seiner Geliebten überreichen und sie einladen, den verlangten Garten in Augenschein zu nehmen, damit sie von seiner Liebe überzeugt werden, sich an ihr mit den heiligsten Versicherungen gegebenes Versprechen erinnern und es als eine rechtschaffene Frau erfüllen möchte.

Bei dem Anblick der Blumen und Früchte bereute die Dame, die von dem wunderschönen Garten bereits wiederholt vernommen hatte, ihr Versprechen. Aber dann ging sie, als eine Liebhaberin von Neuigkeiten, mit vielen anderen

Damen der Stadt hin und wollte sich den Garten anschauen. Sie lobte ihn nicht ohne Verwunderung, kehrte aber missmutiger als irgendeine wieder nach Hause zurück, eingedenk an die deshalb eingegangene Verbindung. Ihr Kummer war zu groß, als dass sie ihn ganz hätte verbergen können. Die äußeren Merkmale davon mussten dem Mann auffallen, und er drang darauf, die Ursache davon zu wissen.

Aus Scham schwieg die Dame lange Zeit, doch wurde sie endlich genötigt, ihm die ganze Sache umständlich zu entdecken. Anfangs wurde Gilberto darüber sehr aufgebracht; da er aber die gute Absicht der Frau erwog, ließ er, nach reiferer Überlegung, seinen Zorn fahren. »Dianora«, sprach er, »eine weise und ehrbare Frau wird dergleichen Anträge nie anhören oder unter irgendeiner Bedingung sich in einen Handel über ihre Keuschheit einlassen. Worte, ans Herz gelegt, haben größere Gewalt als viele glauben, und Liebenden ist beinahe alles möglich. Dein erster Fehler war, ihn anzuhören, und der zweite, mit ihm eine Verbindung einzugehen. Weil ich aber die Unschuld deiner Absicht erkenne, so will ich dir, um dich von deinem Versprechen zu befreien, etwas erlauben, was viele andere nicht tun würden. Hierzu bewegt mich auch die Furcht vor dem Schwarzkünstler, der uns leicht Unglück zufügen könnte, wenn du den Ansaldo hintergingst. Du sollst daher zu ihm gehen. Suche die Befreiung von diesem Versprechen auf irgendeine Art, ohne deine Ehre zu verletzen, zu erhalten. Ist es nicht anders möglich, so überlass ihm diesmal deinen Körper, aber nicht deine Seele.«

Die Frau hörte ihren Mann mit Tränen an und versicherte, dass sie diese Güte von ihm nicht verlange, aber Gilbert ließ sich davon nicht beeinflussen und bestand darauf. Den anderen Morgen vor Sonnenaufgang begab sich daher die Dame, ohne besondere Aufmachung mit zwei ihrer Mädchen voran und in Begleitung einer Kammerjungfer zur Wohnung des Ansaldo. Er staunte nicht wenig, als ihm der Besuch seiner Geliebten angekündigt wurde, stand auf und ließ den Schwarzkünstler rufen. »Du musst doch sehen«, sprach er zu ihm, »welch ein Glück deine Kunst mir erworben hat.« Darauf ging er ihr, ohne eine Regung zu zeigen, entgegen, empfing sie mit aller gebotenen Ehre, und sie gingen miteinander in ein schönes, durch ein großes Feuer erwärmtes Zimmer, wo er die Dame niedersitzen ließ. »Madame«, sprach er, »wenn meine anhaltende Liebe zu Euch irgendeine Belohnung verdient, so bitt' ich Euch, mir unbeschwert die wahre Ursache zu entdecken, die Euch um diese Zeit und in dieser Begleitung mir gebracht hat.«

»Mein Herr«, antwortete die Dame voll Scham und beinahe mit tränenden Augen, »weder Liebe zu Euch noch mein gegebenes Versprechen führen mich her, sondern der Befehl meines Mannes, der mit mehrerer Rücksicht auf die Bemühungen Eurer unerlaubten Leidenschaft als auf seine und meine Ehre mich hierher geschickt hat. Und auf seinen Befehl bin ich diesmal zu allem, was Euch gefällt, bereit.«

Hatte Ansaldo sich vorher gewundert, so wunderte er sich nun noch weit mehr über die Reden der Dame. Die Güte des Gilberto rührte ihn so, dass er seine Leidenschaft in Mitleid verwandelte. »Madame«, versetzte er, »bei diesen Umständen wolle Gott nicht, dass ich die Ehre desjenigen beflecke, der so viel Erbarmen mit meiner Liebe hat. Ich werde Euch daher, so lang es Euch bei mir zu bleiben gefällt, nicht anders als meine Schwester behandeln, und ich stelle es in Euer Belieben, ungehindert wieder fortzugehen, doch mit der Bitte, dass Ihr Eurem Mann für seine so außerordentliche Güte den gebührendsten Dank abstattet und mich in Zukunft stets als Euren Bruder und Diener anseht.«

»Eure Sittsamkeit«, erwiderte die Dame mit größten Freuden, »ließ mir gar keine andere Behandlung bei meinem Besuch von Euch vermuten, als ich sie wirklich finde. Ich werde Euch stets dafür verbunden bleiben.« Sie verabschiedete sich und kehrte wohlbehütet wieder zu Gilberto zurück und erzählte ihm den ganzen Vorgang, wodurch zwischen ihm und dem Ansaldo die engste und aufrichtigste Freundschaft entstand.

Als der Schwarzkünstler, dem Ansaldo nun seine versprochene Belohnung geben wollte, diese Großmut des Gilberto gegen den Ansaldo und des letztern gegen die Dame sah, sprach er: »Gott bewahre, dass ich, nachdem ich den Gilberto so freigebig mit seiner Ehre und Euch mit Eurer Liebe gesehen habe, nicht auch freigebig mit meiner Belohnung sein sollte; behaltet Euren Lohn, er ist in guten Händen.« Ganz beschämt gab der Kavalier sich alle Mühe, ihn zur Annehmung des Ganzen oder wenigstens eines Teiles zu bewegen, aber es war vergeblich. Nach drei Tagen nahm der Schwarzkünstler seinen Garten wieder weg, nahm Abschied und reiste weiter. Eine ehrbare Milde aber vertilgte die begehrliche Liebe zur Dame aus dem Herzen des Kavaliers.

22. Vom langen Winter

Ein kluger Mann hatte eine dumme Frau. Er kaufte einen Ochsen und trug ihr auf, während er im Sommer und Herbst auf Reisen gehen musste, ihn fett zu füttern für den langen Winter. Sooft er einmal nach Hause kam, sagte er zu seiner Frau: »Denk an den langen Winter! Füttere mir den Ochsen recht, damit er etwas Festes vorfindet, wenn er kommt, und greife mir das Geld nicht an, das ich hier in den Schubkasten lege, denn das ist auch für den langen Winter.« Und so geht er denn wieder in seinen Geschäften auf Reisen.

Als der kluge Mann fort ist, da kommt an einem schönen Tage im Herbst einmal ein Fleischer zu der Frau und fragt, ob sie keinen Ochsen zu verkaufen hätte. Die Frau schaut ihn an und sieht, dass er sehr lang und groß ist, und fragt, wer er denn sei. »Ich bin der Fleischermeister Winter«, antwortet er, »für mich wird gar mancher Ochse fett gemacht.«

»Also der lange Winter«, ruft die Frau aus und sagt, ja, wenn er der lange Winter wäre, da hätten sie auch einen Ochsen für ihn, er möge nur mit in den Stall kommen, sie wolle ihm das Tier sogleich übergeben. Sie gehen also miteinander in den Ochsenstall, und der lange Winter klopft dem Ochsen so recht wohlgefällig auf sein braunes Fell und sagt, das wäre doch einmal etwas für ihn, so etwas von Ochsen wäre lange nicht für ihn gemästet worden. Da wird die Frau ganz gerührt, dass der lange Winter mit ihrem Ochsen so zufrieden ist und sagt: »Ach, lieber Herr Winter, wenn Ihr wüsstet, wie oft ich an Euch gedacht habe, sooft mein Mann fort war! Den ganzen Tag hab ich den Ochsen gepflegt und gewartet, damit Ihr ein gutes Stück Fleisch fändet, wenn Ihr kämt. Mein Mann sagte mir aber auch jedes Mal, wenn er hier war: ›Frau, denke an den langen Winter.‹ O, der hält große Stücke auf Euch, das könnt Ihr mir glauben.« Der lange Winter zwickte die Frau ein wenig in die Wangen, und sie wurde in ihrem Herzen ganz glücklich darüber, von einem solchen Mann so geehrt zu werden. Da glaubte der Fleischer, jetzt sei der Augenblick gekommen, wo er mit der Frau über den Preis verhandeln müsse. Er bot ihr wenig genug, weil er sie so gut gelaunt sah. Aber die Frau sagte: »Was denkt Ihr von uns? Das ist mir und meinem Mann an der Wiege nicht gesungen, dass wir Ochsen für Geld fett machen sollen, das tun wir nur aus Liebe. Ja, ja, aus Liebe für Euch, Herr Winter, haben wir den Ochsen fett gemacht. Wir haben auch Geld für Euch gespart, kommt mit herein in die Stube, in der Schublade, da liegt es, es werden so nach und nach fünfzig Taler geworden sein.«

Der Fleischermeister staunte, ließ sich aber den Ochsen

geben und folgte der Frau in die Stube, auch die fünfzig Taler in die Tasche zu stecken. Wie sie in die Stube kamen, sagte die Frau: »Herr Winter, Ihr seid doch wirklich sehr lang. Ich bitte, stellt Euch einmal da an die Tür, damit ich Euch ordentlich messen kann.« Der große Fleischermeister stellte sich auch richtig an die Tür. Die Frau aber nahm etwas Kreide, stieg auf einen Stuhl und machte einen Strich über seinem Kopf an die Wand. Dann klatschte sie in die Hände und sprach: »Es ist mir lieb, dass ich Euch gemessen habe. Es wird immer so viel vom langen Winter gesprochen, und wenn nun wieder auf den die Rede kommt, so kann ich doch auch mitsprechen und sagen: ›Soundso lang ist er, o, den kenn' ich recht gut.‹«

Nun muss sich der lange Winter in den Lehnstuhl setzen, die Frau aber eilt in die Küche, knickt Holz und macht ihm einen Kaffee. Den trinken sie miteinander aus, und die Frau ist sehr vergnügt, dass sie nun auch sagen kann, der lange Winter hat einmal bei ihr Kaffee getrunken. Darauf zählt sie ihm die fünfzig Taler vor, und die steckt er in die Tasche. Nun hilft sie ihm, den Ochsen vom Futtertrog zu lösen, und sieht dem langen Winter noch eine Zeit nach, wie er so wohlgemut mit ihrem Ochsen und ihrem Geld dahinzieht. Bald darauf kam eine andere Frau zu ihr, der sollte sie etwas abkaufen. Da sagte sie ganz schnippisch: »Ich habe jetzt kein Geld. Wenn man Bekanntschaft hat mit dem langen Winter, wie mein Mann und ich, so kann man sein Geld besser gebrauchen.«

Das war nun alles recht gut. Als aber der kluge Mann nach Hause kam und die Frau ihm mit der Nachricht entgegensprang, dass der lange Winter dagewesen sei und sie ihm den Ochsen und das Geld geschenkt habe, da war er sehr unglücklich, denn er sah alle seine Hoffnungen, den Winter hindurch mit seiner Frau zu bestehen, auf einmal gescheitert. Er sagte zu ihr: »Von jetzt an sind wir geschieden, ich will nichts mehr mit dir zu schaffen haben und so lange gehen, bis ich einen dümmeren Menschen antreffe, als du bist. Hab ich den gefunden, so komme ich wieder zu dir. Bis dahin aber leb wohl.«

Er macht sich also wieder auf den Weg und geht eine ganze Strecke weit, findet aber nirgends einen dümmeren Menschen als seine Frau. Endlich blies der Wind schon ganz winterlich übers Stoppelfeld, und da kommt eine Frau Amtmännin auf einem Schimmel dahergeritten. Da bleibt er stehen und sieht fortwährend gen Himmel. Nun ist eine Frau Amtmännin auch neugierig, so gut wie eine Tagelöhnerfrau, und will wissen, was in der Welt vorgeht. Darum hält die Dame ihren Schimmel an und fragt, was er denn da mache und warum er fortwährend gen Himmel sähe. Er aber winkte ihr: sie solle nur ruhig sein, er sei soeben vom Himmel gefallen und müsse das Loch im Auge behalten, wo er herausgefallen sei, damit er wieder hinein könne, denn hier auf der Erde könne er doch nicht bleiben, das sei nichts für ihn, wer erst einmal im Himmel gewesen sei, dem wäre es hier zu gewöhnlich.

Wie die Frau Amtmännin das hört, fragt sie sogleich: Wenn er aus dem Himmel sei, ob er dann ihren Sohn nicht kenne, der vor zwei Jahren gestorben wäre. Ja, sagt er, den kenne er wohl, dem ginge es oben schlecht, denn weil er vom Lande sei und mit der Wirtschaft Bescheid wüsste, so müsse er oben Futter schneiden. Darüber fängt die Frau Amtmännin gewaltig an zu jammern, dass ein Amtmannssohn im Himmel Futter schneiden müsse. Sie sagt, das hätte sie nicht gedacht. Ob sie ihrem Sohn denn wohl nicht mit etwas Geld unter die Arme greifen könne? Sie hätte hier einen Beutel mit tausend Talern, den sollte sie von ihrem Mann ihrem Stiefsohn bringen, der fortwährend in großer Geldverlegenheit sei. Wenn sie nun wüsste, dass ihrem verstorbenen Sohne damit geholfen werden könne, so würde sie ihm auf der Stelle den Beutel mit in den Himmel schicken, denn er sei doch von ihrem eigenen Fleisch und Blut, und ihr Stiefsohn könne warten. Der kluge Mann sagt, das Geld wolle er schon besorgen, er sähe ihren Sohn im Himmel alle Tage.

Die Frau gibt ihm also den Beutel. Er sagt: Da er nun einmal auf der Erde sei, so wolle er doch hier auch seine Verwandten einmal besuchen. Das Loch im Himmel, woraus er gefallen sei, hätte er sich genau gemerkt, und darauf könne sie sich verlassen, morgen um diese Zeit habe ihr Sohn im Himmel schon das Geld in Händen. Und damit geht er seiner Wege.

Die Frau aber reitet nach Hause und erzählt ihrem Mann hocherfreut, dass sie Gelegenheit nach dem Himmel gefunden und ihrem rechten Sohn die tausend Taler mitgeschickt hat. Was will der Amtmann tun? Er besteigt sogleich den Schimmel, um den zu verfolgen, der seiner Frau die tausend Taler abgeschwatzt hat, und weil er ein sehr praktischer Mann gewesen ist und gern zwei Fliegen mit einer Klappe geschlagen hat, so steckt er von Neuem tausend Taler ein, die will er bei der Gelegenheit seinem noch lebenden Sohn überbringen.

Als der kluge Mann den Schimmel wieder ankommen sieht, versteckt er seinen Beutel mit den tausend Talern vor einer Hecke und geht ganz langsam. Als der Amtmann bei ihm ist, fragt er, ob er hier niemand so recht gefährlich habe laufen sehen, es habe hier einer seiner Frau tausend Taler abgenommen, der müsse hier wohl an ihm vorbeigerannt sein. O ja, sagt der kluge Mann, es sei jemand dahergerannt, als ob der Jäger hinter ihm wäre, und wie er den Schimmel gesehen, da sei er mit einem Satz durch die Dornhecke dort gesprungen, und dahinter müsse er sich wohl versteckt halten. Da dankt ihm der Amtmann vielmals, dass er ihm so gute Auskunft gegeben hat, und sagt: »Jetzt will ich den Halunken schon fassen.«

Er steigt von seinem Schimmel herunter, bittet den klugen Mann, ihm den Schimmel ein wenig zu halten, und klemmt sich seinen dicken Amtmannsbauch mühsam durch die Dornhecke hindurch. Wie er mit ganz zerfetztem Rock endlich hindurch ist und auf jener Seite der Dornhecke den Spitzbuben sucht, holt der kluge Mann den Beutel mit den tausend Talern wieder hervor, die er versteckt hat, und tut sie zu den neuen tausend Talern, die der Amtmann seinem Sohn hat bringen wollen und die er in der Manteltasche hat stecken lassen. Darauf besteigt er den Schimmel, jagt heim zu seiner Frau und erzählt ihr, dass er einen Amtmann und eine Amtmännin gefunden hat, die noch dümmer seien als sie.

An dem Tag, an dem er zurückkam, fiel der erste Schnee in diesem Jahre, und als nun der rechte lange Winter kam, da fand er mehr, als der unrechte Winter gefunden hatte, und der kluge Mann lebte an den langen Winterabenden recht vergnügt mit seiner dummen Frau. Der Amtmann aber, als er an jenem Tage zu seiner Frau kam, sprach zu ihr: »Frau, nun hab ich unserem Sohn endlich die anderen tausend Taler mitgegeben und dazu den Schimmel, damit er oben doch auch reiten kann wie die andern Engel, für die er Futter schneiden muss.« Da war die Amtmännin beruhigt, denn sie meinte, es gehörte sich nicht für einen Engel, der ein Amtmannssohn sei, dass er im Himmel zu Fuß ginge.

23. Der Bär

Vor Zeiten lebte ein Kaufmann und hatte drei Töchter. Davon war die älteste ein herzensgutes, folgsames Kind, die zwei jüngeren waren aber stolz und bös und konnten ihre älteste Schwester nicht leiden. Da trug es sich einmal zu, dass ein Wintermarkt in der Nähe war, den der Kaufmann besuchen wollte. Er sprach beim Abschied zu seinen Töchtern: »Was soll ich euch vom Markte mitbringen?« Da verlangten die beiden jüngeren schöne Kleider und andere Kostbarkeiten. Die älteste aber sprach: »Lieber Vater, bring mir eine Rose als Marktkram! Ich habe diese Blumen am liebsten.« Sie dachte sich aber im Herzen: »Meinem Vater geht doch Geld genug auf. Eine Rose kostet ihn aber nichts, und mir macht sie doch viel Freude.« Der Kaufmann reiste nun auf den Markt und machte diesmal sehr gute Geschäfte. Er kaufte für seine zwei jüngeren Töchter schöne Kleider und andere Kostbarkeiten, allein umsonst forschte er nach einer Rose für sein ältestes Kind. Denn es herrschte kalter Winter, und knietiefer Schnee lag auf allen Gärten und Feldern. Das behagte dem Kaufmann gar nicht. Nachdem er seine Geschäfte erledigt hatte, trat er den Heimweg an und fuhr gar schnell über Schnee und Eis dahin. Wie er schon eine gute Strecke zurückgelegt hatte, kam er zu einem herrlichen Schlosse, das er früher noch nie gesehen hatte. Das schöne Gebäude war aber von einem stolzen Garten umgeben, in dem die lieblichsten Rosen zahllos blühten. Da dachte sich der Kaufmann: »Hier muss ich nach einer Rose schauen, denn ich möchte meinem ältesten Kinde doch eine Freude machen.« Er stieg deshalb aus dem Schlitten, ging in den Garten hinein und pflückte eine Rose. Dann wollte er wieder rasch zum Schlitten und von dannen fahren. Allein dies ging nicht so schnell; denn kaum hatte er die Rose gepflückt, so hörte er sich beim Namen rufen. Erstaunt sah er sich um und erblickte zu seinem großen Schrecken einen zotteligen Bären, der ihn anbrummte: »Du hast dich unterfangen, in meinen Garten einzubrechen und eine Rose zu stehlen, dafür sollst du büßen. Schickst du mir deine Tochter, für die du diese Rose gepflückt hast, binnen vierzehn Tagen hierher, so ist es recht. Tust du das nicht, so sollst du sehen, wie es dir und den Deinigen gehen wird.«

Der Kaufmann erschrak über diesen unvermuteten Auftritt dermaßen, dass er, ohne eine Antwort zu geben, sich eiligst aus dem Staube machte. Er lief zu seinem Schlitten, schwang sich hinein und fuhr über Eis und Schnee seiner Stadt zu. Da hatten die drei Töchter große Freude, als sie ihren Vater kommen sahen. Sie sprangen ihm entgegen und begrüßten ihn herzlich. Sie bemerkten aber bald, dass ihr Vater ernst und trübe gestimmt sei, und das verdarb ihnen sogar die Freude an den schönen Geschenken. Sie fragten ihn nun so lange, was ihm fehle, bis er ihnen endlich erzählte, was der schreckliche Bär zu ihm gesprochen hatte. Da machten die zwei jüngeren Töchter gar hämische Gesichter und sprachen zur Ältesten: »Siehst du, wie es dir geht, weil du gerade eine Rose haben musstest. Dir geschieht recht, wenn du eine Bärenbraut wirst. Mit den Leuten kannst du doch nicht umgehen.«

So höhnten sie und hatten die größte Freude über das Unglück, das ihrer guten Schwester drohte. Doch diese blieb gefasst, denn sie hatte ein reines Gewissen, und dachte sich: »Gar so bös wird der Bär nicht sein.« Sie brachte ihre Sachen in Ordnung und nahm am vierzehnten Tage von ihrem Vater und ihren Schwestern Abschied und fuhr dann auf der Landstraße so lange, bis sie zum Schlosse des Bären kam. Dieser wartete schon auf sie am Eingange des Gartens und empfing sie freundlich. Dann führte er sie in das prächtige Schloss, bot ihr Erfrischungen und wies ihr die schönsten Zimmer zum Aufenthalt an. Da fand sie alles, was sie nur wünschen mochte, und es mangelte ihr an nichts. So lebte sie nun im Schlosse, und der Bär, der sich gar freundlich zeigte, leistete ihr Gesellschaft. Sie schickte sich bald in ihre Lage und lebte vergnügt und glücklich.

Doch nach einiger Zeit ergriff sie eine starke Sehnsucht, ihren Vater wiederzusehen, sodass sie endlich dem Bären von ihrem Anliegen erzählte. Da brummte dieser anfangs und wollte von einem Besuch bei dem Vater nichts wissen. Als aber die Jungfrau von Neuem bat, brummte der Bär: »Geh, wohin es dich zieht, aber länger als zwei Tage darfst du nicht bei den Deinen bleiben.« Dann nahm er einen Ring aus einem verborgenen Kästchen und gab ihn der Kaufmannstochter mit den Worten: »Wenn du dieses Ringlein am Abende vor deiner Abreise an den Finger steckst, so wirst du dich am folgenden Morgen in deinem Vaterhaus befinden. Bleib dann zwei Tage dort. Dann musst du abends wieder das Ringlein anstecken, auf dass du am dritten Morgen schon wieder hier seist.« Die Kaufmannstochter war darüber hocherfreut und konnte den Abend kaum erwarten. Als es endlich dunkelte, steckte sie das Ringlein an ihren Finger und wollte dann einschlafen. Allein das ging nicht so schnell. Die Freude ließ ihr keine Ruhe und erst gegen Mitternacht fielen ihr die Augen zu.

Als sie am nächsten Morgen erwachte, fand sie sich im Haus ihres Vaters. Sie war von ihren Angehörigen freundlich aufgenommen worden, und auch ihr Vater freute sich über das unerwartete Wiedersehen seiner Tochter sehr. Da gab es einen recht gemütlichen, heiteren Tag, und niemand dachte ans Abschiednehmen. Am nächsten Tage erst sagte die Tochter, die aus der Fremde gekommen war, dass sie am folgenden Morgen wieder beim Bären sein müsse. Da waren alle überrascht und drangen so lange in die Jungfrau, bis sie endlich beschloss, noch einen Tag beim Vater zu verleben.

Am Abende des dritten Tages steckte sie erst das Ringlein an ihren Finger und schlief unter wehmütigen Gefühlen ein. Als sie am folgenden Tag erwachte, war sie im Schlosse des Bären. Sie stand nun auf und wollte zu ihrem Herrn gehen, um ihn zu begrüßen. Sie ging deshalb in sein Zimmer, das war aber leer. Dann suchte sie das Schloss durch von oben bis unten, konnte aber den Bären nirgends finden. Da ward sie sehr traurig, denn sie hatte das gute Tier liebgewonnen.

Sie beschloss deshalb, noch einmal das ganze Schloss zu durchsuchen, um den Bären zu finden – und sie tat es.

Da fand sie ihn endlich unter dem Brunnentrog, wo er wie halbtot lag. Sie zog ihn heraus, streichelte den Braunpelz und fragte ihn, warum er in diesem traurigen Zustand sei. Da antwortete er: »Ich habe schon gemeint, dass du nicht mehr kommen werdest, und darüber bin ich fast verzweifelt.« Als die Kaufmannstochter dies hörte, hatte sie noch größeres Mitleid mit ihm, streichelte ihn und sprach: »Sei nur nicht verzagt! Ich will immer bei dir bleiben und werde dich nie mehr verlassen, denn du bist mein Schatz.« Wie der Bär diese Rede hörte, sprang er hocherfreut auf und brummte: »Wenn ich dein Schatz bin, musst du mich so lange schlagen, bis mir die Haut vom Leibe fliegt.« Dagegen sperrte sich die Jungfrau lange, doch endlich gab sie den Bitten nach und nahm eine Peitsche, die in der Nähe war. Diese schwang sie so kräftig, dass bald Hautfetzen vom Bären davonflogen. Auf die Bitte des Bären schlug sie immer und immer wieder zu, dass die Hiebe sangen. Als die Haut fast ganz weggepeitscht war, stand plötzlich ein wunderschöner Jüngling vor ihr. Er eilte auf sie zu, umarmte sie und dankte ihr für seine Erlösung. Dann führte er sie in das Schloss zurück und hielt mit ihr eine gar lustige Hochzeit. Dabei diente das alte Gesinde, das zugleich mit dem Herrn vom Zauber erlöst worden war. Die gute Kaufmannstochter war nun eine steinreiche Rittersfrau und hatte mit ihrem Mann ein gar herrliches Leben.

24. Katze und Maus in Gesellschaft

Eine Katze hatte Bekanntschaft mit einer Maus gemacht und ihr so viel von der großen Liebe und Freundschaft vorgesagt, die sie zu ihr trüge, dass die Maus endlich einwilligte, mit ihr zusammen in einem Hause zu wohnen und gemeinschaftliche Wirtschaft zu führen. »Aber für den Winter müssen wir Vorsorge tragen, sonst leiden wir Hunger«, sagte die Katze, »du, Mäuschen, kannst dich nicht überall hinwagen und gerätst mir am Ende in eine Falle.«

Der gute Rat ward also befolgt und ein Töpfchen mit Fett angekauft. Sie wussten aber nicht, wo sie es hinstellen sollten; endlich nach langer Überlegung sprach die Katze: »Ich weiß keinen Ort, wo es besser aufgehoben wäre als die Kirche, da getraut sich niemand etwas wegzunehmen: wir stellen es unter den Altar und rühren es nicht eher an, als bis wir es nötig haben.« Das Töpfchen ward also in Sicherheit gebracht, aber es dauerte nicht lange, so trug die Katze Gelüsten danach und sprach zur Maus: »Was ich dir sagen wollte, Mäuschen, ich bin von meiner Base zu Gevatter gebeten: sie hat ein Söhnchen zur Welt gebracht, weiß mit braunen Flecken, das soll ich über die Taufe halten. Lass mich heute ausgehen und besorge du das Haus allein.«

»Ja, ja«, antwortete die Maus, »geh in Gottes Namen, wenn du was Gutes issest, so denk an mich: von dem süßen roten Kindbetterwein tränk ich auch gerne ein Tröpfchen.«

Es war aber alles nicht wahr, die Katze hatte keine Base und war nicht zu Gevatter gebeten. Sie ging geradeswegs nach der Kirche, schlich zu dem Fetttöpfchen, fing an zu lecken und leckte die fette Haut ab. Dann machte sie einen Spaziergang auf den Dächern der Stadt, besah sich die Gelegenheit, streckte sich hernach in der Sonne aus und wischte sich den Bart, sooft sie an das Fettöpfchen dachte. Erst als es Abend war, kam sie wieder nach Haus. »Nun, da bist du ja wieder«, sagte die Maus, »du hast gewiss einen lustigen Tag gehabt.«

»Es ging wohl an«, antwortete die Katze. »Was hat denn das Kind für einen Namen bekommen?«, fragte die Maus. »Hautab«, sagte die Katze ganz trocken.

»Hautab«, rief die Maus, »das ist ja ein wunderlicher und seltsamer Name, ist der in eurer Familie gebräuchlich?«

»Was ist da weiter«, sagte die Katze, »er ist nicht schlechter als Bröseldieb, wie deine Paten heißen.«

Nicht lange danach überkam die Katze wieder ein Gelüsten. Sie sprach zur Maus: »Du musst mir den Gefallen tun und nochmals das Hauswesen allein besorgen, ich bin zum zweiten Mal zu Gevatter gebeten, und da das Kind einen weißen Ring um den Hals hat, so kann ich's nicht absagen.«

Die gute Maus willigte ein, die Katze aber schlich hinter der Stadtmauer zu der Kirche und fraß den Fetttopf halb aus. »Es schmeckt nichts besser«, sagte sie, »als was man selber isst«, und war mit ihrem Tagewerk ganz zufrieden.

Als sie heimkam, fragte die Maus: »Wie ist denn dieses Kind getauft worden?«

»Halbaus«, antwortete die Katze.

»Halbaus! Was du sagst! Den Namen habe ich mein Lebtag noch nicht gehört, ich wette, der steht nicht in dem Kalender.«

Der Katze wässerte das Maul bald wieder nach dem Leckerwerk. »Aller guten Dinge sind drei«, sprach sie zu der Maus, »da soll ich wieder Gevatter stehen, das Kind ist ganz schwarz und hat bloß weiße Pfoten, sonst kein weißes Haar am ganzen Leib, das trifft sich alle paar Jahr nur einmal: du lässest mich doch ausgehen?«

»Hautab! Halbaus!«, antwortete die Maus. »Es sind so kuriose Namen, die machen mich so nachdenksam.«

»Da sitzest du daheim in deinem dunkelgrauen Flausrock und deinem langen Haarzopf«, sprach die Katze, »und fängst Grillen: das kommt davon, wenn man bei Tage nicht ausgeht.«

Die Maus räumte während der Abwesenheit der Katze auf und brachte das Haus in Ordnung, die naschhafte Katze aber fraß den Fettopf rein aus. »Wenn erst alles aufgezehrt ist, so hat man Ruhe«, sagte sie zu sich selbst und kam satt und dick erst in der Nacht nach Haus. Die Maus fragte gleich nach dem Namen, den das dritte Kind bekommen hätte. »Er wird dir wohl auch nicht gefallen«, sagte die Katze, »er heißt Ganzaus.«

»Ganzaus!«, rief die Maus. »Das ist der allerbedenklichste Namen, gedruckt ist er mir noch nicht vorgekommen. Ganzaus! Was soll das bedeuten?«

Sie schüttelte den Kopf, rollte sich zusammen und legte sich schlafen. Von nun an wollte niemand mehr die Katze zu Gevatter bitten, als aber der Winter herangekommen und draußen nichts mehr zu finden war, gedachte die Maus ihres Vorrats und sprach: »Komm, Katze, wir wollen zu unserm Fetttopfe gehen, den wir uns aufgespart haben, der wird uns schmecken.«

»Jawohl«, antwortete die Katze, »der wird dir schmecken, als wenn du deine feine Zunge zum Fenster hinausstreckst.«

Sie machten sich auf den Weg, und als sie anlangten, stand zwar der Fettopf noch an seinem Platz, er war aber leer.

»Ach«, sagte die Maus, »jetzt merke ich, was geschehen ist, jetzt kommt's an den Tag, du bist mir die wahre Freundin! Aufgefressen hast du alles, wie du zu Gevatter gestanden hast: erst Haut ab, dann halb aus, dann...«

»Willst du schweigen«, rief die Katze, »noch ein Wort, und ich fresse dich auf.«

«Ganz aus«, hatte die arme Maus schon auf der Zunge, kaum war es heraus, so tat die Katze einen Satz nach ihr, packte sie und schluckte sie hinunter.

Siehst du, so geht's in der Welt.

25. Die Rekkenk

Einst lebte ein Volk von Rekkenk [böse Geister], die viele Rentiere besaßen. Einer von ihnen wollte die Menschen besuchen und sagte zu seiner Frau: »Wir wollen zu den Menschen gehen.« Das Wetter war kalt, seine Frau erwiderte daher: »Es ist kalt.« Er aber sprach: »Es schadet nichts; lasst uns gehen, wenn wir richtige Jäger sind. Natürlich werden wir die Herde, die Hirten sowie das schwere Zelt hierlassen. Wir wollen nur ein leichtes Zelt mitnehmen, wenn wir sie besuchen.«

So machten sie sich denn auf die Fahrt. Das obere Wesen sah, wie sich der lange Zug ihrer Schlitten dahinbewegte. Da sprach es: »Oh, wie wunderbar, sie sind schon wieder dabei, die Menschen zu töten. Die Menschen bitten mich immerfort um Hilfe, doch werden sie immer noch umgebracht. Das bekümmert mich, daher will ich wenigstens diesem einen bösen Geiste eine Lehre erteilen.«

Damit nahm er seinen Stab und ging davon. Die Rekkenk und seine Frau waren unterwegs eingeschlafen. Das obere Wesen kam zu einem bedeckten Schlitten und hob die Decke auf, da sah er darunter ein kleines Kind schlafen, das etwa ein Jahr alt sein mochte und in einer kleinen Mütze lag.

An deren Spitze war eine Troddel aus menschlichen Fingern befestigt. Er berührte die Troddel mit seinem Stabe, und die Finger klebten daran fest. Er nahm darauf das Kind fort und brachte es zu seiner Frau.

»Siehst du, ich habe es hergebracht«, sagte er.

»Es ist gut.«

»Aber was sollen wir mit ihm anfangen?«

»Ich weiß es nicht, ich habe niemals Kinder gehabt.«

»Ich werde wohl zum Töter-Walfisch gehen müssen. Vielleicht weiß er einen Rat.«

Der Töter-Walfisch und seine Frau wohnten in einem großen Steinhause; auch diese beiden hatten keine Kinder. Das obere Wesen kam zu ihrem Hause, legte das Kind nahe bei der Tür hin und ging davon. Als der Töter-Walfisch heraustrat, erblickte er das Kind, das noch schlief. Er freute sich darüber sehr und rief seiner Frau zu: »Ich habe einen Helfer gefunden, wir haben einen Helfer gefunden. Jetzt werden wir in unserm Alter nicht allein sein. Wir wollen versuchen, dies Kind großzuziehen.«

»Einverstanden.«

Nachdem die bösen Geister die Menschen aufgesucht und viele von ihnen umgebracht hatten, machten sie sich mit ihrer Beute beladen auf den Heimweg. Zu Hause angekommen, schlugen sie ihr Zelt auf, und die Frau machte sich daran, das Schlafzimmer herzurichten. Ihr Gatte sagte: »Ich will doch einmal nach dem Kinde sehen.«

Er hob die Decke des Schlittens auf; da erst bemerkten sie, dass das Kind verschwunden war. Der Gatte rief: »Heda!«

»Heda!«, antwortete seine Frau.

»Wo ist das Kind? Hast du es in das Zelt gebracht?«

»Nein, es muss im Schlitten sein.«

»Es ist nicht hier.«

»Wo mag es denn sein? Vielleicht haben es die Nachbarn genommen. Aber warum sollten sie ein Kind anderer Leute zu sich nehmen? Ich glaube, dass uns ein andrer diesen Streich gespielt hat, während wir schliefen. Was können wir da bloß tun?«

Die Frau suchte einen Schamanen auf, der war ein Rabe und fragte, als sie ankam: »Wer ist gekommen?«

»Ich bin es, mein Mann hat mich hergeschickt. Er sagte: ›Ich bin betrübt; lass den Wissenden kommen.‹«

»A-ta-ta-ta, ich komme schon.«

Als der Rabe bei den Rekkenk ankam, fragte der Mann: »Nun, bist du gekommen?«

»Ja, ich bin gekommen. Was willst du?«

»Jemand hat unser Kind fortgenommen. Vermagst du es zu finden?«

»Ich werde es versuchen.«

Der Rabe flog zum Hause des Töter-Walfisches.

»Heda!«

»Heda!«

»Wer ist da?«

»Ich bin es. Ich komme, um das Kind zu holen.«

»Du bekommst es nicht.«

»Gib es doch wieder, ich möchte es haben.«

»Ich werde es nicht hergeben.«

»So, du willst nicht?«

Der Rabe flog in die Höhe und ließ einen großen Steinpfeiler auf das Haus herabfallen, doch dieser prallte zurück, denn das Haus des Töter-Walfisches war allzu fest gebaut.

Der Rabe kehrte zu den Rekkenk zurück und sagte: »Es ist mir nicht gelungen.«

»Ach«, sagte der Hausherr, »sogar du konntest nichts erreichen!«

Am folgenden Tage sagte er wieder zu seiner Frau: »Ich bin betrübt. Geh und bringe zwei Winde herbei, den Westwind, den kalten, und den Ostwind, den schneidenden.«

Die beiden Windbrüder kamen zu ihm und fragten: »Was willst du?«

»Jemand hat mir mein Kindchen geraubt. Ihr seht doch alles. Wollt ihr nicht auch nach dem Kinde sehen?«

»Ja«, sagten sie und gingen davon. Unterwegs kamen sie am Hause des oberen Wesens vorbei. Da sprach der Ostwind: »Warum gehen wir hier vorüber? Hier wohnt doch das obere Wesen. Wir wollen ihn doch wenigstens fragen. Was er wohl sagen wird? Heda!«

»Heda!«

»Höre, eine Familie von bösen Geistern hat ihr kleines

Kind verloren, und sie grämen sich deswegen. Wir suchen nach ihrem Kinde. Weißt du vielleicht, wo es sein mag?«

»Nicht wahr, jetzt grämen sie sich, und doch gehen sie jedes Jahr zu den Menschen und rauben viele von ihnen. Die Menschen nehmen dadurch ab. Es geschieht ihnen ganz recht. Aber wir wollen gehen.«

Die Winde und das obere Wesen kamen darauf zu dem Hause der Töter-Walfische.

»Heda!«

»Heda!«

»Ich bin gekommen, um das Kind abzuholen, das ich neulich hergebracht habe.«

»Du sollst es nicht haben.«

»Wieso sollte ich es nicht wiederbekommen, da ich es doch selber hergebracht habe? Gib es zurück!«

»Ich will nicht, ich will es zu meinem Gehilfen erziehen.«

»Aber wie kannst du es mir verweigern, da du doch mein Geschöpf bist? Ich habe deinen Augen die Gabe des Sehens verliehen. Wie darfst du es verweigern?«

»Und doch verweigere ich es.«

»So, du weigerst dich; dann tretet ein, Winde!«

Die beiden Winde traten in das Haus des Töter-Walfisches, da wurde es schrecklich kalt, sodass die Töter-Walfische gar sehr froren. Sie froren so sehr, dass sie starben. Dann sagte das obere Wesen zu den Winden: »Nun geht hinaus.« Sie gingen hinaus, es wurde wärmer im Hause, und die Töter-Walfische wurden wieder lebendig.

»Nun, wollt ihr das Kind zurückgeben?«

»Ja, ja.«

»Also flink, beeilt euch!«

»Einen Augenblick.«

»Da nimm es und bring es den Eltern wieder.«

Von jener Zeit an kamen die bösen Geister nicht mehr in dies Land.

26. Die zwölf wilden Enten

Es war einmal eine Königin, die fuhr einst bei Winterzeit, als eben frischer Schnee gefallen war, im Schlitten spazieren. Unterwegs fing ihr die Nase an zu bluten, und sie musste daher aussteigen. Während sie nun dastand und sich an einen Zaun lehnte, betrachtete sie ihr rotes Blut, das auf den weißen Schnee gefallen, und dachte bei sich selbst: »Ich habe nun zwölf Söhne und keine einzige Tochter; hätte ich eine Tochter, so weiß wie Schnee und so rot wie Blut, dann wollte ich mich um die Söhne nicht weiter kümmern.« Kaum hatte sie das so leise vor sich hin gesprochen, als plötzlich eine alte Hexe vor ihr stand und sagte: »Eine Tochter sollst du bekommen, und diese soll so weiß sein wie Schnee und so rot wie Blut. Dann aber sollen deine Söhne mir gehören, du kannst sie jedoch so lange bei dir behalten, bis die Tochter getauft ist.«

Nach einiger Zeit gebar die Königin wirklich eine Tochter, die war weiß wie Schnee und rot wie Blut, ganz so, wie die Hexe ihr verheißen hatte. Da war nun große Freude im Königsschlosse, und die Königin freute sich am meisten. Als sie aber gedachte, was sie der alten Hexe versprochen hatte, da ward ihr das Herz doch etwas schwer, und sie schickte zu einem Silberschmied, der musste ihr zwölf silberne Löffel verfertigen, einen für jeden Prinzen, und für die neugeborene Prinzessin ließ sie auch einen Löffel machen. Nachdem nun die Prinzessin getauft war, wurden die Prinzen in zwölf wilde Enten verwandelt, flogen davon und wurden nicht mehr gesehen. Fort waren sie und fort blieben sie. Die Prinzessin wuchs indessen heran und wurde außerordentlich schön; aber sie war immer so ernst und so schwermütig, ohne dass jemand begreifen konnte, was ihr fehle. Eines Abends fragte sie die Königin: »Warum bist du immer so traurig, meine Tochter? Fehlt dir etwas, so sage es mir!

Möchtest du vielleicht gern etwas haben, so sollst du es bekommen.«

»Ach, liebe Mutter«, antwortete die Prinzessin, »es kommt mir hier immer so öde vor. Alle anderen Kinder haben Geschwister, aber ich habe keine, und darüber bin ich so betrübt.«

»Meine Tochter«, erwiderte die Königin, »du hast auch Geschwister gehabt. Ich hatte zwölf Söhne, welche deine Brüder waren. Aber ich habe sie alle dahingegeben, um dich zu bekommen«, und darauf erzählte sie ihr, wie sich alles zugetragen hatte.

Als die Prinzessin hörte, wie es ihren Brüdern ergangen war, hatte sie zu Hause länger keine Ruhe, und wie sehr die Mutter auch weinen und bitten mochte, es half alles nichts, sie wollte und musste fort, um ihre Brüder wieder aufzusuchen. Denn sie glaubte, sie wäre allein schuld an ihrem Unglücke. Zuletzt verließ sie heimlich das Schloss und wanderte in der Hoffnung, ihre Brüder aufzufinden, auf gut Glück in die Welt hinaus.

Einmal war sie eine ganze Nacht hindurch in einem großen Walde umhergeirrt, bis sie gegen Morgen müde wurde, sich auf den Rasen hinsetzte und einschlief. Da träumte ihr, sie ginge noch weiter in den Wald hinein, bis sie zu einer kleinen hölzernen Hütte käme, in der ihre Brüder wohnten. Hierüber erwachte sie, und da sie vor sich einen gebahnten Fußsteig sah, so folgte sie dem Pfad, bis sie tiefer im Walde zu einem Häuschen kam, gerade so, wie sie es im Traume gesehen hatte.

Als sie hineintrat, war dort niemand; aber es standen da zwölf Betten und zwölf Stühle, und auf dem Tische lagen zwölf Löffel, und von allen Sachen, die sich fanden, waren es immer zwölf Stück. Die Prinzessin war nun voller Freude, denn sie konnte sich wohl denken, dass ihre Brüder da wohnen müssten und dass sie es wären, denen die

Betten und die Stühle und die Löffel gehörten. Sie machte nun Feuer im Kamin an, fegte das Zimmer aus und machte die Betten, kochte dann etwas zu essen und putzte alles aufs Beste auf. Und als sie mit Kochen fertig war und die Sachen ihrer Brüder zurechtgemacht hatte, setzte sie sich selber hin und aß, legte dann ihren Löffel auf den Tisch und kroch unter das Bett des jüngsten Bruders.

Bald darauf hörte sie ein gewaltiges Sausen in der Luft, und auf einmal kamen zwölf wilde Enten geflogen, die sich aber, sobald sie über die Türschwelle kamen, augenblicklich in die Prinzen, ihre Brüder, verwandelten. »Ach, wie gut hier alles aufgeräumt und wie es hier so schön warm ist!«, sagten sie. »Gott lohne dem, der uns die Stube so schön geheizt und so herrliches Essen für uns gekocht hat!« Und mit diesen Worten nahm jeder seinen silbernen Löffel, um damit zu essen. Aber nachdem jeder den Seinigen genommen hatte, blieb doch noch einer zurück, und der war den Ihrigen so ähnlich, dass sie ihn nicht davon unterscheiden konnten. Da sahen die Prinzen einander an und verwunderten sich sehr. »Das ist der Löffel unserer Schwester«, sagten sie, »und ist der Löffel hier, so kann sie selber auch nicht weit sein.«

»Ist es unsere Schwester, und sie findet sich hier«, sagte der älteste Prinz, »so soll sie sterben, denn sie ist schuld an all unserm Unglück.«

»Nein«, sagte der jüngste Prinz, »es wäre Sünde, sie zu töten. Sie kann ja nichts dafür, dass wir Übles erdulden. Sollte jemand daran schuld sein, so ist es niemand anders als unsere eigene Mutter.«

Sie fingen nun an, ihre Schwester zu suchen, und als sie zu dem Bett des jüngsten Prinzen kamen, fanden sie die Prinzessin und zogen sie hervor. Der älteste Prinz verlangte erneut, dass sie getötet werden müsse. Aber sie bat inständig und sagte: »Ach, tötet mich doch nicht! Ich bin viele Jahre lang herumgewandert, um euch aufzusuchen, und wenn ich euch erlösen könnte, wollte ich gern mein Leben dafür lassen.«

»Ja, wenn du uns erlösen willst«, sagte der Älteste, »so sollst du das Leben behalten. Denn du kannst uns erlösen, wenn du willst.«

»Ja«, antwortete die Prinzessin, »sagt mir nur, wie ich es machen soll, dann will ich alles tun, was ihr verlangt.«

»Dann musst du die Dunen von der Butterblume sammeln und musst sie kratzen und spinnen und weben, und wenn das Gewebe fertig ist, musst du es zuschneiden und zwölf Mützen, zwölf Hemden und zwölf Halstücher davon machen, für jeden von uns ein Stück; aber solange du damit beschäftigt bist, darfst du weder sprechen noch weinen noch lachen. Kannst du das, so sind wir erlöst.«

»Wo soll ich aber die vielen Dunen zu all den Hemden, Mützen und Tüchern herbekommen?«, fragte die arme Prinzessin. »Das sollst du schon erfahren«, antworteten die Prinzen und führten sie hinaus auf eine große, große Wiese. Da standen so viele Butterblumen mit weißen Dunen, die nickten im Winde und glänzten im Sonnenschein, dass man den Glanz schon weit in der Ferne sehen konnte. Noch nie zuvor hatte die Prinzessin so viele Butterblumen gesehen, und sie fing sogleich an zu pflücken und zu sammeln, so viel sie nur fortschaffen konnte. Als sie am Abend nach Hause kam, begann sie sogleich, die Dunen zu kratzen und Garn davon zu spinnen. So fuhr sie eine Zeit lang fort. Sie sammelte und kratzte jeden Tag die Dunen der Butterblumen und wartete dabei zugleich den Prinzen auf, kochte für sie und machte ihnen die Betten. Und jeden Abend kamen ihre Brüder als wilde Enten nach Hause geflogen, denn des Nachts waren sie Prinzen, des Morgens aber flogen sie wieder als wilde Enten davon.

Als die Prinzessin wieder einmal auf die Wiese gegangen

war, um sich Dunen von der Butterblume zu sammeln –
wenn ich nicht irre, so war es das letzte Mal, dass sie welche sammeln wollte –, geschah es, dass der junge König,
der das Land regierte, auf der Jagd an der Wiese vorbeiritt.
Als er die Prinzessin erblickte, wunderte er sich sehr über
die schöne Jungfrau, hielt still und redete sie an. Da er keine
Antwort von ihr erhielt, wurde seine Verwunderung noch
größer, und weil ihm das Mädchen so wohlgefiel, wollte er
sie mit sich auf sein Schloss führen und sie zu seiner Gemahlin nehmen. Er gab daher seinen Dienern Befehl, sie auf
sein Pferd zu setzen; die Prinzessin aber rang die Hände
und deutete auf die Säcke, worin sie ihre Arbeit hatte; und
als der König begriffen hatte, was sie meinte, so befahl er
seinen Dienern, auch die Säcke mit aufzuladen. Als das geschehen war, gab die Prinzessin sich nach und nach zufrieden; denn der König war ein sehr schöner Mann und sehr
sanft und freundlich gegen sie. Als sie aber aufs Schloss kamen, und die alte Königin, die Stiefmutter des jungen Königs, die Prinzessin erblickte, wurde sie neidisch und aufgebracht über ihre große Schönheit und sagte zum König:
»Siehst du denn nicht, dass es eine Hexe ist, die du mitgebracht hast? Denn sie kann ja weder sprechen noch lachen
noch weinen.« Der König aber kümmerte sich nicht darum, was seine Mutter sagte, sondern hielt Hochzeit mit der
schönen Prinzessin und lebte mit ihr herrlich und vergnügt;
die junge Königin aber unterließ es nicht, fortwährend an
den Hemden zu nähen.

Ehe das Jahr um war, kam die junge Königin mit einem
Prinzen nieder. Darüber wurde die alte Königin noch neidischer und noch mehr erbittert und schlich sich in der Nacht,
während die junge Königin schlief, in deren Zimmer, nahm
ihr das Kind weg und bestrich ihr den Mund mit Blut; das
Kind aber warf sie in die Schlangengrube. Als das geschehen, ging die böse Königin hinein zum König, ihrem Sohn,

und sprach: »Komm jetzt und sieh, was es für eine ist, die du zur Frau genommen hast. Jetzt hat sie ihr eigenes Kind gefressen.« Da war der König so betrübt, dass er beinahe Tränen vergoss, und er sagte: »Ja, es muss wohl wahr sein, weil ich es mit meinen eigenen Augen sehe. Aber sie tut es bestimmt nicht wieder. Dieses Mal will ich sie verschonen.«

Ehe das Jahr um war, gebar die Königin wieder einen Sohn, und mit diesem ging es ebenso wie mit dem ersten. Wieder schlich sich die Stiefmutter des Königs in der Nacht in das Zimmer der jungen Königin, während diese schlief, nahm ihr das Kind und bestrich ihr den Mund mit Blut und sagte dann zum König, seine Frau hätte wieder ihr eigenes Kind gefressen. Da ward der König so betrübt, dass du's gar nicht glauben kannst, meinte aber doch, diesmal wollte er es seiner Gemahlin noch verzeihen, da sie es sicher nicht wieder tun würde.

Ehe das Jahr um war, kam die junge Königin mit einer Tochter nieder, und diese nahm die alte Königin ebenfalls, warf sie in die Schlangengrube und ging dann wieder hin zum König und sprach: »Komm jetzt und siehe, ob es nicht wahr ist, was ich sage, dass sie eine Hexe ist; denn jetzt hat sie auch ihr drittes Kind aufgefressen.« Da ward der König so betrübt, dass es gar nicht zu sagen ist. Denn jetzt konnte er sie nicht länger schonen, sondern musste den Befehl geben, sie lebendig zu verbrennen. Als nun der Scheiterhaufen in Flammen stand und sie hinaufsteigen sollte, gab sie durch Mienen und Gebärden zu verstehen, sie sollten zwölf Bretter nehmen und sie um den Scheiterhaufen legen, und darauf legte sie die Hemden und die Mützen und die Tücher ihrer Brüder. Aber an dem Hemd des jüngsten Bruders fehlte noch der linke Arm, den hatte sie nicht fertigbekommen können. Kaum war dies geschehen, so hörte man ein Sausen und ein Brausen in der Luft, und darauf kamen zwölf wilde Enten über den Wald hergeflogen, und jede von ihnen nahm ein Hemd, eine Mütze und ein Halstuch in den Schnabel und flog damit fort. »Siehst du nun«, sagte die böse Stiefmutter zu dem König, »dass sie eine Hexe ist? Mach jetzt schnell und verbrenne sie, ehe die Flammen das Holz verzehren.«

»Damit hat's noch keine Eile«, sagte der König, »denn Holz haben wir genug, und ich bin gespannt, wie die Sache ein Ende nehmen wird.« In demselben Augenblick kamen die Prinzen geritten, so schön und so wohlgestalt, wie man sie nur sehen konnte, der jüngste Prinz aber hatte statt des linken Arms einen Entenflügel. »Was habt Ihr hier vor?«, fragten die Prinzen. »Meine Frau soll verbrannt werden«, sagte der König, »weil sie eine Hexe ist und ihre eigenen Kinder gefressen hat.«

»Sie hat ihre Kinder nicht gefressen«, sagten die Prinzen. »Sprich jetzt, Schwester! Nun hast du uns errettet, errette jetzt dich selbst!« Da tat die Königin den Mund auf und erzählte, wie alles sich zugetragen hatte, und dass jedes Mal, wenn sie ins Kindbett gekommen, die alte Königin sich in ihr Zimmer geschlichen und ihr das Kind weggenommen und ihr den Mund mit Blut bestrichen habe. Und die Prinzen nahmen den König und führten ihn hinaus zu der Schlangengrube, da lagen die drei Kinder und spielten mit den Schlangen und den Nattern, und schönere Kinder als sie konnte man nicht sehen. Da nahm der König sie mit sich und brachte sie zu seiner Stiefmutter und fragte sie, was der wohl für eine Strafe verdient hätte, der eine unschuldige Königin und drei so allerliebste Kinder zu verderben getrachtet hätte.

»Der verdiente, dass er von zwölf wilden Pferden vollkommen in Stücke gerissen würde«, sagte die alte Königin. Da antwortete der König: »Du hast dir selbst dein Urteil gesprochen und sollst die Strafe erleiden, die du verordnest hast.« Und so geschah es. Die alte böse Königin wurde an zwölf wilde Pferde gebunden und von diesen in Stücke zerrissen. Die junge Königin aber reiste mit dem Könige, ihrem Mann und ihren Kindern und den zwölf Prinzen, ihren Brüdern, nach Hause zu ihren Eltern und erzählte ihnen, was ihr alles begegnet war. Groß war die Freude und Jubel herrschte im ganzen Königreiche, weil die Prinzessin errettet war und sie auch ihre zwölf Brüder erlöst hatte.

27. Die Marienblume (Gänseblümchen, Maßlieb)

Als das Jesuskindlein drei Jahre alt war, wollte ihm die Mutter Maria einen Kranz zum Geburtstage schenken. Aber um die winterliche Weihnachtszeit war nirgend ein Blümchen zu finden, das sie zum freundlichen Kranz verwenden konnte; und gemachte Blumen gab es in dem kleinen Nazareth ebenso wenig. Da entschloss sich die liebende Mutter, selbst einige anzufertigen. Mit stiller Sorgfalt saß sie über ihrer Arbeit und stickte und flocht allerlei Blümchen, groß und klein, wie ihr Sinn sie lehrte. Vor allen zeichnete sich eins aus durch seine Schönheit und Pracht. Sie hatte dazu ein Stückchen prächtiger, goldgelber Seide genommen, das noch von ihrem königlichen Stammvater David herrührte, und rund um dieses gar zierlich dicke Fäden weißer Seide gereiht. Bei der Befestigung der einzelnen Fädchen hatte sie sich mit der Nadel ein wenig verletzt, und feine Blutstrahlen waren auf die blendend weiße Seide gefallen, wodurch sie an einigen Stellen rötlich schimmerte. Als das Knäblein die Blume sah, wurde es wehmütig bewegt und erkor sie sich zu seiner Lieblingsblume. So lange der Winter dauerte, bewahrte es sie wie ein Heiligtum auf. Als aber der Lenz gezogen kam, nahm es sie und pflanzte sie ins Tal von Nazareth. In seliger Freude griff es alsdann zu seinem goldenen Becher, den ihm die Weisen aus dem Morgenlande geschenkt hatten, lief zu einer nahen Quelle, schöpfte daraus und tränkte das Blümchen mit dem frischen Wasser und hauchte es mit seinem göttlichen Munde an. Da wuchs es in stiller Pracht, es überzog alle Weltteile und schmückte Wiese und Feld.

Und von da an blüht es nun unaufhörlich fort vom ersten Frühlinge bis zum letzten Tage des kalten, stürmischen Herbstes. Jung und Alt freuen sich seiner, und man nennt es Marienblümchen.

28. Schneekindlein

Es war ein Bauer namens Iwan, der hatte eine Frau, die Maria hieß. Sie waren schon alt und hatten keine Kinder, worüber sie sehr betrübt waren. Einst im Winter, als frischer Schnee gefallen war bis an die Knie, machten die Kinder draußen eine Alte aus Schnee, und Iwan und Maria sahen ihnen schweigend durch das Fenster zu. Da lächelte Iwan und sprach: »Komm Frau, lass uns zusammen auch eine Alte aus Schnee machen!«

»Und was?«, sagte sein Weib fröhlich. »Gehen wir, wir können in unsern alten Tagen auch ein bisschen Mutwillen treiben. Aber wozu eine Alte machen? Wir wollen uns aus dem Schnee lieber ein Kind gestalten, da uns Gott kein lebendiges geschenkt hat.«

»Was wahr ist, ist wahr«, sagte Iwan, nahm seine Mütze und ging mit seiner Alten in den Hof.

Und in der Tat begannen sie, aus Schnee ein Kind zu gestalten; sie machten den Leib, Hände, Füße und setzten oben einen Kloß als Kopf auf. »Helf der liebe Gott!«, sagte jemand, der vorüberging. »Wir danken schön«, erwiderte Iwan. »Gottes Hilfe ist gut bei allem«, setzte die Frau hinzu. »Was macht ihr denn da?«

»Ei nun, wie du siehst«, sagte Iwan. »Ein Schneekindlein«, setzte die Alte lachend hinzu. Dann machten sie noch
Nase und Kinn und zwei Grübchen für die Augen, und
kaum hatte Iwan den Mund bezeichnet, begann das Kind zu
atmen, öffnete die schönen blauen Augen, drehte den Kopf,
als ob es lebte, und zappelte mit den Händen und Füßen im
Schnee, gerade wie ein Kind in den Windeln.

»Ach Iwan, Iwan«, rief das Weib voll Freude, »der liebe
Gott hat uns ein Kind geschenkt!«, und begann das Schnee-
kind zu umarmen. Vom Schneekindlein schälte sich der
Schnee ab, wie die Schale vom Ei, und wirklich war es ein
lebendiges Mädchen. »Ach, mein teures Schneekindlein!«,
rief die Alte und lief mit ihm in die Stube. Das Schneekindlein aber wuchs nicht von Tag zu Tag, sondern von Stunde
zu Stunde, und mit jedem Tag war es größer. Beide hatten
eine ungemeine Freude daran; die Mädchen aus dem Dorfe
kamen zu ihnen, kleideten es an, sprachen mit ihm, sangen
ihm Lieder vor, spielten mit ihm allerlei Spiele und lehrten es alles, was sie selbst wussten und konnten. Und das
Schneekindlein wuchs in dem einen Winter heran, dass es
wie ein dreizehnjähriges Mädchen aussah, es war sehr auf-
geweckt, verstand alles, sprach über alles und war weiß wie
der Schnee, hatte Augen wie Vergissmeinnicht und blonde
Haare, die bis zum Gürtel reichten; bloß das Wangenrot
fehlte auf seinem Antlitz, als ob in ihm kein lebendes Blut
wäre. Aber auch ohne das war es so schön und dabei so
gut und gegen alle so freundlich, dass jeder es ins Herz geschlossen hatte.

»Sieh, Iwan«, pflegte die Alte zu ihrem Manne zu sagen,
»der liebe Gott hat uns im Alter dennoch Freude beschert,
mein Herzleid ist geschwunden!« Und Iwan sprach: »Der
liebe Gott sei gepriesen! Nicht währt die Freude ewig auf
der Welt, und auch das Leid ist nicht ohne Ende.«

Der Winter verfloss. Die Sonne am Himmel begann zu

wärmen, auf den Wiesen ergrünte das Gras, und in der Luft trillerte die Lerche. Schon scharten sich die Mädchen im Dorfe zum Reihentanz und begannen zu singen: »Schöne Vesna (Frühlingsgöttin), worauf bist du gekommen? Worauf bist du hergefahren? Auf der Pflugstange? Auf der Egge?« Und Schneekindlein begann, traurig zu werden. »Was ist dir, mein Kind?«, fragte die Alte. »Bist du krank? Hat dich etwa wer beschrien?« Und Schneekindlein erwiderte darauf: »Mir ist nichts, Mütterchen! Ich bin gesund.«

Es zertaute der letzte Schnee, die Gärten und Wiesen bekleideten sich mit Blumen, die Nachtigall und allerlei Vögel begannen zu singen, und alles auf Gottes Welt wurde fröhlich. Aber Schneekindlein ward noch trauriger, wich den Gespielinnen aus und verbarg sich fortwährend vor der Sonne in den Schatten. Nur wenn es regnete und in der Dämmerung war es heiterer, und als einmal ein Gewitter kam und Hagel fiel, hatte es eine solche Freude daran, als ob das Perlen wären. Aber als dann wieder die Sonne hervorschien und den Hagel schmolz, weinte das Schneekindlein um ihn, als ob es selbst in Tränen zerschmelzen wollte.

Es verfloss der Frühling, es kam der Johannistag. Die Mädchen aus dem Dorfe scharten sich, um in den Hain zu gehen und sich dort zu belustigen, und stellten sich auch beim Schneekindlein ein. »Bitte, lass auch Schneekindlein mit uns gehen!«, baten sie. Die Alte fürchtete sich, es gehen zu lassen, und auch Schneekindlein hatte keine rechte Lust, mit ihnen zu gehen. Aber verweigern konnte sie's ihnen dennoch nicht. »Gebt nur auf Schneekindlein fein acht, Mädchen!«, redete ihnen die Alte zu. »Ihr wisst ja, dass ich es hüte wie mein Auge im Kopf.«

»Wollen achtgeben, wollen achtgeben«, riefen die Mädchen freudig, nahmen Schneekindlein bei der Hand und liefen mit ihm in den Hain. Dort flochten sie sich Kränze, banden Blumensträuße und sangen ihre traurigfröhlichen

Lieder. Und Schneekindlein war fortwährend mit ihnen. Und als die Sonne unterging, errichteten die Mädchen aus Gras und dünnem Reisig einen Scheiterhaufen, zündeten ihn an und stellten sich alle der Reihe nach eines hinter das andere, indem jedes einen Kranz auf dem Haupte hatte, und Schneekindlein stellten sie ans Ende. »Sieh zu«, sagten sie, »wie wir laufen werden, und lauf auch hinter uns, bleib nicht hinten!«

Hierauf begannen sie, das Johannisfestlied zu singen, und sprangen eines nach dem anderen über das Feuer. Da rauschte etwas hinter ihnen und seufzte kläglich: »Ach!« Erschreckt blickte eines das andere an, und sie bemerkten, dass Schneekindlein nicht unter ihnen sei. »Vielleicht hat es sich vor uns versteckt«, sagten sie und liefen auseinander, um es zu suchen; sie riefen, schrien, konnten es aber auf keinerlei Weise finden. »Vielleicht ist es nach Hause gelaufen«, sagten sie dann und liefen in das Dorf, aber Schneekindlein war auch nicht im Dorfe. Sie suchten es den zweiten, dritten Tag, durchsuchten den ganzen Hain, aber vom Schneekindlein war nirgends eine Spur. Wohin kam es? Vielleicht schleppte es ein reißendes Tier fort oder trug es ein Raubvogel hinweg? Mitnichten; aber als Schneekindlein hinter den Gespielinnen lief und über das Feuer sprang, da schwebte es unversehens empor als leichter Dunst, rollte sich zu einem dünnen Wölkchen zusammen und entflog zu den Höhen des Himmels.

29. Schneeweißchen und Rosenrot

Eine arme Witwe, die lebte in einem kleinen Hüttchen, und vor dem Hüttchen war ein Garten, darin standen zwei Rosenbäumchen, wovon das eine weiße, das andere rote Rosen trug, und sie hatte zwei Kinder, die glichen den beiden Rosenbäumchen, und das eine hieß *Schneeweißchen*, das andere *Rosenrot*. Sie waren aber so fromm und so gut, so arbeitsam und unverdrossen, als noch jemals zwei Kinder auf der Welt gewesen sind, Schneeweißchen war nur stiller und sanfter als Rosenrot, das sprang lieber in den Wiesen und Feldern nach den Blumen und Sommervögeln, während Schneeweißchen daheim bei der Mutter saß, ihr vorlas oder im Hauswesen half. Sie hatten einander aber doch so lieb, dass, wenn sie zusammen gingen, sie sich an den Händen fassten und sagten: »Wir wollen uns niemals verlassen«, und die Mutter sprach dann: »Was das eine hat, soll's mit dem andern teilen!« Oft waren sie allein im Wald, wenn sie rote Beeren sammelten, aber kein Tier tat ihnen etwas zuleid, sondern sie waren ganz vertraulich mit ihnen; manches Häschen nahm ein Kohlblatt aus ihren Händen, das sie ihm mitgebracht hatten, und manches Rehkälbchen kam und wollte bei ihnen grasen. Kein Unfall betraf sie, und wenn sie sich verspäteten und die Nacht sie überfiel, so fassten sie sich einander an und schliefen, bis der Morgen kam, und die Mutter wusste das und hatte keine Sorge um sie. Einmal, als sie so im Wald erwachten, sahen sie ein fremdes, schönes Kind, schneeweiß gekleidet, das sich vor sie hingesetzt hatte, damit sie in der Dunkelheit keinen Schritt weiter gegangen wären, weil sie sonst in einen Abgrund hinabgefallen wären. Es stand auf, sah sie freundlich an, sprach aber nicht und ging in den Wald hinein. Die Mutter sagte ihnen, das wäre der Engel gewesen, der für sie wache.

Sie hielten das Hüttchen der Mutter so reinlich, dass es eine Freude war anzusehen. Im Sommer besorgte Rosenrot das Haus, und alle Morgen, wenn die Mutter aufwachte, stand ein schöner Blumenstrauß vor dem Bett, und von jedem Bäumchen eine Rose. War es Winter, so zündete Schneeweißchen das Feuer am Herd und hing den Kessel an den Feuerhaken, und der Kessel war von Messing, aber so rein, dass er wie Gold glänzte. Abends, wenn die Flocken fielen, sagte die Mutter: »Geh hin, Schneeweißchen, und schieb den Riegel vor«, und dann setzten sie sich an den Herd, die Mutter nahm die Brille und las aus einem großen Buch vor, und die beiden Mädchen spannen und nähten, ein Lämpchen lag neben ihnen auf dem Boden, und hinter ihnen auf einer Stange saß ein weißes Täubchen und hatte seinen Kopf unter den Flügel gesteckt.

Nun trug es sich zu eines Abends, als sie beisammensaßen, dass jemand an die Tür klopfte, als wollte er eingelassen sein. Die Mutter sprach: »Mach auf, Rosenrot, es wird ein Wanderer sein, der Obdach sucht.« Rosenrot ging und schob den Riegel weg, aber es war kein Mensch, der eintrat, sondern ein schwarzer Bär streckte seinen dicken Kopf zur Tür herein. Rosenrot schrie laut und sprang zurück, das Lämmchen blökte, das Täubchen flatterte auf, und Schneeweißchen versteckte sich hinter der Mutter Bett.

Aber der Bär fing an zu sprechen und sagte: »Fürchtet euch nicht, ich tue euch nichts zuleid, ich will mich nur ein wenig an eurem Feuer wärmen.«

»So leg dich nur da hin«, antwortete die Mutter und rief die Kinder und sprach: »Schneeweißchen! Rosenrot!, kommt nur her, der Bär tut euch nichts, er meint's ehrlich.« Da kamen die Kinder herbei, und das Lämmchen und das Täubchen verloren auch die Furcht und näherten sich. Nach einem Weilchen sagte der Bär: »Seid doch so gut, ihr Kinder, und klopft mir den Schnee ein wenig aus meinem Pelzwerk heraus.« Sie holten den Besen und kehrten den Bären ab, der streckte sich hin und brummte ganz vergnügt. Sie wurden endlich ganz vertraulich, zausten ihm sein Fell mit den Händen oder setzten ihre kleinen Füßchen auf ihn und walgerten ihn hin und her oder holten eine Gerte und schlugen damit auf ihn los. Der Bär ließ sich alles gefallen, nur, wenn sie's gar zu arg machten, rief er:

»Lasst mich nur am Leben,
Schneeweißchen! Rosenrot!
Schlägst dir den Freier tot!«

Als Schlafenszeit war und die andern zu Bett gingen, sagte die Mutter zum Bär: »Du kannst in Gottes Namen da am Herd liegenbleiben, so bist du vor dem Wetter geschützt.« Am andern Morgen, als es Tag war, ließen ihn die Kinder wieder hinaus, und er trabte über den Schnee fort in den Wald. Von nun an kam der Bär jeden Abend zu der bestimmten Stunde und legte sich an den Herd, und sie waren so gewohnt an ihn, dass die Türe abends nicht eher zugeriegelt wurde, als bis der schwarze Gast angelangt war.

Als das Frühjahr herangekommen und draußen alles grün war, sagte der Bär eines Morgens: »Nun muss ich fort und darf den ganzen Sommer nicht wiederkommen.«

Sprach Schneeweißchen: »Wo gehst du hin?«

»Ich muss in den Wald und meine Schätze vor den Zwergen hüten, im Winter, wenn die Erde hart gefroren ist, da müssen sie unten bleiben und können nicht durchbrechen, aber jetzt steigen sie heraus, suchen und stehlen, und was sie einmal in ihre Höhlen getragen haben, das kommt so leicht nicht wieder an den Tag.« Da öffnete ihm Schneeweißchen die Türe, und als der Bär sich hinausdrängte, blieb er an einem Türhaken hängen, und ein Stück von seiner Haut riss auf, und da war es Schneeweißchen, als hätte es Gold durchschimmern gesehen, aber es wusste es nicht recht, weil der Bär eilig fortgelaufen war.

Nach einiger Zeit sagte die Mutter: »Geht, Kinder, und sammelt Reisig, unser Vorrat ist bald zu Ende.« Als sie draußen im Wald waren, sahen sie einen großen Baum, der gefällt auf der Erde lag, und an dem Stamm, zwischen dem Gras, sprang etwas auf und ab, sie konnten aber nicht unterscheiden, was es war. Sie gingen näher herzu und sahen einen Zwerg mit einem alten und verwelkten Gesicht und einem Bart, der ellenlang und schneeweiß war. Aber das Ende des Barts war in eine Spalte des Baumstammes eingeklemmt, und der Kleine sprang hin und her, wie ein Hündchen an einem Riemen, und wusste nicht, wie er sich helfen sollte. Er glotzte die Mädchen mit seinen roten, feurigen Augen an und rief: »Was steht ihr da, könnt ihr nicht herbeigehen und mir Beistand leisten!«

»Was hast du denn angefangen, du kleines Männchen?«, fragte Rosenrot. »Neugierige Geschöpfe!«, antwortete der Zwerg, »den Baum da habe ich mir spalten wollen, um kleines Holz zum Kochen zu haben, bei einem dicken Klotz verbrennt gleich das bisschen Speise, das unsereiner braucht. Ich hatte einen Keil hineingetrieben, aber das verwünschte Stück Holz muss zu glatt gewesen sein, es sprang wieder heraus, und da fuhr der Baum wie der Blitz zusammen, und ich konnte nicht geschwind wieder zurück, da ist das Ende von meinem schönen, weißen Bart stecken geblieben. Ihr habt gut lachen mit euren albernen, glatten Milchgesichtern, pfui!, wie garstig seid ihr!« Die Kinder zogen an dem Bart, aber umsonst, er steckte zu fest. »Ich will laufen und Leute holen«, sagte Rosenrot. »Ei was«, schnarrte der Zwerg, »wer wird gleich Leute herbeirufen, das wäre mir gelegen, dumme Gänse!, wisst ihr keinen bessern Rat!«

»Warte«, sprach Schneeweißchen, »ich will dir helfen«, holte seine Schere aus der Tasche und schnitt das Ende des Barts ab. Als der Zwerg sich frei fühlte, griff er nach einem Sack Gold, der unter dem Baum lag, brummte dabei: »Ungeschlachtes Volk!, schneidet mir ein Stück von dem prächtigen Bart ab, lohn's euch der Guck[g]uck!«, schwang den Sack auf seinen Rücken und ging fort, ohne zu den Kindern ein Wort Dank zu sagen oder sie nur einmal noch anzusehen.

Ein andermal wollten Schneeweißchen und Rosenrot ein

paar Fische zum Abendessen mit der Angel fangen. Als sie sich dem Bache näherten, sahen sie, dass etwas, wie eine Heuschrecke, in großen Sprüngen nach dem Wasser zu hüpfte, als wollte es hinein. Sie liefen herzu und erkannten den Zwerg. »Was hast du vor?«, fragte Rosenrot. »Seht ihr's denn nicht? Der verwünschte Fisch zieht mich ins Wasser.« Der Kleine hatte geangelt und der Wind seinen Bart mit der Angelschnur verflochten, nun hatte unglücklicherweise ein großer Fisch angebissen, und der Zwerg war nicht mächtig genug, ihn herauszuziehen, sondern der Fisch behielt die Oberhand und zog den Zwerg zu sich. Zwar hielt sich dieser an allen Halmen und Binsen fest, aber es half nicht, er musste dem Fisch folgen und einen Sprung nach dem andern machen. Die guten Kinder kamen noch zu rechter Zeit und hielten den Kleinen fest; denn ein wenig später, so lag er im Wasser und es war um ihn geschehen. Sie versuchten, den Bart von der Angelschnur freizumachen, aber es war nicht möglich, so sehr waren beide ineinander verwirrt. Es blieb nichts anderes übrig, als dass sie die Schere wieder hervorholten und den Bart abschnitten, dabei ging aber ein kleiner Teil dessen verloren. Als der Zwerg das sah, schrie er sie an: »Ihr Lorche, ist das Manier, einem das Gesicht zu schänden, erst habt ihr mir den Bart unten abgestutzt, jetzt schneidet ihr den schönsten Teil davon weg; ich darf mich ja vor den Meinigen nicht mehr sehen lassen! So wollt' ich, dass ihr laufen müsstet und die Schuhsohlen verloren hättet!« Dann griff er nach einem Sack Perlen, der da im Schilfe lag, und stillschweigens, ohne weiter ein Wort zu sagen, schleppte er ihn fort und verschwand unter einem Stein.

Abermals, nicht lange darnach, schickte die Mutter die beiden Kinder nach der Stadt, sie sollten Zwirn und Nadeln, Schnüre und Bänder einkaufen. Als sie auf einer Heide anlangten, auf der hier und da große Felsenstücke lagen, sahen sie einen großen Vogel in der Luft, der langsam in Kreisen über ihnen sich schwang, und immer tiefer senkte, bis er endlich nicht weit bei einem Felsen niederstieß. Gleich darauf hörten sie ein erbärmliches Geschrei. Sie liefen herzu und sahen mit Erstaunen, dass der Adler den wohlbekannten Zwerg gehackt hatte, welcher eben aus einer Öffnung im Stein hervorgestiegen war, und dass er ihn forttragen wollte. Die mitleidigen Kinder packten gleich das Männchen fest und zerrten sich so lange mit dem Adler herum, bis er seine Beute musste fahren lassen. Als der Zwerg sich vom ersten Schrecken erholt hatte, sprach er: »Konntet ihr mich nicht säuberlicher angreifen, gerissen habt ihr an meinem Röckchen, dass es an mehr als einer Stelle Löcher bekommen hat, zu täppiges Gesindel!« Dann nahm er einen Sack mit Edelsteinen und schlüpfte wieder in seine Höhle. Die Mädchen waren an seinen Undank schon gewöhnt, setzten ihren Weg fort und verrichteten ihr Geschäft in der Stadt. Als sie beim Heimweg wieder auf die Heide kamen, überraschten sie den Zwerg, der wohl gedacht hatte, so spät würde niemand mehr des Weges gehen. Er hatte sich ein reinliches Plätzchen ausgesucht und seinen Sack mit Edelsteinen ausgeschüttet. Da lagen sie ringsherum, und weil die Abendsonne drüber hinschien, schimmerten sie so prächtig in allen Farben, blau, rot, grün und gelb, dass die Kinder stehen blieben und sie betrachteten. »Was steht ihr da und habt Maulaffen feil!«, schrie der Zwerg ärgerlich und wollte sie weiter ausschelten, als er etwas brummen hörte und in dem Augenblick auch ein Bär aus dem Wald dahertrabte. Erschrocken sprang er auf und wollte entfliehen, aber er konnte nicht mehr zu seinem Schlupfwinkel gelangen, der Bär war zu nah. Da rief er in Herzensangst: »Lieber Herr Bär, verschont mich, und ich will Euch alle meine Schätze geben, alle die Edelsteine, die da liegen; was habt Ihr an mir armem, kleinen Kerl, Ihr spürt mich nicht in den Zähnen, aber die beiden Mädchen da, das ist ein zarter Bissen, fett wie junge Wachteln! Die fresst in Gottes Namen!« Der Bär kümmerte sich um seine Worte nicht und gab dem boshaften Geschöpf einen einzigen Schlag mit der Tatze, und es regte sich nicht mehr.

Die Mädchen waren fortgesprungen, aber der Bär rief ihnen nach: »Schneeweißchen!, Rosenrot!, fürchtet euch nicht, bleibt stehen und wartet, ich will mit euch gehen.« Sie erkannten die Stimme ihres alten Freundes und blieben stehen, da lief er herzu, und als er bei ihnen war, fiel die Bärenhaut von ihm ab, und ein prächtiger, ganz in Gold gekleideter Königssohn stand vor ihnen und erzählte, er sei verwünscht worden und erst durch den Tod des bösen Zwergs erlöst. Und Schneeweißchen ward seine Gemahlin und Rosenrot mit dem Bruder des Königs vermählt und war ebenso reich; denn sie erhielt das Gold, die Perlen und Edelsteine, die der Zwerg in seiner Höhle zusammengetragen hatte. Und die alte Mutter lebte ganz glückselig bei ihnen, und die zwei Rosenbäumchen hatte sie mitgenommen, und sie standen vor ihrem Fenster und trugen jedes Jahr die schönsten Rosen, weiß und rot.

30. Vom großen Ziegenbock

An einem Winterabend saßen im Krug zu Hüpede vier Männer. Unter ihnen war einer, Grüne mit Namen, welcher in Gestorf wohnte und diesen Abend noch dorthin zurückmusste. Sie waren aber sehr betrunken und dachten an nichts, als plötzlich die Glocke zwölf schlug, und der Wirt Feierabend ansagte. Nun taumelten sie hinaus, und die drei Hüpeder rieten dem Gestorfer, nicht mehr nach Hause zu gehen, denn es sei nicht geheuer auf dem Wege. Er jedoch erwiderte: »Ich muss noch nach Gestorf, und sollte ich auf einem Ziegenbock hinreiten!« Jene nahmen Abschied, und er machte sich auf den Weg. Als er ein wenig gegangen war, kam er an einen alten Zaun, und an dem Zaune stand ein Ziegenbock, der war so groß wie ein Ochs, hatte einen entsetzlichen feurigen Bart und ganz ungeheure Hörner. Grüne war plötzlich nüchtern vor Schreck, und der Ziegenbock hockte ihn auf, lief mit ihm fort und lief so rasch, dass dem Reiter fast der Atem ausging. Doch anfänglich war's noch einigermaßen zu ertragen. Bald aber kamen sie in den Wald, und der Ziegenbock sprang immer mitten durch die dicksten Büsche, sodass Grüne gar arg zerrissen und an den Kleidern zerfetzt wurde. Er versuchte auch oft, sich an einem Strauche zu halten. Doch alle Mühe, vom Bock auf den Boden zu gelangen, war vergebens.

In kurzer Zeit hatten sie den Weg nach Gestorf zurückgelegt und waren bei Grünes Haus angelangt. Der Ziegenbock warf den ohnmächtigen Reitersmann in den Schuppen und war verschwunden. Der Reiter lag da eine halbe Stunde lang ohne Bewusstsein. Schließlich hörte seine Frau ihn ächzen und stöhnen und führte ihn ins Haus. Seitdem erscheint der große Ziegenbock jede Nacht um zwölf Uhr in Hüpede. Manchmal sitzt auch jemand darauf. In der letzten Zeit hat er sich seltener sehen lassen.

31. Wohl getan und schlecht gelohnt

Es war einmal ein Mann, der fuhr mit einem Schlitten in den Wald und wollte sich Holz holen; da begegnete ihm der Bär. »Gib mir dein Pferd oder sonst zerreiß ich alle deine Schafe diesen Sommer«, sagte der Bär.

»Ach, Gott steh mir bei!«, sagte der Mann. »Ich habe kein Stück Brennholz mehr im Hause; lass mich bloß erst diesen Schlitten heimfahren, denn sonst müssen wir alle totfrieren; morgen will ich mit dem Pferd wiederkommen.« Na, der Bär ließ ihn denn auch fahren; wenn er aber nicht wiederkäme, sagte er, dann sollt's kaputtgehen mit all seinen Schafen im Sommer.

Der Mann fuhr nun mit seinem Holz nach Hause; aber er war nicht sehr vergnügt über den Zeitdruck, wie man sich wohl denken kann. Unterwegs begegnete ihm der Fuchs.

»Warum bist du so betrübt?«, fragte der Fuchs ihn.

»Ach, mir ist der Bär im Wald begegnet«, sagte der Mann, »und ich hab ihm versprechen müssen, ihm morgen um diese Zeit mein Pferd zu bringen, sonst wollte er alle meine Schafe diesen Sommer zerreißen, sagte er.«

»Nichts weiter als das?«, fragte der Fuchs. »Willst du mir den fettesten Bock aus deinem Stall geben, so will ich dich von dem Bären befreien.«

Ja, das wollte der Mann gern und gab dem Fuchs sein Wort.

»Wenn du nun morgen mit deinem Pferd zu dem Bären kommst«, sagte der Fuchs, »so werde ich dort oben auf dem Berg jauchzen, und wenn dann der Bär dich fragt: ›Was ist das?‹, dann sagst du: ›Das ist Peter, der Schütz, der beste Jäger im ganzen Land‹, und nachher wirst du dir schon selbst weiterhelfen.«

Als nun am andern Tag der Mann mit seinem Pferd zu dem Bären in den Wald kam, hörte man es bald oben auf dem Berg jauchzen.

»Horch! Was ist das?«, fragte der Bär.

»Oh, das ist Peter, der Schütz, der beste Jäger im ganzen Land«, sagte der Mann, »ich erkenne ihn an der Stimme.«

»Hast du keinen Bären hier gesehen, Erich?«, rief es durch den Wald.

»Sag nein«, sagte der Bär.

»Nein, ich habe keinen Bären gesehen«, sagte Erich.

»Was ist denn das, was da neben dir steht?«, rief es im Walde.

»Sag, es ist ein alter Kienstamm«, flüsterte der Bär.

»Oh, es ist nur ein alter Kienstamm«, sagte Erich.

»Solche Kienstämme pflegen wir bei uns auf den Schlitten zu werfen«, rief es im Walde. »Kannst du's nicht allein, so will ich kommen und dir helfen.«

»Sag, du kannst dir schon selbst helfen und wirf mich auf den Schlitten«, sagte der Bär.

»Nein, danke! Ich kann mir schon selbst helfen«, sagte der Mann und warf den Bären auf den Schlitten.

»Solche Kienstämme pflegen wir nachher mit dem Strick festzubinden«, rief es im Walde. »Soll ich dir helfen?«

»Sag, du kannst dir schon selbst helfen und binde mich fest«, sagte der Bär.

»Nein, danke! Ich kann mir schon selbst helfen«, sagte der Mann und band den Bären fest mit all den Stricken, die er bei sich hatte, sodass er kein Glied rühren konnte.

»Und nachher, wenn wir sie festgebunden haben, pflegen wir in solche alte Kienstämme unsere Axt zu hauen«, rief's im Walde, »dann steuern wir besser über die großen Berge.«

»Tu, als ob du deine Axt in mich hautest«, flüsterte der Bär.

Da nahm der Mann seine Axt und zerspaltete damit dem Bären die Hirnschale, sodass er nicht mehr muckte. Darauf kam Reineke hervor, und sie wurden gute Freunde miteinander.

Als sie nicht mehr weit von dem Gehöft waren, sagte der Fuchs: »Ich habe keine Lust, dir weiter zu folgen, denn ich kann deine Hunde nicht gut vertragen; ich will aber hier auf dich warten, dann kannst du mir den Bock herbringen; nimm aber einen, der schön fett ist.«

Der Mann gab ihm sein Versprechen und dankte ihm für seine Hilfe; und als er sein Pferd in den Stall gezogen hatte, ging er hinüber zu dem Schafstall.

»Wo willst du hin?«, fragte seine Frau.

»Oh, ich will nur in den Schafstall und einen fetten Bock

für den Fuchs holen, der mein Pferd gerettet hat«, sagte der Mann, »denn ich hab es ihm versprochen.«

»Der Henker sollte dem Schelm einen Bock geben!«, sagte die Frau. »Unser Pferd haben wir ja und den Bären dazu, und der Fuchs hat uns gewiss schon mehr Gänse gestohlen, als der Bock wert ist, und hat er's noch nicht getan, so kann er's wohl noch tun. Nein«, sagte sie, »steck lieber ein paar von deinen bösesten Hunden in den Sack und schick ihm die auf den Pelz, dann werden wir den alten Schelm vielleicht dazu los.«

Das schien dem Mann ein guter Rat, und er steckte zwei seiner bösesten Hunde in den Sack, und damit ging er fort.

»Hast du den Bock?«, fragte der Fuchs.

»Ja, komm und nimm ihn!«, sagte der Mann, machte seinen Sack auf und ließ die Hunde heraus.

»Houf!«, sagte der Fuchs und nahm einen Satz. »Es ist wohl wahr, was ein altes Sprichwort sagt: ›Wohl getan wird schlecht gelohnt‹«, und schwang die Fersen, während die Hunde hinter ihm drein waren.

32. Warm und kalt aus einem Mund

Es war einmal ein Mann, der schlug tief im Walde Holz. Zu diesem kam ein Waldmännlein, das gar freundlich zu ihm sprach. Es war aber sehr kalt, denn es war mitten im Winter, und den Mann, der Holz hackte, fror es sehr an seinen Händen. Oft legte er die Axt beiseite und hauchte in die hohlen Hände, um sie dadurch zu erwärmen. Das Waldmännlein sah dies und fragte ihn, was das zu bedeuten habe. Der Holzfäller erklärte ihm, dass er durch den Hauch seines Mundes seine erfrorenen Hände erwärmen wolle. Das Männlein glaubte es und war mit der Antwort zufrieden.

Da kam endlich die Mittagszeit, und der Holzfäller

machte sich dran, am Feuer sein Mittagsmahl zu bereiten, und kochte sich den fetten Schmarren. Noch immer war das Waldmännlein bei ihm und sah ihm neugierig zu. Der Holzfäller aber hatte großen Hunger und wollte nicht warten, bis die Speise abgekühlt war, sondern er aß davon vom Feuer her. Da die Speise aber noch recht heiß war, blies er mit seinem Munde auf jeden Löffel voll. Das Waldmännlein verwunderte sich darüber und sagte: »Ist der Schmarren vom Feuer her nicht warm genug, dass du noch daranbläst wie an deine erfrorenen Hände?« Der Holzfäller aber erklärte ihm, dass er dies tue, um den heißen Bissen abzukühlen. Das konnte das Waldmännlein nicht mehr fassen. Es sprach zum Holzfäller: »Du bist ein unheimliches Wesen. Aus deinem Munde kommt bald warm, bald kalt, bei dir mag ich nicht länger verweilen.« Und augenblicklich ging das Waldmännlein davon.

33. Der Wolf und der Fuchs

Einmal war es im Winter ein sehr kalter Tag, da hatte der Wolf wieder einen entsetzlichen Hunger. Er lief daher allerwege im Walde herum, bis dass er endlich an einen Teich kam, allwo die Fischer große Fässer hatten und taten viel gefangene Fische hinein, die sie aus den Löchern im Eis gefischt hatten. Endlich, als sie nun voll waren, fuhren sie damit ab. Das sah der Wolf und lief in einer Entfernung hinter dem Wagen her und gab acht, ob nichts aus den Fässern heraushüpfen würde, weil sie oben offen waren. Endlich hüpften so viele Fische heraus, dass er sich satt fressen konnte. Einige davon nahm er mit sich, ging in den Wald, und augenblicks begegnete ihm der Fuchs, und da dieser die schönen Fische sah, sagte er: »Ei guten Tag, lieber Wolf, wo habt Ihr die schönen Fische her? Ich habe fürchterlichen

Hunger. Sag mir doch, wo du solche geholt hast, damit ich mir auch holen kann!«

»Ich habe sie im großen Teich gefangen. Du darfst nur hingehen und deinen Schwanz ins Wasser tauchen und ein Weilchen warten, dann werden sich eine Menge Fische daran festsetzen, und du kannst so viel herausfangen, als du nur magst.« Der Fuchs sagte, das sei leichte Mühe, bedankte sich beim Wolf und lief schnell zum Teich, hielt seinen Schwanz ins Wasser und dachte recht lange zu warten, damit sich auf einmal eine Menge ansetzen sollten. Als er beinahe eine Stunde gewartet hatte, wollte er endlich ziehen. Aber da war der Schwanz so fest ins Eis eingefroren, dass er nicht mehr herauszubringen war. Er biss und kratzte gewaltig um sich herum, aber das half nichts. Da kamen auf einmal die Fischer herbei und wollten noch mehr Fische fangen, sahen also den Fuchs, der im Eise eingefroren war, nahmen hierauf die dicksten Prügel und schlugen ihm rechts und links auf sein rotes Fell, und zwar so arg, dass er endlich den Schwanz im Stiche lassen musste. So kam er nun beinah totgeschlagen zum Wolf in den Wald.

»Du siehst ja abscheulich aus«, sagte der Wolf.

»Ja, ich hatte kaum ein Viertelstündchen am Wasser gesessen, da war mir auf einmal hinten alles angefroren, und als ich mich losarbeiten wollte, kamen die Fischerleute und hieben so unbarmherzig auf mich, bis dass ich meinen Schwanz verloren und mit zerzaustem Fell die Flucht ergreifen musste und froh war, nur mit dem Leben davongekommen zu sein.«

»Du hast auch gar zu lang gewartet«, sprach der Wolf zu ihm, »und hättest mit weniger Fischen vorliebnehmen sollen.« Dann trennten sie sich, und der Wolf lachte heimlich und war erfreut, dass der naseweise Fuchs auch einmal etwas abbekommen hatte.

34. Das sechsfüßige Elentier

Einst, als Tunk-poch noch im Himmel lebte, unternahm er eine Jagd auf Elentiere, die zu jenen Zeiten noch mit sechs Füßen ausgestattet waren und daher schneller laufen konnten als heute. Da solch ein Elentier auf gewöhnlichen Schneeschuhen nicht einzuholen war, verfertigte Tunk-poch sich Schneeschuhe aus dem Holz eines heiligen Baumes. Dieser Baum war mit feinen länglichen Ritzen versehen, wodurch er von selbst und ohne äußere Ursache knarren und Laute von sich geben konnte.

Ein Hund, der zufällig an einem solchen Baum vorbeilief, musste stehen bleiben und den Baum stundenlang anbellen. Dadurch wurde man auf das Vorhandensein eines solchen Baumes im Wald aufmerksam gemacht. Die aus dessen Holz verfertigten Schneeschuhe vermochten ihren Besitzer pfeilschnell fortzutragen, dafür war es aber auch keine leichte Sache, ihren Lauf zu hemmen. Als daher Tunk-poch sich solche Schneeschuhe verfertigt hatte, schlug er, um sie lenken zu können, ein paar hölzerne Keile ein, die als Hemmschuhe dienen sollten. Wenn er schneller laufen wollte, dann brauchte er nur einige oder alle Hölzer aus den Schneeschuhen herauszuziehen; wenn er die Keile wieder in die Schuhe steckte, dann wurde sein Lauf langsamer.

Auf diesen Schneeschuhen verfolgte nun Tunk-poch ein sechsfüßiges Elentier über den ganzen Himmel. Um seinem unermüdlichen Verfolger zu entgehen, lief das gehetzte Tier an der steinernen Landspitze bei Samarowo vom Himmel auf die Erde herunter und wurde hier von dem wilden Jäger eingeholt, der dem todmüden Tier die beiden Hinterfüße abhieb.

»Das Menschengeschlecht wird immer kleiner und schwächer«, sagte er, »wie wird es ihm gelingen, sechsfüßige Elentiere zu erbeuten, wenn das selbst für mich keine leichte

Sache ist? Mögen von nun an alle Elentiere und andere Tiere nur vier Füße haben.«

Und sein Wille geschah. Das Elentier sprang indessen auf und lief nach Norden zu.

Da Tunk-poch beim Herabsteigen auf die Erde an der genannten Landspitze einen seiner Schneeschuhe zerbrochen hatte, musste er die Jagd auf dem andern allein fortsetzen, aus dem er nun alle Keile herauszog. Bei der Stadt Obdorsk hatte er das Tier wieder eingeholt. Das Elentier war nicht mehr imstande, sich weiterzubewegen und flehte Gott an, er möge es erretten. Und der allmächtige Gott, der die Gebete aller Geschöpfe erhört, verwandelte es in einen großen Stein.

35. Die Lampe von Schandel

An verschiedenen Stellen auf dem Bann von Schandel wurde nachts eine kleine Lampe gesehen. Eine Frau aus dem Dorf sah dieselbe zweimal um Mitternacht in dem »Kircherpescher«. Sie erzählt, es sei eine kleine Flamme, die, obgleich heftiger Wind war, weder größer noch kleiner wurde.

Ein Taglöhner aus dem Dorfe ging nach altem Brauch um drei Uhr morgens zu kalter Winterszeit in die Scheune eines Bauern dreschen. Auf der »Tommel« gewahrte er ein Licht hinter sich, das ihm schnell nachflog. In seiner Angst rannte der Mann so heftig gegen den »Hirzel« der Scheuerpforte, dass er sich den Kopf eingestoßen hätte, wenn der Hirzel noch verriegelt gewesen wäre. Da war die Lampe verschwunden.

Zwei Männer von Schandel erblickten dieselbe auf dem Felde und bemerkten, wie sie bald hoch in den Lüften flog und einem strahlenden Sterne glich, bald wieder sich senkte, dann umherkreiste und alle möglichen Figuren in der Luft zog.

36. Das Märchen vom Schlaraffenland

Hört zu, ich will euch von einem guten Lande sagen, dahin würde mancher auswandern, wüsste er, wo selbes läge und eine gute Schiffsgelegenheit. Aber der Weg dahin ist weit für die Jungen und für die Alten, denen es im Winter zu heiß ist und zu kalt im Sommer. Diese schöne Gegend heißt Schlaraffenland, auf Welsch Cucagna, da sind die Häuser gedeckt mit Eierfladen, und Türen und Wände sind von Lebzelten und die Balken von Schweinebraten. Was man bei uns für einen Dukaten kauft, kostet dort nur einen Pfennig. Um jedes Haus steht ein Zaun, der ist von Bratwürsten geflochten und von bayerischen Würsteln, die sind teils auf dem Rost gebraten, teils frisch gesotten, je nachdem sie einer so oder so gern isst. Alle Brunnen sind voll Malvasier, und andre süße Weine, auch Champagner, die rinnen einem nur so in das Maul hinein, wenn er es an die Röhren hält. Wer also gern solche Weine trinkt, der eile sich, dass er in das Schlaraffenland hineinkomme. Auf den Birken und Weiden da wachsen die Semmeln frischbacken, und unter den Bäumen fließen Milchbäche; in diese fallen die Semmeln hinein und weichen sich selbst ein für die, so sie gern einbrocken; das ist etwas für Weiber und für Kinder, für Knechte und Mägde! Holla Gretel, holla Steffel! Wollt ihr nicht auswandern? Macht euch herbei zum Semmelbach und vergesst nicht, einen großen Milchlöffel mitzubringen.

Die Fische schwimmen in dem Schlaraffenlande obendrauf auf dem Wasser, sind auch schon gebacken oder gesotten und schwimmen ganz nahe am Gestade; wenn aber einer gar zu faul ist und ein echter Schlaraff, der darf nur rufen

»bst! bst!« – so kommen die Fische auch heraus aufs Land spaziert und hüpfen dem guten Schlaraffen in die Hand, dass er sich nicht zu bücken braucht.

Das könnt ihr glauben, dass die Vögel dort gebraten in der Luft herumfliegen, Gänse und Truthähne, Tauben und Kapaunen, Lerchen und Krammetsvögel, und wenn es zu viel Mühe macht, die Hand darnach auszustrecken, dem fliegen sie schnurstracks ins Maul hinein. Die Spanferkel geraten dort alle Jahr überaus trefflich; sie laufen gebraten umher, und jedes trägt ein Tranchiermesser im Rücken, damit, wer da will, sich ein frisches, saftiges Stück abschneiden kann.

Die Käse wachsen in dem Schlaraffenlande wie die Steine, groß und klein; die Steine selbst sind lauter Taubenkröpfe mit Gefülltem oder auch kleine Fleischpastetchen. Im Winter, wenn es regnet, so regnet es lauter Honig in süßen Tropfen, da kann einer lecken und schlecken, dass es eine Lust ist, und wenn es schneit, so schneit es klaren Zucker, und wenn es hagelt, so hagelt es Würfelzucker, untermischt mit Feigen, Rosinen und Mandeln.

Im Schlaraffenland legen die Rosse keine Rossäpfel, sondern Eier, große, ganze Körbe voll, und ganze Haufen, sodass man tausend um einen Pfennig kauft. Und das Geld kann man von den Bäumen schütteln wie Kästen (gute Kastanien). Jeder mag sich das Beste herunterschütteln und das Minderwerte liegen lassen.

In dem Lande hat es auch große Wälder, da wachsen im Buschwerk und auf Bäumen die schönsten Kleider: Röcke, Mäntel, Schauben, Hosen und Wämser von allen Farben, schwarz, grün, gelb (für die Postillions), blau oder rot, und wer ein neues Gewand braucht, der geht in den Wald und wirft es mit einem Stein herunter oder schießt mit dem Bolzen hinauf. In der Heide wachsen schöne Damenkleider von Sammet, Atlas, Gros de Naples, Barège, Madras, Taft, Nanking und so weiter. Das Gras besteht aus Bändern von allen Farben, auch ombriert. Die Wacholderstöcke tragen Broschen und goldne Chemisett- und Mantelettnadeln, und ihre Beeren sind nicht schwarz, sondern echte Perlen. An den Tannen hängen Damenuhren und Chatelaines sehr künstlich. Auf den Stauden wachsen Stiefeln und Schuhe, auch Herren- und Damenhüte, Reisstrohhüte und Marabouts und allerlei Kopfputz mit Paradiesvögeln, Kolibris, Brillantkäfern, Perlen, Schmelz und Goldborten verziert.

Dieses edle Land hat auch zwei große Messen und Märkte mit schönen Freiheiten. Wer eine alte Frau hat und mag sie nicht mehr, weil sie ihm nicht mehr jung genug und hübsch ist, der kann sie dort gegen eine junge und schöne vertauschen und bekommt noch ein Draufgeld. Die alten und garstigen (denn ein Sprüchwort sagt: Wenn man alt wird, wird man garstig) kommen in ein Jungbad, damit das Land begnadigt ist, das ist von großen Kräften; darin baden die alten Weiber etwa drei Tage oder höchstens vier, da werden schmucke Dirnlein daraus von siebzehn oder achtzehn Jahren.

Auch viel und mancherlei Kurzweil gibt es in dem Schlaraffenlande. Wer hier zu Lande gar kein Glück hat, der hat es dort im Spiel und Lustschießen, wie im Gesellenstechen. Mancher schießt hier alle sein Lebtag nebenaus und weit vom Ziel, dort aber trifft er, und wenn er der Allerweiteste davon wäre, doch das Beste. Auch für die Schlafsäcke und Schlafpelze, die hier von ihrer Faulheit arm werden, dass sie bankrott machen und betteln gehen müssen, ist jenes Land vortrefflich. Jede Stunde Schlafens bringt dort einen Gulden ein und jedes Mal Gähnen einen Doppeltaler. Wer im Spiel verliert, dem fällt sein Geld wieder in die Tasche. Die Trinker haben den besten Wein umsonst, und von jedem Trunk und Schlunk drei Batzen Lohn, sowohl Frauen als Männer. Wer die Leute am besten necken und aufziehen kann, bekommt jeweil[s] einen Gulden. Keiner darf etwas umsonst tun, und wer die größte Lüge macht, der hat allemal eine Krone dafür.

Hierzulande lügt so mancher drauf und drein und hat nichts für diese seine Mühe; dort aber hält man Lügen für die beste Kunst, daher lügen sich wohl in das Land allerlei Prokura-, Dok- und andre Toren, Rosstäuscher und die ***r Handwerksleute, die ihren Kunden stets aufreden und nimmer Wort halten.

Wer dort ein gelehrter Mann sein will, muss auf einen Grobian studiert haben. Solcher Studenten gibt's auch bei uns zu Lande, haben aber keinen Dank davon und keine Ehren. Auch muss er dabei faul und gefräßig sein, das sind drei schöne Künste. Ich kenne einen, der kann alle Tage Professor werden.

Wer gern arbeitet, Gutes tut und Böses lässt, dem ist jedermann dort abhold, und er wird Schlaraffenlandes verwiesen. Aber wer tölpisch ist, gar nichts kann und dabei doch voll dummen Dünkels, der ist dort als ein Edelmann angesehen. Wer nichts kann als schlafen, essen, trinken, tanzen und spielen, der wird zum Grafen ernannt. Dem aber, welchen das allgemeine Stimmrecht als den Faulsten und zu allem Guten Untauglichsten erkannt, der wird König über das ganze Land und hat ein großes Einkommen.

Nun wisst ihr des Schlaraffenlandes Art und Eigenschaft. Wer sich also auftun und dorthin eine Reise machen will, aber den Weg nicht weiß, der frage einen Blinden; aber auch ein Stummer ist gut dazu, denn der sagt ihm gewiss keinen falschen Weg.

Um das ganze Land herum ist aber eine berghohe Mauer von Reisbrei. Wer hinein oder heraus will, muss sich da erst überzwerch durchfressen.

37. Reise nach Russland und St. Petersburg

Ich trat meine Reise nach Russland von Haus ab mitten im Winter an, weil ich ganz richtig schloss, dass Frost und Schnee die Wege durch die nördlichen Gegenden von Deutschland, Polen, Kur- und Livland, welche nach der Beschreibung aller Reisenden fast noch elender sind als die Wege nach dem Tempel der Tugend, endlich, ohne besondere Kosten hochpreislicher, wohlfürsorgender Landesregierungen, ausbessern müsste. Ich reiste zu Pferde, welches, wenn es sonst nur gut um Gaul und Reiter steht, die bequemste Art zu reisen ist. Denn man riskiert alsdann weder mit irgendeinem höflichen deutschen Postmeister eine Affaire d'honneur (Auseinandersetzung) zu bekommen noch von seinem durstigen Postillion vor jede Schenke geschleppt zu werden. Ich war nur leicht bekleidet, welches ich ziemlich übel empfand, je weiter ich gegen Nordost hin kam.

Nun kann man sich einbilden, wie bei so strengem Wetter, unter dem raschesten Himmelsstriche, einem armen, alten Manne zumute sein musste, der in Polen auf einem öden Anger, über den der Nordost hinschnitt, hilflos und schaudernd dalag und kaum hatte, womit er seine Schamblöße bedecken konnte.

Der arme Teufel dauerte mir von ganzer Seele. Ob mir gleich selbst das Herz im Leibe fror, so warf ich dennoch meinen Reisemantel über ihn her. Plötzlich erscholl eine Stimme vom Himmel, die dieses Liebeswerk ganz ausnehmend herausstrich und mir zurief. »Hol' mich der Teufel, mein Sohn, das soll dir nicht unvergolten bleiben!«

Ich ließ das gut sein und ritt weiter, bis Nacht und Dunkelheit mich überfielen. Nirgends war ein Dorf zu hören noch zu sehen. Das ganze Land lag unter Schnee; und ich wusste weder Weg noch Steg.

Des Reitens müde, stieg ich endlich ab und band mein Pferd an eine Art von spitzem Baumstaken, der über dem Schnee hervorragte. Zur Sicherheit nahm ich meine Pistolen unter den Arm, legte mich nicht weit davon in den Schnee nieder und tat ein so gesundes Schläfchen, dass mir die Augen nicht eher wieder aufgingen, als bis es heller lichter Tag war. Wie groß war aber mein Erstaunen, als ich fand, dass ich mitten in einem Dorf auf dem Kirchhofe lag! Mein Pferd war anfänglich nirgends zu sehen; doch hörte ich's bald darauf irgendwo über mir wiehern. Als ich nun emporsah, so wurde ich gewahr, dass es an den Wetterhahn des Kirchturms gebunden war und von da herunterhing. Nun wusste ich sogleich, wie ich dran war. Das Dorf war nämlich die Nacht über ganz zugeschneit gewesen; das Wetter hatte sich auf einmal umgesetzt, ich war im Schlafe nach und nach, so wie der Schnee zusammengeschmolzen war, ganz sanft herabgesunken, und was ich in der Dunkelheit für den Stummel eines Bäumchens, der über dem Schnee hervorragte, gehalten und daran mein Pferd gebunden hatte, das war das Kreuz oder der Wetterhahn des Kirchturmes gewesen.

Ohne mich nun lange zu bedenken, nahm ich eine von meinen Pistolen, schoss nach dem Halfter, kam glücklich auf die Art wieder an mein Pferd und verfolgte meine Reise.

Hierauf ging alles gut, bis ich nach Russland kam, wo es eben nicht Mode ist, des Winters zu Pferde zu reisen. Wie es nun immer meine Maxime ist, mich nach dem Bekannten »ländlich sittlich« zu richten, so nahm ich dort einen kleinen Rennschlitten auf ein einzelnes Pferd und fuhr wohlgemut auf St. Petersburg los. Nun weiß ich nicht mehr recht, ob es in Estland oder in Ingermanland war, so viel aber besinne ich mich noch wohl, es war mitten in einem fürchterlichen Walde, als ich einen entsetzlichen Wolf mit aller Schnelligkeit des gefräßigsten Winterhungers hinter mir ansetzen sah. Er holte mich bald ein; und es war schlechterdings unmöglich, ihm zu entkommen. Mechanisch legte ich mich platt in den Schlitten nieder und ließ mein Pferd zu unserm beiderseitigen Besten ganz allein agieren. Was ich zwar vermutete, aber kaum zu hoffen und zu erwarten wagte, das geschah gleich nachher. Der Wolf bekümmerte sich nicht im mindesten um meine Wenigkeit, sondern sprang über mich hinweg, fiel wütend auf das Pferd, riss ab und verschlang auf einmal den ganzen Hinterteil des armen Tieres, welches vor Schrecken und Schmerz nur desto schneller lief. Wie ich nun auf die Art selbst so unbemerkt und gut davongekommen war, so erhob ich ganz verstohlen mein Gesicht und nahm mit Entsetzen wahr, dass der Wolf sich beinahe über und über in das Pferd hineingefressen hatte. Kaum aber hatte er sich so hübsch hineingezwängt, so nahm ich mein Tempo wahr und fiel ihm tüchtig mit meiner Peitschenschnur auf das Fell. Solch ein unerwarteter Überfall in diesem Futteral verursachte ihm keinen geringen Schreck; er strebte mit aller Macht vorwärts, der Leichnam des Pferdes fiel zu Boden, und siehe, an seiner Statt steckte mein Wolf in dem Geschirre. Ich meines Orts hörte nun noch weniger auf zu peitschen, und wir langten in vollem Galopp gesund und wohlbehalten in St. Petersburg an, ganz gegen unsere beiderseitigen respektiven Erwartungen und zu nicht geringem Erstaunen aller Zuschauer. […]

38. Der Fuchs und der Hahn

In einer kalten Winternacht war ein hungriger Fuchs nach Speise ausgegangen und hörte einen Hahn krähen auf einem Baume bei einem Meierhofe. Da dachte er den mit List zu fangen, denn auf den Baum getraute er sich nicht zu steigen. Und er stellte sich unter den Baum und fragte: »Ei, Hahn, wie magst du so schön singen in dieser kalten Winternacht?«

»Ich verkünde den Tag,«, antwortete der Hahn.

»Was, den Tag?«, fragte der Fuchs verwundert, »es ist ja noch ganz finstere Nacht!«

»Ei,« erwiderte der Hahn, »weißt du denn nicht, dass wir Hähne eine ganz besondere Natur haben. Wir fühlen es schon im Voraus, wenn der Tag nahe ist, und verkünden seine Nähe dann.«

»Das ist gar etwas Göttliches«, rief der Fuchs, »das können nur Propheten! O Hahn, wie muss ich dich bewundern und deinen Gesang.«

Nun krähte der Hahn zum zweiten Mal. Da fing der Fuchs an zu tanzen.

Und der Hahn fragte ihn: »Warum tanzt du denn?«

Der Fuchs antwortete: »Du singst ein fröhliches Lied, und ich tanze vor Freude; man soll sich ja freuen mit den Fröhlichen. O Hahn, du bist der Fürst der Vögel! Du fliegst durch die Lüfte; du singst so schön, wie kein Vogel außer dir; du sagst gar künftige Dinge voraus; und ich sollte mich nicht freuen, dass ich einen so weisen Propheten habe kennengelernt? Wär' ich nur würdig, immer um dich zu sein. Du königlicher Vogel, du weiser Prophet! Komm doch herunter, dass ich dich nur einmal küsse; dass ich mich bei meinen Freunden rühmen kann, ich habe das Haupt eines Propheten geküsst!«

Und dem Hahn gefiel dies Lob so wohl, dass er sogleich vom Baum herabflog und dem Schmeichler, dem Fuchse, sein Haupt darbot.

Aber der Fuchs fasste ihn mit seinen Pfoten, und rief spottend: »Nein, nein, du bist kein weiser Prophet. Ich sehe, dass du nicht vorausssehen kanst, sonst hättest du auch gemerkt, dass ich dich nicht küssen wollte. Aber ich habe dich dennoch gar lieb.«

Und damit biss er ihm den Kopf vom Rumpf und verspeiste ihn.

39. Das Irrlicht und die wilde Jagd

Es ist ein allgemeiner Glaube, dass ungeborene und ungetaufte Kinder nicht in den Himmel aufgenommen werden, sondern als Irrlichter so lange wandern müssen, bis sie erlöst werden. Deshalb wurden sie früher nicht mitten auf dem geweihten Kirchhof beerdigt, sondern mussten in einem Winkel an der Kirchhofsmauer eingescharrt werden. Die stille Bestattung ging in der Regel in der Abenddämmerung vor sich.

Von der Erlösung eines solchen Irrlichtes wird in Wusseken Folgendes erzählt.

Um seine Familie zu ernähren, ging ein armer Tagelöhner den ganzen Winter hindurch in den Wald, um Holz zu fällen. In einer Nacht schien der Mond gar helle; der Mann erwachte und meinte, es sei schon Morgen. Er hieß deshalb seine Frau aufstehen, dass sie ihm das mitzunehmende Essen fertig mache. Als er sich dem Walde näherte, hörte er plötzlich die wilde Jagd herannahen, und nun merkte er erst, dass er sich noch in der Geisterstunde befinde. An Umkehren war nicht mehr zu denken. Im Nu zeichnete der fromme Mann einen großen Kreis um sich, bekreuzte ihn und sich und stellte sich dann in die Mitte desselben. Nicht lange währte es, da kam ihm ein Kindlein zwischen die Füße gerannt und bat ihn, er solle es doch nicht den ihm nacheilenden wilden Jägern herausgeben, denn wenn sie es in dieser Stunde bekämen, so wäre es auf ewig verloren; liefere er es aber nicht aus, dann sei es erlöst und werde in den Himmel aufgenommen. Dann erzählte es, dass seine Mutter eine Hure sei und es gleich nach der Geburt ersäuft habe. Kaum hatte das Kind geendet, da standen auch schon drei starke, schwarze Jägerhunde mit blitzenden, feuersprühenden Augen hart am Kreise, Mann und Kind eine geraume Weile schweigend anblickend und dann weitertrabend. Gleich darauf erschienen drei Jäger und verlangten die Herausgabe des Kindes, aber trotz aller Drohungen lehnte der Mann das ab. Da nahmen sie zu Versprechungen ihre Zuflucht; einer von den Jägern hielt eine schwere Geldkatze empor und bot sie als Preis für die Auslieferung. Doch umsonst, der Arbeiter blieb allen Verlockungen gegenüber standhaft. Da fiel plötzlich dem Verfolger die Geldkatze aus der Hand und blieb in dem geweihten Kreise liegen. Sofort forderten die Jäger nun entweder das Kind oder die Geldkatze; aber der Tagelöhner antwortete, sie sollten ihr Geld nur selber nehmen, wenn sie es haben wollten, er hätte sie ja gar nicht darum gebeten. Das konnten sie aber nicht, und nachdem sie sich noch eine Weile mit dem Manne herumgezankt hatten, war ihre Zeit aus, und sie mussten weichen. Das Kind war gerettet. Nachdem es seinem Beschützer gedankt, bat es ihn, die Augen zu schließen, da es jetzt fort müsse; aber der Mann meinte, da er es gerettet habe, müsse er nun auch sehen, wo es bleibe. Erst nach vielem Drängen entschloss sich der Mann, ihm nur mit einem Auge nachzuschauen. Und siehe, da tat sich der Himmel auf, und das Kind ging ein in die Hütten des ewigen Friedens. Der Tagelöhner aber erblindete von dem Glanz der geschauten Herrlichkeit auf dem geöffneten Auge. Froh, ein gutes Werk getan zu haben, hob er die Geldkatze auf und ging heim. Fortan war er ein reicher Mann und brauchte nicht mehr zum Holzschlagen zu gehen.

40. Die Elben und Helga die Bauerntochter

Einst lebten reiche Eheleute auf einem Hofe östlich im Gnupverjahreppur. Sie hatten zwei Töchter, von denen hier erzählt werden soll; die ältere war der Liebling der Eltern, die andere aber, mit Namen Helga, wurde zurückgesetzt. Auf diesem Gehöfte ruhte das Verhängnis, dass derjenige, der in der Christnacht das Haus gehütet hatte, gewöhnlich am Weihnachtsmorgen tot wiedergefunden wurde, sodass niemand mehr daheimbleiben wollte. Einmal wollten auch wieder alle Leute zum Gottesdienst nach der Kirche. Sie zogen in der Morgenfrühe des Heiligabends von dannen, um zur Abendmesse zu gehen, und wollten am Weihnachtstage nach dem Gottesdienst zurückkehren. Die Eheleute befahlen Helga zu Hause zu bleiben, um die Kühe zu melken, über das Vieh zu wachen und zur Weihnachtsfeier Hängefleisch zu kochen. Sie meinten, es wäre kein großer Schade, wenn sie verloren ginge, falls es sich so fügen sollte. Damit machten sich die Kirchgänger auf den Weg, und Helga blieb allein zu Hause.

Sie besorgte nun zuerst das Vieh und melkte die Kühe am Morgen des Heiligabends. Darauf fegte sie gewissenhaft das ganze Haus und begann, das Weihnachtsfleisch zu kochen. Sie war mit dieser Arbeit noch nicht weit gekommen, da sah sie ein ziemlich kleines Kind mit seinem Schüsselchen in der Hand in die Küche kommen. Das Kind grüßt sie, und sie dankt freundlich. Dann bittet das Kind, Helga möge ihm doch etwas Fleisch und ein wenig fette Brühe dazu geben, und reicht ihr den Napf hin. Helga erfüllt diese Bitte, obwohl die Mutter, ehe sie an diesem Tage fortging, ihr streng verboten hatte, von dem Fleisch oder Fett etwas zu essen oder fortzugeben. Als Helga dem Kinde das Verlangte gegeben hatte, sagte das Kind Lebewohl und trippelte mit seinem Schüsselchen wieder hinaus. So verging nun der Tag, und am Abend beendete Helga alle Außenarbeit, zündete sich in der Wohnstube Licht an, zog ihre Schuhe aus und setzte sich in das Bett ihrer Eltern, wo sie in einem Buche zu lesen begann.

Als eine kleine Weile vergangen ist, hört sie draußen lauten Lärm und Menschenstimmen und nimmt bald wahr, dass es im Hause lebendig wird. Es kommt nun ein Getümmel von unbekannten Menschen herein; die Wohnstube füllt sich mit diesen Gästen und alle Sitzplätze in derselben, sodass Helga vor dem Gedränge kaum weiß, wo sie bleiben soll. Sie bemerkte auch, dass es vorn im Hause und in allen Gebäuden des Hofes ebenso voll ist. Nachdem die Leute sich alle untergebracht haben, beginnen sie sich mit allerlei Gaukelspiel und Lustbarkeit zu ergötzen. Um Helga kümmern sie sich gar nicht, als sähen sie dieselbe nicht oder als sei sie nicht vorhanden. Sie achtete ebenso wenig auf die Gäste, sondern las beständig in ihrem Buche. Als sie glaubte, dass es ungefähr Zeit dazu sei, wollte sie hinaus und die Kühe melken, denn es war Sitte, zur Abendzeit zu melken, wie es jetzt noch vielerorten geschieht. Sie vermochte sich aber durch das Gedränge nicht hindurchzuwinden.

Ein Mann befand sich in der Stube, der war viel größer als alle andern. Er war nicht mehr ganz jung und hatte einen großen Bart. Dieser Mann rief nun den übrigen zu, sie sollten beiseiteweichen und Helga ihre Schuhe nehmen lassen und ihr Platz machen, damit sie durch die Wohnstube und das Haus gehen könne. Das taten die Leute, und Helga ging nun im Dunkeln hinaus, denn das Licht ließ sie bei den Gästen zurück. Wie sie in den Stall gekommen ist und begonnen hat, die Kühe zu melken, hört sie, dass jemand kommt und sie grüßt, wofür sie freundlich dankt. Der Eingetretene bittet sie nun, sich mit ihm in das Heu zu setzen, aber dem widersetzt sich Helga. Er wiederholt seine Bitte mehrere Male, Helga aber weist ihn entschieden zurück. Da geht er wieder hinaus, und Helga fährt fort zu melken. Bald darauf hört sie wieder, dass jemand in den Stall kommt. Sie wird abermals gegrüßt und bemerkt, dass dies eine Frau ist. Sie erwidert ihren Gruß freundlich. Die Gekommene aber bedankt sich nun bei Helga herzlich für die ihrem Kinde erzeigte Wohltat sowie auch dafür, dass sie die Bitte ihres Mannes, die dieser im Stall an sie gerichtet, nicht erfüllt habe. Und dabei reicht sie ihr ein Kleiderbündel und bittet sie, dasselbe für diese ihr erwiesenen Dienste zu behalten. »Es ist mein Wille«, sagt die fremde Frau, »dass diese Kleider dazu sein sollen, dass du sie an deinem Ehrentage tragest, auch ist ein Gürtel dabei, der dir nicht zur Schande gereichen wird. Du wirst eine glückliche Frau werden«, fährt sie fort, »und einen Bischof zum Manne bekommen. Du darfst aber diese Kleider nicht fortgeben und sie auch nicht eher tragen, als bis du heiratest.« Helga nimmt den Packen und dankt für das Geschenk. Die Frau geht nun hinaus, und sobald Helga im Stalle fertig ist, kehrt sie ins Haus zurück. Niemand belästigte sie, vielmehr gaben ihr die Leute im Hause Raum zum Gehen. Sie setzte sich wieder aufs Bett und begann zu lesen.

Gegen Morgen zogen die Gäste nach und nach von dannen, und bei Tagesanbruch waren alle fort; sie taten, als sähen und hörten sie Helga gar nicht, und diese machte es mit ihnen ebenso. Sobald sie allein war, untersuchte sie das Bündel, und da fand sie, dass die Ehefrau ihr die allerkostbarsten Gewänder gegeben hatte; der Gürtel aber übertraf alles Übrige. Sie verwahrte die Sachen nun sorgfältig.

Am Weihnachtstage beendete Helga zunächst sämtliche Morgengeschäfte und war mit allem fertig, als die Leute aus der Kirche heimkehrten. »Das war zu erwarten, dass sie noch leben würde, denn wenn sie gestorben wäre, so wäre das kein Verlust gewesen«, sagten die Eltern, als sie heimkamen und sahen, dass Helga unversehrt geblieben war. Sie wurde nun streng ausgefragt, was sie in der Nacht verlebt habe. Sie wollte nicht recht mit der Sprache heraus, doch zeigte sie ihren Eltern und allen andern die Kleider, welche die Elbenfrau ihr geschenkt hatte. Alle staunten über die Kleider und besonders über den Gürtel, und ihre Mutter und Schwester wollten ihr die Sachen nun fortnehmen, indem sie meinten, für sie zieme sich nicht solcher Staat.

Helga aber gab sie nicht her, sondern verwahrte sie sorgfältig in einer Kiste, die sie besaß.

Nun verstrich die Zeit, und nichts trug sich zu, bis das nächste Weihnachtsfest herankam. Da wollten Helgas Mutter und Schwester zu Hause bleiben, um die Geschenke des Elbenvolkes entgegenzunehmen, wenn dies sich einstellen sollte. Man einigte sich endlich dahin, dass die Hausfrau selbst daheimblieb und die andern alle nach der Kirche zogen. Von dem, was die Hausfrau erlebte, wird weiter nichts erzählt, als dass, während sie das Weihnachtsfleisch kochte, ein ziemlich kleines Kind zu ihr in die Küche kam und seine Schüssel in der Hand hielt. Das Kind grüßte die Frau und bat sie, ihm ein kleines Stück Fleisch und ein wenig Fett in sein Näpfchen zu geben. Darüber wurde die Frau böse und verweigerte ihm etwas zu geben. »Denn ich weiß ja nicht, wie viel reicher deine Angehörigen vielleicht sind als ich«, sagte sie. Das Kind wiederholte die Bitte, aber die Frau wurde so zornig, dass sie das Kind von sich stieß und ihm auf den Arm schlug, mit dem es sein Schüsselchen hinhielt, sodass der Arm zerbrach und der Napf auf den Boden fiel. Das Kind fing an zu weinen, nahm seine Schüssel mit der andern Hand auf und ging jammernd fort. Von dem Treiben der Frau wird nun nichts mehr berichtet. Als aber die Leute am Weihnachtsmorgen nach Hause kamen, lag sie am Boden mit zerbrochenen Gliedern, zerschlagen und blutig, und hatte nur noch so viel Leben in sich, dass sie von dem Erscheinen des Kindes und ihrem Verfahren gegen dasselbe erzählen konnte, dann starb sie. Im Hause aber war das Oberste zuunterst gekehrt und alles zertrümmert und verstreut; die Speisen lagen unberührt hie und da umher. Niemals aber wurde von nun an auf dem Gehöfte zu Weihnachten irgend etwas Außergewöhnliches bemerkt.

Von Helga aber ist zu erzählen, dass sie noch einige Jahre bei ihrem Vater blieb und dann von ihm fort nach Skalholt zog. Dort heiratete sie später den Bischof, doch wird hier nicht berichtet, wer damals Bischof in Skalholt war. An ihrem Ehrentage war sie in den Kleidern, welche die Elbenfrau ihr ehedem geschenkt hatte, und alle bewunderten sie, namentlich den Gürtel, denn solche Kostbarkeit meinte keiner zuvor gesehen zu haben. Helga wurde die glücklichste Frau und lebte lange und zufrieden. Und nun weiß ich diese Geschichte nicht weiter.

41. Die verwünschte Burg

Ich hatte versprochen, die Weihnachten 1820 auf der Insel Bawn Horne in der Grafschaft Tipperary zuzubringen und war dort den achtzehnten December von Dublin angelangt. Müde von der Reise blieb ich zwei Tage lang bei einem Buche, das mich anzog, ruhig am Kamin sitzen.

Als ich ausging, war der Erste, der mir begegnete, der alte Schmied Pierce Grace, dessen Sohn mich auf die Jagd zu begleiten pflegte. »Willkommen hier zu Lande!«, hub er an, »ich habe gestern den ganzen Tag darauf gehofft, Ew. Gnaden zu sehen.«

»Ich danke Euch, Pierce, ich bin bei der Frau vom Hause geblieben.«

»Das hörte ich«, antwortete er, »und getraute deshalb nicht, mich vor Euch zu zeigen. Johann ist bereit, Euch zu begleiten und hat Spur von einer großen Anzahl Vögel.«

Mit der Flinte in der Hand durchstreifte ich am folgenden Morgen die Umgegend und wurde von Johann, des alten Pierce Sohn, bedient. Nachdem wir einige Stunden umhergezogen waren, gelangten wir in ein gewundenes Tal, durch welches der Currihihn fließt, und erblickten die Burg von Ballinatotty, deren Grundmauern er bespült, in der Ferne. Diese Burg ist noch immer gut erhalten und war vordem ein einigermaßen fester Platz. Hier hatte das mächtige und grausame Geschlecht O'Brian, das eine Geißel und ein Schrecken des Landes war, seinen Sitz.

Die Sage hat die Namen von dreien Gliedern der Familie erhalten: Phelim mit der starken Hand, Morty mit der blutigen Hand, der Sohn, und Donough ohne Barmherzigkeit in der Finsternis, der Enkel, dessen Grausamkeiten die blutigen Taten seiner Vorfahren völlig in Schatten stellten.

Von ihm wird erzählt, dass er auf einem seiner Raubzüge in das Gebiet eines benachbarten Stammhäuptlings alles, Mann und Kinder, mit dem Schwert umbrachte, die Frauen aber, nachdem sie auf seinen Befehl halb in die Erde eingegraben waren, von Bluthunden zerreißen ließ. »Gerade um seine Feinde in Furcht zu setzen«, fügte der Erzähler hinzu.

Die Handlung jedoch, welche die heftigsten Verwünschungen auf ihn hervorrief, war der Mord seines Weibes, Helene mit dem Goldhaar, deren Schönheit und Freundlichkeit im ganzen Land gerühmt wurde. Sie war die Tochter des O'Kennedy von Lisnabonney Castle und schlug die angebotene Hand des Donough aus; in dieser Weigerung durch ihren Bruder Brian Oge (mit dem Beinamen der Überredende) unterstützt, wurde ihr vergönnt, unverheiratet bei ihrem Vater zu bleiben, dessen Tod sie von aller Furcht vor Zwang zu befreien schien. Doch ehe ein Monat verging, wurde Brian Oge von unbekannter Hand ermordet, bei welcher Gelegenheit Helene das gefühlvolle und wohlbekannte Trauerlied »Mein Herz ist krank und schwer von Jammer« dichtete. Als sie von dem Leichenbegängnis ihres Bruders zurückkam, lauerte Donough dem Zuge auf; ihre Diener wurden niedergehauen, und sie selbst sah sich genötigt, seine Frau zu werden. Helena kam zuletzt durch seine Hand um, indem er sie, der Sage nach, aus einem Bogenfenster herabstürzte, weil sie ihn mit dem Mord ihres Bruders belastet habe. Die Stelle, wo sie hinfiel, wird gezeigt, und an dem Jahrestag ihres Todes, den zweiten Dienstag im August, glaubt man, besuche ihr Geist diese Stelle.

Ich gab meine Flinte ab und stieg hinauf, die Burg näher zu betrachten. Ein Fenster an der Südseite wird als dasjenige bezeichnet, aus welchem Helena sei herabgestürzt worden, doch ist es viel wahrscheinlicher, dass es von der Zinne darüber geschah, eines besonderen Umstands wegen: es sind nämlich in dem Mauerwerk oben und unten regelmäßige Löcher sichtbar, woraus hervorgeht, dass zurzeit der Erbauung Eisengitter eingefügt waren, mithin das Fenster nicht offen sein konnte.

Nachdem meine Neugierde befriedigt war, stand ich im Begriff, den Ort wieder zu verlassen, als ich eine Öffnung in einer Ecke nach Südosten bemerkte. Ich geriet in Versuchung nachzuforschen und fand eine enge Steintreppe, welche zu einer Schlafkammer führte. Diese Kammer war von einem Dachshund und seiner ganzen jungen Brut besetzt. Gereizt durch mein Eindringen ging die Alte auf mich los und da ich ohne Mittel zur Verteidigung war, musste ich mich schleunig zurückziehen. Wie weit mich das wütende Tier verfolgte, kann ich nicht sagen, denn bei meiner übereilten Flucht, als ich die zweite Steintreppe herabstieg, glitt mein Fuß aus, und ich rollte durch eine breite Öffnung in einen Raum, der wahrscheinlich sonst als Behälter gedient hatte. Doch die Gefahr, in welche ich jetzt geriet, war viel größer als jene, welcher ich entfloh, denn der Boden dieses Gemachs befand sich im höchsten Grad von Verfall. Eine Katze würde kaum ohne Gefahr darüber weggeschlichen sein und bei der Gewalt, mit welcher ich anlangte, konnte die vermoderte Oberfläche nicht mehr Widerstand leisten als ein Spinnengewebe; ich stürzte hindurch und in die finstere Tiefe hinab. Eine Menge Fledermäuse, welche meine plötzliche Ankunft aufstörte, schwangen ihre Flügel und umschwirrten mich.

Als ich wieder zu Besinnung kam, drangen verwirrte Klänge menschlicher Stimmen in meine Ohren, und ich unterschied darauf eine weibliche, welche mit dem Ton der liebreichsten Zärtlichkeit sagte: »Er ist gerettet! Er ist gerettet! Das Leben kehrt zurück!« Ich schlug die Augen auf und fand mein Haupt in dem Schoße eines Bauernmädchens von achtzehn Jahren liegen, welches meine Schläfe rieb. Gesundheit oder Besorgnis gaben ihren milden, aber ausdrucksvollen Zügen eine eigene Glut, und ihr hellbraunes Haar war einfach über die Stirne gescheitelt. Auf einer Seite stand ein alter Mann, ihr Vater, mit einem Bund Schlüssel, und an der andern kniete Johann Grace mit einer Schale gebranntem Wasser, welches sie anwendete, mich wieder zu mir selbst zu bringen. Ich blickte mich um und bemerkte, dass wir uns auf einem Felsen in der Nähe der Burg befanden und der Fluss zu unsern Füßen floss.

Verschiedene Ausrufungen der Freude folgten und der alte Mann bestand darauf, als Johann die Schale wegschütten wollte, dass ich einen Schluck davon nähme; nachdem ich das getan und mich aufgerichtet hatte, dankte ich ihnen und bot eine geringe Belohnung in Geld an, doch sie wollten nichts nehmen. »Gewiss und wahrhaftig«, sagten sie, »wir hätten mit Freuden zehnmal so viel für Ew. Gnaden getan, ohne Belohnung oder Vergeltung.«

Ich fragte hierauf, wie sie mich gefunden hätten. »Da ich dachte«, antwortete Johann, »dass Ew. Gnaden sich einige Zeit in den Gängen und Ecken der Burg umsehen wollten, so machte ich die Runde, um mit Hannchen da ein wenig zu schwätzen und wie wir so über dieses und jenes redeten und Hannchen mir gerade sagte, die Jungen, ihre Brüder, hätten im Fluss gefischt und einen ganzen Zuber voll großer Aale gefangen und wenn ich dächte, der gnädigen Frau geschähe ein Gefallen damit, so könnte ich so viel davon nehmen, als ich Lust hätte und es sollte ihnen lieb sein; als wir ein gewaltiges Getöse und Krachen hörten. ›Was ist das?‹, rief ich, ›ich denke‹, antwortete Hannchen, ›das alte, graue Pferd hat sich tot gefallen oder es ist Paddy's spanischer Hund, der umherspringt, es ist nicht zu sagen, was für Verdruss mir der macht; sie sind beide in dem Torfhaus neben uns.‹ Sie meinte den untern Teil der Burg, in welchen Cromwell Bresche schoss und neben welchem die Hütte stand.«

»Eben kam Thomas Hagerty daher und wir hörten einen Schrei, ›das ist des Herrn Stimme‹, sagte ich, ›er ist durch die Flur gefallen.‹ ›Ach! wenn das ist,‹ rief Thomas, ›so bin ich auf immer verloren. Noch vorigen Montag hieß mich mein Herr die Treppe herstellen, oder, sagte er, es könnte da jemand sich totstürzen und wahrhaftig, ich gedachte es Morgen am Tag zu tun.‹ Wir holten ein Licht und sahen die Phukas (Gespenster), welche die Ursache eures Falls waren, in Gestalt von Fledermäusen fortfliegen, und da fanden wir Ew. Gnaden und Torf überall auf dem Platz, und gewiss und wahrhaftig, wenn Ihr nicht zuerst darauf gefallen wärt, sondern auf die Knochen, die Paddy und Michael von der Hochzeit des jungen Herrn da aufgesammelt hatten, Ihr wärt ganz zerschmettert. Wir alle waren in Eifer und Verwirrung über die verwünschten Phukas, die da waren, und wussten nicht, was wir anfangen sollten. Doch Hannchen gab den Rat, Euch an die frische Luft zu bringen, und das taten wir auch und, Gott sei gedankt, unserer Sorge und Bemühung gelang es, Euch wieder ins Leben zu bringen, aber es dauerte verzweifelt lang und mir kam es vor, als sei es so gut als aus mit Euch.«

42. Herr und Knecht

Billy Mac Daniel, ein gutmütiger, aber leichtsinniger Geselle, ging in einer klaren frostigen Winternacht, nicht lange nach Weihnachten, heim.

Der Vollmond schien hell, und es war die herrlichste Nacht, die man sich nur wünschen konnte, aber es war bitterkalt.

»Meiner Treu«, sagte Billy zähneklappernd, »ein guter Tropfen wäre jetzt nicht ohne. Es friert zum Erbarmen. Ich wollt', ich hätt' ein volles Glas vom Besten.«

»Du brauchst den Wunsch nicht zweimal auszusprechen«, sagte plötzlich ein Männlein. Das hatte einen goldverschnürten Dreispitz auf dem Kopfe und solche große silberne Schnallen auf den Schuhen, dass es ein Wunder war, wie es sie ertragen konnte. Es hielt ein Glas in der Hand, das war so groß wie das Männlein selbst und bis zum Rande mit einem Tranke gefüllt, wie ihn besser noch kein Auge gesehen, kein Gaumen gekostet hatte.

Billy Mac Daniel erkannte sehr wohl, dass das Männlein ein Kobold war, trotzdem sagte er furchtlos: »Auf deine Gesundheit, Kleiner! Dankeschön. Ich frage nicht, wer die Zeche bezahlt.«

Und er ergriff das Glas und leerte es auf einen Zug.

»Wohl bekomm's!«, sagte das Männlein, »gern geschehen, Billy. Glaub' aber nicht, dass du mich betrügen wirst, wie du andere betrogen hast – heraus mit dem Beutel und zahle, wie es einem Ehrenmann ziemt!«

»Ich dir bezahlen?«, sagte Billy, »ich kann dich ja in meine Tasche stecken wie eine Brombeere!«

Aber da wurde das Männlein sehr böse.

»Billy Mac Daniel«, sagte es, »sieben Jahre und einen Tag wirst du mein Knecht sein, auf diese Art werde ich mich bezahlt machen. Folge mir.«

Als Billy dies hörte, da bedauerte er sehr, so keck gegen das Männlein gewesen zu sein. Er wusste selbst nicht, wie es zuging, musste aber dem Kobold auf seiner Wanderung folgen, bergauf, bergab, über Hecke und Graben, über Stock und Stein, ohne Ruh' und Rast.

Als der Morgen graute, wandte sich das Männlein zu ihm um und sagte: »Jetzt kannst du nach Hause gehen, Billy, aber heute Nacht kommst du zum Festungsgraben, sonst geht's dir an den Kragen. Wenn du dich aber als guter Knecht bewährst, dann wirst du an mir einen nachsichtigen Herrn haben.«

Billy Mac Daniel ging heim, aber obwohl er sehr müde war, schlief er doch keinen Augenblick, so sehr musste er an das Männlein denken. Er fürchtete sich, ihm ungehorsam zu sein, und so stand er denn am Abend auf und ging zum Festungsgraben.

Er war noch nicht lange dort, als der Kobold auf ihn zukam und zu ihm sprach: »Billy, ich will heute eine große Reise unternehmen, sattle ein Pferd für mich und eines für dich, denn du sollst mich begleiten und dürftest von deiner gestrigen Wanderung her noch müde sein.«

Billy gestand sich, dass sein Herr sehr rücksichtsvoll sei, und dankte ihm.

»Gestattet mir, Herr«, fügte er hinzu, »Euch zu fragen, wo der Stall ist. Ich sehe nämlich nichts als die Festung und den Dornbusch dort drüben, den Bach am Fuße des Hügels und das Stück Sumpfland uns gegenüber.«

»Frag nicht viel, Billy«, sagte das Männlein, »sondern geh' zu dem Sumpfe hinüber und bringe mir zwei von den stärksten Binsen.«

Billy tat, wie ihm geheißen ward, und wunderte sich, was der Kobold wohl vorhabe.

Er schnitt zwei der stärksten Binsen ab, die er nur finden konnte und brachte sie seinem Herrn.

»Steig auf«, sagte das Männlein; es nahm eine der Binsen und setzte sich rittlings darauf.

»Wo soll ich aufsteigen, Euer Gnaden?«, fragte Billy.

»Wo? Nun, auf das Pferd doch natürlicherweise, so wie ich«, antwortete das Männlein.

»Wollt Ihr mich zum Narren halten? Die Binse soll ich besteigen?«, fragte Billy, »wollt Ihr mir vielleicht gar einreden, dass die Binse, die ich vor einem Weilchen aus dem Sumpfe gezogen habe, ein Pferd ist?«

»Steig auf und red nicht so viel«, sagte das Männlein und sah dabei sehr böse aus, »das beste Pferd, das du je geritten hast, ist nichts im Vergleich damit.«

Billy glaubte, er scherze, wollte ihn aber nicht erzürnen und nahm die Binse zwischen die Beine.

»Borram! Borram! Borram!« – das bedeutet so viel wie: »wachse!« – rief das Männlein, und Billy folgte seinem Beispiel. Sofort verwandelten sich die Binsen in schöne Rosse und galoppierten davon. Billy aber, welcher, ohne weiter darauf zu achten, die Binse zwischen die Beine genommen hatte, saß mit dem Gesicht dem Schweif zugekehrt auf dem Pferde. So unangenehm das auch war, er war nicht imstande, sich umzudrehen, denn das Pferd galoppierte zu schnell. Es blieb ihm also nichts anderes übrig, als sich am Schweif festzuhalten.

Endlich erreichten sie das Ziel ihrer Reise. Vor dem Tore eines schönen Hauses machten sie halt.

»Jetzt, Billy«, sagte das Männlein, »folge mir und tue genau, was ich tue. Da du aber nicht einmal imstande bist, den Kopf eines Pferdes von seinem Schweife zu unterscheiden, so nimm dich in Acht, sonst wirst du am Ende gar bald nicht mehr wissen, ob du auf deinem Kopf oder auf deinen Beinen stehst. Bedenke, dass alter Wein zwar eine Katze zum Reden bringen, aber auch einen Menschen stumm machen kann.«

Das Männlein machte noch einige solcher seltsamer Bemerkungen, die Billy nicht verstehen konnte. Dann gingen sie durch das Schlüsselloch ins Haus und immer weiter durch andere Schlüssellöcher, bis sie in den Weinkeller gelangten; in dem waren alle Arten von Wein zu finden. Das Männlein begann nun zu trinken und trank, so viel es vermochte, und Billy, dem es durchaus nicht unangenehm war, das gleiche zu tun, folgte seinem Beispiel.

»Ihr seid wirklich der beste Herr«, sagte Billy, »den es gibt, wer immer auch mein nächster Herr sein mag. Wenn Ihr fortfahrt, mir so reichlich zu trinken zu geben, dann wird mich mein Dienst bei Euch sehr freuen.«

»Ich lass mich nicht auf Bedingungen ein«, erwiderte das Männlein, »komm jetzt.«

Wieder gingen sie durch viele Schlüssellöcher, bestiegen die Binsen, die sie vor dem Haustor zurückgelassen hatten, und fort ging's, nachdem sie »Borram, Borram, Borram« gerufen hatten, dass die Wolken vor ihnen wie Schneeflocken herflogen.

Als sie zu dem Festungsgraben zurückkehrten, entließ das Männlein Billy und befahl ihm, sich am folgenden Abend um dieselbe Zeit wieder an demselben Orte einzufinden. So lebten sie Nacht um Nacht, nahmen einmal ihren Weg dahin, dann dorthin, bald nördlich, bald östlich, manchmal südlich, bis es in ganz Irland keinen Weinkeller mehr gab, den sie nicht besucht hatten. Sie kannten jede einzelne Sorte ebenso gut – ja sogar besser als der Kellermeister selbst.

Eines Nachts, als Billy Mac Daniel seinen Herrn wie gewöhnlich beim Festungsgraben traf und zum Sumpf hinüberging, um die Pferde zu ihrer Reise zu holen, sagte das Männlein zu ihm: »Billy, heute werde ich noch ein drittes Pferd brauchen, denn wir kommen vielleicht zu Dreien zurück.«

Billy, der schon wusste, dass es nicht gut sei, seinen Herrn viel zu fragen, brachte also eine dritte Binse und sann darüber nach, wer wohl mit ihnen zurückkommen würde, vielleicht ein zweiter Knecht.

»Wenn das der Fall ist«, dachte er, »dann muss er jeden Abend die Pferde aus dem Sumpf holen. Denn ich bin gerade so vornehm wie mein Herr.«

Sie ritten fort, und Billy führte das dritte Pferd. Sie hielten erst, als sie das schmucke Häuschen eines Pächters in der Grafschaft Limerick erreicht hatten. Das stand in der Nähe des alten Schlosses von Carrigogunniel, welches der große Brian Boru erbaut haben soll. Drinnen ging es hoch her, und das Männlein blieb einige Zeit draußen stehen und lauschte.

Plötzlich wendete es sich zu Billy um und sagte: »Billy, morgen bin ich tausend Jahre alt!«

»Gott behüte und bewahre uns, Herr«, sagte Billy, »wirklich?«

»Sag das Wort nicht wieder, Billy«, sagte das alte Männlein, »sonst ist's um mich geschehen. Da ich nun morgen tausend Jahre alt werde, so denk ich, Billy, es ist hohe Zeit für mich, zu heiraten.«

»Das denk ich auch«, erwiderte Billy, »wenn Ihr überhaupt heiraten wollt.«

»Und zu dem Zweck«, sagte der Kobold, »bin ich den weiten Weg nach Carrigogunniel hergekommen, denn hier in diesem Hause sollen noch heute abends Darby Riley und Bridget Rooney getraut werden. Und da sie ein hübsches, schlankes Mädchen und aus anständiger Familie ist, so gedenke ich sie selbst zu heiraten und sie gleich mitzunehmen.«

»Was wird aber Darby Riley dazu sagen?«, fragte Billy.

»Schweig!«, rief das Männlein mit strengem Blick, »ich hab dich nicht mitgebracht, damit du müßige Fragen stellst.«

Ohne sich in weitere Erörterungen einzulassen, begann er die seltsamen Worte zu sprechen, welche ihm die Macht verliehen, durch Schlüssellöcher zu gelangen. Billy, der sich für ungeheuer klug hielt, weil er diese Worte nachsprechen konnte, folgte ihm.

Sie gingen beide hinein. Das Männlein setzte sich, um die Gesellschaft besser überblicken zu können, wie ein Spatz auf einen der großen Balken, welche die Decke entlang liefen, und Billy setzte sich auf einen anderen Balken, ihm gegenüber. Aber er war an eine solche Sitzart nicht gewöhnt, und ihm schlenkerten die Beine herunter; hätte er sich seinen Herrn zum Muster genommen, so wäre es besser gegangen, der saß so gemütlich mit gekreuzten Beinen da, als wäre er sein Leben lang ein Schneider gewesen.

Herr und Knecht betrachteten nun von oben das lustige Treiben. Unter ihnen saßen der Pfarrer und der Pfeifer und Darby Rileys Vater, seine beiden Brüder und sein Vetter, die Eltern Bridget Rooneys, die heute abends ganz besonders stolz waren auf ihre Tochter und mit gutem Recht, dann ihre vier Schwestern mit nagelneuen Bändern auf ihren Häubchen und ihre drei Brüder, die so sauber und klug dreinblickten, und dann waren Onkel und Tanten, Vettern und Basen genug da. Die Speisen und Getränke auf dem Tisch hätten für doppelt so viel Leute gereicht.

Mrs. Rooney hatte gerade Seiner Ehrwürden das erste Stück von dem mit Welschkohl schön aufgeputzten Schweinskopf vorgelegt, als die Braut plötzlich nieste. Alle Gäste fuhren zusammen, aber kein einziger sagte: »Helf Gott!«

Alle glaubten nämlich, dass der Pfarrer dies tun würde, und niemand wollte ihm das Wort aus dem Munde nehmen, der war aber leider mit dem Schweinskopf und dem Gemüse beschäftigt. Nach einer kleinen Pause ging die Lustbarkeit weiter, und niemand dachte daran, den frommen Wunsch zu sprechen. Herr und Knecht hatten von ihrer Höhe den Umstand wohl bemerkt.

»Ha!«, rief das Männlein aus und streckte in seiner Freude

ein Bein vor sich hin; seine Augen leuchteten, und er zog die Augenbrauen in die Höhe. »Ha!«, wiederholte er, und dabei grinste er nach der Braut hin und dann zu Billy hinüber. »Nun ist sie zur Hälfte mein! Wenn sie noch zweimal niest, dann gehört sie mir, trotz Priester, Messbuch und Darby Riley!«

Wieder nieste die holde Bridget, aber so leise, und sie errötete dabei so sehr, dass niemand außer dem Kobold es bemerkte oder zu bemerken schien, und niemand dachte daran, »Helf Gott!« zu sagen.

Billy betrachtete das arme Mädchen die ganze Zeit über mit schmerzlichen Blicken. Er musste immerfort daran denken, wie schrecklich es sei, dass ein schönes Mädchen von neunzehn Jahren mit großen, blauen Augen, Grübchenwangen und blendender Hautfarbe, strahlend von Gesundheit und Glück, die Frau eines hässlichen kleinen Kerlchens werden sollte, dem zu tausend Jahren nur ein Tag fehlte.

Als der entscheidende Augenblick kam und Bridget zum dritten Mal nieste, da brüllte Billy aus Leibeskräften: »Helf Gott!«

Aber kaum waren diese Worte heraus, da sprang das Männlein von dem Balken, auf dem es gehockt hatte, sein Gesicht glühte vor Wut und Enttäuschung, und mit schriller, kreischender Stimme, die wie ein geborstener Dudelsack klang, rief er: »Du bist aus meinen Diensten entlassen, Billy Mac Daniel – hier, das ist dein Lohn!«

Mit diesen Worten versetzte er Billy einen wütenden Stoß in den Rücken, und der unglückliche Knecht fiel mitten auf den festlichen Tisch.

Wenn Billy erstaunt war, wie viel mehr waren es erst die Gäste, in deren Mitte er so mir nichts dir nichts hineingeraten war!

Aber als sie seine Geschichte hörten, da legte Pater Rooney Gabel und Messer hin und traute das junge Paar auf der

Stelle. Billy Mac Daniel tanzte die Rika und trank fleißig; ein guter Tropfen war ihm doch noch lieber als der schönste Tanz.

43. Die Rehprinzessin

Es waren einmal ein Prinz und eine Prinzessin, die einander von klein auf liebgehabt hatten, und es war auch bestimmt worden, dass sie einander haben sollten, wenn die Prinzessin erwachsen wäre. Sie war erst zwölf Jahre alt, und sie hatte eine Stiefmutter, die eine böse Hexe war und ihr kein Glück gönnte. Sie drohte der Königstochter, dass sie sie verhexen würde, wenn sie ins Brautbett stiege, sodass sie als ein wildes Reh in Wald und Moor umherlaufen müsste. Darüber war die Königstochter sehr traurig, denn sie wollte gern ihren Prinzen haben und seine Frau sein, wenn die Zeit käme. Er wusste nicht, was ihnen bevorstand; sie getraute sich nicht, es ihm zu sagen.

Eines Tages ging die Prinzessin in den Wald hinaus, wo ein armes Ehepaar wohnte, das sie kannte und eine Tochter in ihrem Alter hatte. Sie fragte, ob sie deren Tochter mit nach Haus nehmen dürfe, um sich von ihr hilfreich zur Seite gehen zu lassen. Sie wolle sie kurze Zeit lang probeweise bei sich haben. Wenn sie mit ihr zufrieden sei, wolle die Prinzessin sie ganz bei sich behalten. Darüber waren die Eltern sehr erfreut und das Mädchen auch, und sie ging mit nach dem Schlosse. Die Prinzessin behielt sie drei Tage bei sich und erzählte ihr vielerlei, aber sie sagte dem Mädchen, sie dürfe mit keinem anderen davon reden. Am dritten Abend sagte die Königstochter zu ihr, jetzt könne sie nach Hause gehen und ihre Eltern besuchen und die Nacht über dort bleiben. Am nächsten Morgen solle sie zurückkommen, dann werde ihr die Prinzessin sagen, ob sie sie länger behalten wolle. Das Mädchen ging also nach Hause, aber die Prinzessin ging ihr nach und blieb draußen vorm Fenster stehen, um zu hören, ob sie schweigen könne oder aus der Schule plaudere. Als das Mädchen zu den Eltern hineinkam, gab es ein Fragen nach allem, was sie gesehen und gehört und erlebt und auch was die Königstochter ihr gesagt habe. Und sie polterte mit allem heraus. Da ging die Königstochter nach Hause; die konnte sie also nicht gebrauchen.

Am folgenden Tag ging die Prinzessin hinaus und holte sich ein anderes kleines Mädchen ihres Alters, aber die konnte ebenso wenig schweigen, daher musste sie gleichfalls ihrer Wege ziehen. Und so ging es mit mehreren. Endlich kam sie irgendwo zu sehr armen Leuten und nahm deren Tochter mit heim. Die Eltern ermahnten sie, sich gut zu betragen und sich nicht auf Klatschereien einzulassen. Das versprach das Mädchen und ging mit. Nach drei Tagen ließ die Prinzessin sie abends nach Hause gehen, um ihre Eltern bis zum nächsten Tage zu besuchen, und sie ging ihr selber nach und blieb draußen stehen, um zu hören, was sie sprächen. Als das kleine Mädchen in die Hütte kam, fragten ihre Eltern zuerst, ob sie sich gut betragen habe. Ja, das glaube sie wohl. Darauf sagten sie ihr, sie müsse recht anstellig und treu sein, dann werde die Prinzessin sie auch ferner gut behandeln. Dann beteten sie den Abendsegen mit ihr und legten sich alle drei schlafen. Die Königstochter ging nach Hause, und als das Mädchen am andern Morgen wiederkam, sagte sie ihr, sie wolle sie gern behalten. Das arme Mädchen ward jetzt im Königsschlosse erzogen und gemeinsam mit der guten Prinzessin unterrichtet; und sie wurden so recht Herzensfreundinnen. Das Kind der armen Leute wuchs zu einer schönen Jungfrau heran, welche der Königstochter auf ein Haar glich, sodass alle sie verwechselten; und sie gingen auch immer gleich gekleidet.

Als es nun so weit war, dass der Prinz und die Königstochter Hochzeit halten sollten, erzählte sie dem Mädchen, was jetzt geschehen würde, und sie traf mit ihr die Abrede, dass sie in der Nähe sein und zu ihm ins Brautbett springen solle, wenn sie selbst verwandelt würde, damit sie ihn vor diesem großen Kummer bewahre. Das Mädchen liebte sie innig und fragte, ob es gar nicht möglich wäre, sie vor diesem Unglück zu retten. Könnte sie nicht statt der Königstochter zum Reh werden? »Nein«, sagte die Prinzessin, »das lässt sich nicht machen. Aber die drei ersten Weihnachtsabende um Mitternacht kannst du mich in einer Laubhütte draußen im Walde treffen, denn dann werde ich jedes Mal auf eine Stunde ein Mensch. Dann können wir doch so lange miteinander reden.«

Der Hochzeitstag erschien, und die Hochzeit wurde gefeiert, und es ging, wie die böse Stiefmutter gedroht hatte: in demselben Augenblick, als die Königstochter ihren Fuß in das Brautbett setzte, ward sie in ein Reh verwandelt und lief in Wald und Moor hinaus. Aber die Freundin war zur Stelle und nahm ihren Platz an der Seite der Königstochter ein, und er merkte nichts von dem Tausche. Da bat ihn das Mädchen, welches er für die Prinzessin hielt, er möge sie noch ihr Spieljahr, ihr Mädchenjahr und ihr Spinnjahr Jungfrau bleiben lassen, und das konnte er ihr nicht abschlagen, daher legte er sein Zauberschwert zwischen sie. Kurze Zeit darauf starb der Vater des Prinzen, und er wurde sein Thronfolger, und das Kind der armen Leute war also Königin.

In der ersten Weihnachtsnacht stand die Königin von seiner Seite auf, ohne dass er es merkte, und ging in den Wald zur Laubhütte hinaus, um die rechte Königin zu treffen und mit ihr zu reden. Dasselbe tat sie im folgenden Jahre. Aber es gab Leute, welche davon zu sprechen begannen, dass bei der Königin etwas nicht in Richtigkeit sein müsse, da sie sich in jeder Weihnachtsnacht aus dem Schlosse fortstehle. Das kam dem König zu Ohren, und in der dritten

Weihnachtsnacht lag er wach und stellte sich nur, als ob er schliefe, und als seine Königin weggegangen war, folgte er ihr heimlich und kam in den Wald hinaus und stand draußen vor der Laubhütte, wo sie die rechte Königin traf und mit ihr sprach. Da hörte er seine rechte Königin fragen: »Wie lebt ihr miteinander?« Und die, welche er für seine Königin hielt, antwortete: »Gut, wie Schwester und Bruder. Aber gibt es denn gar kein Mittel, dich zu retten?«

»Nein«, lautete die Antwort, »diese Nacht ist es das letzte Mal, dass ich Menschengestalt erhalte. Es gibt nur ein Mittel zu meiner Rettung, und das ist, wenn ein reiner und unschuldiger Königssohn mich mit seinem Schwert blutig verwundete. Aber er darf nicht darum gebeten werden!« In demselben Augenblick ward sie in ein Reh verwandelt und sprang aus der Laubhütte hinaus. Aber der König hatte sein Schwert gezogen, und indem sie an ihm vorüberschoss, stach er nach ihr mit dem Schwert, sodass ihr Blut floss. Da wurde sie in demselben Augenblick eine so schöne Prinzessin, wie sie jemals gewesen war, und sie gingen nach Hause und lebten viele Jahre glücklich beisammen als König und Königin. Und sie bekamen kleine Prinzen und Prinzessinnen, die ihre Kinder waren. Aber das treue Mädchen blieb alle Zeit bei ihnen, und beide liebten sie wie ihre eigene Seele.

Weihnachtstag und Christnacht

44. Die verwandelten Geister

Ein Wirt hat ein altes weißes Pferd, das arbeitsunfähig geworden ist. Er will es nicht mehr über Winter behalten. Die Wirtin legt für das arme Tier Fürbitte ein; so bleibt das Tier noch über Winter. Im März aber, wo der Schnee zu tauen beginnt, schickt der Wirt das Pferd dennoch fort, damit es sich selbst draußen seine Nahrung suche, und sagt unwillig: »Geh zum Teufel!« Das alte Tier lässt seine Ohren hängen und geht und wird von niemand weiter gesehen. Die Heuzeit beginnt, und die Leute gehen auf den Heuschlag, auch jener Wirt mit seiner Frau geht. Eines Abends sieht der Wirt auf dem Heimwege sein altes weißes Pferd am Wege grasen. Das Tier ist dick und rund wie ein Sack. Nun will der Wirt es wieder haben, und es gelingt ihm, das Pferd, das sich durchaus nicht will fangen lassen, zu ergreifen. Wie er das Tier nun fortführen will, tritt plötzlich ein Mann aus dem Walde heraus und ruft: »Wo bringst du mein Pferd hin?« – »Mein Pferd ist es«, sagt der Wirt. »Wem gabst du es, als du es im Frühling fortschicktest?«, fragt der Mann wieder. Da erinnert sich der Wirt, dass er das Pferd »zum Teufel« geschickt hatte. Der Mann erlaubt aber dem Wirt, das Pferd zu behalten unter der Bedingung, dass dieser ihn am Weihnachtsabend als Gast aufnehme. »Wir sind unserer dreißig und kommen zu je zehn und zehn«, sagt der Mann, »und essen nur Korn, Fleisch und Blut«. – Der Wirt kratzt sich hinter dem Ohr, denkt jedoch, dass das Pferd ihm in der eiligen Heuzeit noch von großem Nutzen sein werde, und willigt ein. Der geheimnisvolle Mann verschwindet.

Der Weihnachtsabend rückt heran. Getreide hat der Wirt zur Genüge; er schlachtet ein Ferkel und ein junges Rind, um Fleisch und Blut zu haben, holt sich noch aus dem Dorf Blut dazu und erwartet nun die Gäste. Wie es dunkel wird, humpelt ein alter Bettler auf einem Fuß heran und bittet um Nachtlager. Der Wirt will ihn abweisen, sich mit den zu erwartenden vielen Gästen entschuldigend, aber die Wirtin sagt: »Behalten wir ihn doch; wo soll denn der Alte im Finstern noch hin!« Um niemandem im Wege zu sein, wählt sich der Bettler den Platz unter der Leiter im Winkel. Schon sind die ersten Gäste im Hof. Der Bettler heißt den Wirt sich verbergen und geht statt seiner die Gäste empfangen. Zehn graue Männer mit grauen Pferden sind da und verlangen Korn zum Essen. Der Bettler weist sie auf den Boden und sagt: »Da habt ihr Korn genug, sucht es nur selbst aus dem Stroh heraus!« Aus ihnen wurden all die Mäuse. Dann kamen die anderen zehn. Sie waren alle verschiedenartig bunt. Sie verlangen Fleisch. Der Bettler weist ebenfalls auf den Boden und sagt: »Da ist Fleisch, esst, so viel ihr wollt!« Aus ihnen entstanden die Katzen. Die letzten Gäste treten ein und fordern Blut. Der Bettler bohrt mit einem Stäbchen in den Wandritzen und sagt: »Hier bekommt ihr Blut genug!« Aus ihnen wurden Wanzen.

Der Wirt dankt dem Bettler tausendfach und behält ihn die Festzeit über bei sich und bewirtet ihn aufs Beste.

45. Der Teufel und der Kuckuck

Der Teufel verspricht einem Menschen einen Sack voll Geld, wenn er binnen drei Tagen sein Alter errät. Der Mensch kriecht zuletzt – es war gerade Weihnachten – auf einen Baum und ruft dreimal wie ein Kuckuck. Der Teufel läuft hin, erstaunt, um diese Zeit einen Kuckuck zu hören, und ruft aus, dass er bereits 7777 Jahre alt ist, aber den Kuckuck zu Weihnachten noch nicht gehört hätte.

So erfuhr der Mann also dessen Alter, und der Teufel musste ihm das Geld verschaffen.

46. Das Fest der Unterirdischen

Herr!, ich bin aus einem Lande, das weit gegen Mitternacht liegt, Norwegen genannt; wo die Sonne nicht, wie in deinem gesegneten Vaterlande, Feigen und Zitronen kocht; wo sie nur wenige Monde über die grüne Erde scheint und ihr im Flug sparsame Blüten und Früchte entlockt. Du sollst, wenn es dir angenehm ist, ein paar Märchen hören, wie man sie bei uns in den warmen Stuben erzählt, wenn das Nordlicht über die Schneefelder flimmert.

In Norwegen, nicht weit von der Stadt Drontheim, wohnte ein mächtiger Mann, der mit Glücksgütern aller Art gesegnet war. Ein Teil der Umgegend war sein Eigentum, zahllose Herden weideten auf seinen Fluren, und ein großes Gefolge und eine Menge Diener zierten seinen Hof. Er hatte eine einzige Tochter, die *Aslaug* hieß, von deren Schönheit der Ruf weit und breit ging. Die vornehmsten Männer des Landes kamen und warben um ihre Hand, aber keiner war glücklich in seinen Bewerbungen; wer voll Vertrauen und Lust eingezogen war, ritt still und traurig wieder fort. Ihr Vater, welcher glaubte, sie wähle so lange, um den Besten herauszuwählen, ließ sie gewähren und freute sich ihrer Klugheit; doch als endlich die Reichsten und Vornehmsten vergeblich, wie die andern, ihr Glück versucht hatten, so geriet er in Zorn, rief seine Tochter und sprach: »Bis dahin habe ich dir freie Wahl gelassen, aber da ich sehe, dass du jeden ohne Unterschied abweisest und der beste Freier dir noch nicht gut genug deucht, so will ich nicht länger Nachsicht mit dir haben. Soll mein Geschlecht aussterben und mein Erbe in fremde Hände fallen? Ich will deinen Sinn brechen! Bis zum Feste der großen Winternacht gestatte ich dir Frist, hast du dann nicht gewählt, so will ich dich schon zwingen, dem deine Hand zu reichen, den ich dir bestimme.«

Aslaug liebte einen Jüngling, der Orm hieß und ebenso schön als tapfer und edel war. Sie liebte ihn mit ganzer Seele und wollte lieber sterben, als einem andern ihre Hand reichen. Weil aber seine Armut ihn nötigte, an dem Hofe ihres Vaters zu dienen, so musste sie ihre Neigung geheim halten; denn ihr Vater war zu stolz auf Macht und Reichtum, als dass er seine Einwilligung zu einer Verbindung mit einem so unbemittelten Manne gegeben hätte.

Als Aslaug sein finsteres Antlitz sah und seine zornigen Worte vernahm, ward sie leichenblass; denn sie kannte seine Sinnesart und zweifelte nicht, dass er seine Drohungen erfüllen werde. Ohne ein Wort zu erwidern, ging sie zurück in ihre stille Kammer, sann und sann, wie sie das dunkle Wetter, das über sie herzog, abwenden könnte, aber sie sann vergeblich. Das große Fest rückte immer näher, und mit jedem Tage wuchs ihre Angst.

Endlich entschlossen sie sich zur Flucht. »Ich kenne einen sichern Ort«, sagte Orm, »wo wir unentdeckt so lange verweilen können, bis wir Gelegenheit finden, das Land zu verlassen.« In der Nacht, als alles eingeschlafen war, führte Orm die zitternde Aslaug über Schnee- und Eisfelder hinaus in das Gebirge. Der Mond leuchtete ihnen auf dem Weg und die Sterne, die in der kalten Winternacht noch glänzender funkelten. Sie hatten ein paar Kleidungsstücke und Tierfelle unter den Armen, mehr konnten sie nicht tragen. Sie stiegen die ganze Nacht, bis sie zu einem einsamen, von hohen Felsenblöcken eingeschlossenen Platz gelangten. Hier leitete Orm die müde Aslaug zu einer Höhle, deren Eingang kaum bemerkbar, eng und niedrig war, die sich aber bald zu einer großen, tief in den Berg hineinreichenden Halle erweiterte. Er zündete Feuer an, und auf den Tierfellen ruhend, saßen sie in der tiefsten Einsamkeit, fern von aller Welt.

Orm hatte diese Höhle, die man noch heutzutage zeigt, zuerst entdeckt, und da niemand davon wusste, so waren sie vor den Nachforschungen ihres Vaters völlig gesichert. Sie brachten den ganzen Winter in dieser Abgeschiedenheit zu. Orm ging auf die Jagd, und Aslaug saß daheim in der Höhle, unterhielt das Feuer und bereitete die nötige Speise. Manchmal stieg sie auf die Felsenspitzen, aber ihr Auge schweifte, so weit es reichen konnte, nur über glänzende Schneefelder.

Der Frühling brach an, der Wald ward grün, die Wiesen färbten sich, und Aslaug durfte nur selten und vorsichtig die Höhle verlassen. Eines Abends kam Orm mit der Nachricht, dass er die Diener ihres Vaters in der Ferne erkannt habe und er ihren Augen, ohne Zweifel ebenso scharf als die Seinigen, schwerlich unbemerkt geblieben sei. »Sie werden diese Gegend umringen«, sagte er, »und nicht ruhen, bis sie uns gefunden haben, ohne Zaudern müssen wir unsern Zufluchtsort verlassen.« Sie stiegen an der andern Seite des Gebirgs hinab und erreichten den Strand, wo sie glücklicherweise ein Boot fanden. Orm stieß ab, und das Schiff trieb in das offene Meer. Sie waren den Verfolgern entronnen, aber anderm Unglück preisgegeben. Wo sollten sie sich hinwenden? Landen durften sie nirgends; denn überall war Aslaugs Vater Herr der Küste, und sie wären unfehlbar in seine Hände gefallen. Es blieb nichts übrig, als das Schiff den Winden und Wellen zu überlassen. Sie trieben die ganze Nacht fort. Wie der Tag anbrach, war die Küste verschwunden, sie sahen nichts als den Himmel oben, das Meer unten, und die auf- und absteigenden Wellen. Sie hatten keinen Bissen Nahrung mitgenommen, und Hunger und Durst fingen an, sie zu quälen. Drei Tage schwebten sie in dieser Not, und Aslaugs Ermattung war so groß, dass sie den gewissen Tod vor sich zu sehen glaubte.

Am Abend des dritten Tages entdeckten sie endlich eine Insel von ziemlicher Größe, sie war von einer Anzahl kleiner umringt. Orm steuerte sogleich darauf hin, doch als er ziemlich nahe gekommen war, erhob sich plötzlich ein heftiger Sturmwind, und die Wellen wälzten sich immer höher entgegen. Er kehrte um, in der Absicht, von einer andern Seite sich zu nähern, aber es gelang nicht besser, sein Schiff wurde, sooft es herankam, wie von einer unsichtbaren Gewalt zurückgeschleudert. »Herr Gott!«, rief er und segnete sich und blickte auf die arme Aslaug, die vor seinen Augen zu verschmachten schien. Kaum aber war der Ausruf über seine Lippen gekommen, so hörte der Sturm auf, die Wellen legten sich, und das Schiff landete ungehindert. Orm sprang ans Ufer, und einige Muscheln, die er auf dem Strand suchte, stärkten und erquickten die arme Aslaug, sodass sie bald imstande war, das Boot zu verlassen.

Die Insel war mit niedrigem Buschwerk bewachsen und schien unbewohnt, doch als sie bis gegen die Mitte gekommen waren, entdeckten sie ein Haus, das nur halb über die Erde emporragte und halb unter der Erde zu stehen schien. In der Hoffnung, Menschen und Beistand zu finden, gingen sie näher. Sie horchten, ob sie einen Laut vernähmen, aber es herrschte das vollkommenste Schweigen. Orm öffnete endlich die Türe und sie traten ein, aber wie erstaunten sie, als sie alles zum Bewohnen völlig eingerichtet sahen, gleichwohl aber kein lebendes Wesen erblickten. Das Feuer brannte auf dem Herde, mitten in der Stube, und ein Kessel mit Fischen hing daran, der nur darauf zu warten schien, abgehoben und verzehrt zu werden. Die Betten waren gemacht und bereit, die Ermüdeten zu empfangen. Orm und

Aslaug blieben eine Zeit lang zweifelhaft und mit einer gewissen Scheu stehen, doch, zuletzt vom Hunger überwältigt, holten sie die Speise herbei, und als sie sich gesättigt hatten, und in den letzten über die Insel hinstreifenden Abendstrahlen weit und breit kein menschliches Wesen zu erblicken war, gaben sie ihrer Müdigkeit nach und legten sich in die lang entbehrten Betten.

Sie hatten geglaubt, in der Nacht von den heimkehrenden Eigentümern geweckt zu werden, doch ihre Erwartung ging nicht in Erfüllung; sie schliefen ungestört, bis ihnen die Morgensonne in die Augen leuchtete. Auch in der Folge zeigte sich niemand, und es schien, als habe eine unsichtbare Macht das Haus im Voraus für sie instand gesetzt. Sie verlebten den ganzen Sommer in vollkommener Glückseligkeit, zwar einsam, doch ohne die Menschen zu vermissen; sie hatten alles, was sie bedurften, die Eier der wilden Vögel und der Fischfang gewährten überflüssige Nahrung.

Im Herbst gebahr Aslaug einen schönen Knaben. Mitten in der Freude über sein Dasein wurden sie durch eine wunderbare Erscheinung überrascht. Die Türe öffnete sich plötzlich, und eine alte Frau trat herein. Sie hatte ein schönes, blaues Kleid an; etwas Stolzes, aber auch etwas Seltsames und Befremdendes lag in ihrem Wesen. »Erschreckt euch nicht«, sagte sie, »dass ich so unerwartet bei euch erscheine, ich bin die Eigentümerin dieses Hauses und danke euch, dass ihr es so reinlich und wohlgehalten habt und ich alles in solcher Ordnung bei euch finde. Gerne wäre ich früher gekommen, aber es war nicht eher möglich, als bis dieser kleine Heide (dabei deutete sie auf das neugeborene Kind) zugegen war. Jetzt habe ich freien Zugang. Nur holt keinen Priester von dem festen Lande, der es tauft, sonst muss ich wieder fort. Wollt ihr euch aber in diesem Stück nach meinem Willen bequemen, so dürft ihr nicht bloß ferner hier wohnen bleiben, sondern ich will euch so viel Gutes tun, als ihr nur immer wünschen könnt. Was ihr anfangt, soll gelingen, ja, das Glück euch beständig auf den Fersen folgen. Erfüllt ihr aber jene Bedingung nicht, so seid gewiss, dass Böses auf Böses bei euch einkehren soll, selbst an diesem Kinde werde ich mich noch rächen. Bedürft ihr etwas oder seid ihr in Gefahr, so nennt dreimal meinen Namen und ich will gleich erscheinen und euch Beistand leisten. Ich bin aus dem Geschlecht der alten Riesen und heiße *Guru*. Hütet euch aber, in meiner Gegenwart den Namen dessen zu nennen, den kein Riese hören darf, und wagt es nicht, das Zeichen des Kreuzes zu machen oder es in einen Balken oder ein Brett im Hause einzuschneiden. Ihr könnt dieses Haus das ganze Jahr über bewohnen, nur seid so gut, und räumt es mir am Juleabend, wenn die Sonne am tiefsten steht, weil wir dann unser großes Fest feiern und weil dies die einzige Zeit ist, wo man uns vergönnt, lustig zu sein; wenigstens, wenn ihr nicht gerne hinausgehen wollt, haltet euch den ganzen Tag auf dem Boden so ruhig als möglich, schaut auch, so lieb euch das Leben ist, nicht in die Stube herab, bis Mitternacht vorüber ist. Hernach mögt ihr von allem wieder Besitz nehmen.«

Als die Alte dies gesagt hatte, verschwand sie. Aslaug und Orm, beruhigt über ihre Lage, lebten ohne eine Störung vergnügt und heiter. Orm warf das Netz nicht aus, ohne einen reichlichen Zug zu tun, er schickte keinen Pfeil vom Bogen, der nicht sicher traf, was sie unternahmen, auch das Geringste, hatte ein sichtbares Gedeihen. Als Weihnachten herbeikam, reinigten sie das Haus aufs Beste, stellten alles in Ordnung, zündeten Feuer auf dem Herde an und stiegen bei herannahender Dämmerung auf den Boden, wo sie sich still verhielten. Als es dunkel geworden war, glaubten sie, ein tönendes Zischen und Wiehern in der Luft zu hören, wie es Schwäne in der Winterzeit von sich zu geben pflegen. Über dem Herd, in dem Dach, war eine Lücke, die geöffnet und geschlossen werden konnte, teils um den Tag von oben einzulassen, teils um einen Zug für den Rauch zu erhalten. Orm hob den mit einer Haut überzogenen Deckel in die Höhe und streckte den Kopf hinaus. Welch ein wunderbarer Anblick bot sich seinen Augen dar! Die kleinen Inseln umher leuchteten sämtlich, es waren unzählige blaue Lichtchen, die sich unruhig bewegten, auf- und absprangen, dann nach dem Gestade hüpften, sich sammelten, und der großen Insel, wo Orm und Aslaug wohnten, immer näher kamen. Endlich langten sie an und ordneten sich in einen Kreis um einen großen Stein, der nicht weit vom Ufer stand und den Orm sehr wohl kannte. Wie erstaunte er aber, als er sah, dass der Stein itzt völlig die Gestalt eines Menschen, wenngleich eines ungeheuren und riesenhaften, angenommen hatte. Er konnte deutlich unterscheiden, dass die blauen Lichtchen von kleinen Zwergen getragen wurden, welche ihre bleichen, erdfarbigen Gesichter mit gewaltigen Nasen und roten Augen und sonst noch durch Vogelschnäbel oder Eulenaugen entstellt, auf unförmlichen Leibern trugen, hin- und herwackelten, beides, lustig und verdrießlich zu sein schienen. Plötzlich öffnete sich der Kreis, die Kleinen wichen nach beiden Seiten zurück, und Guru, nur größer und von Gestalt ebenso ungeheuer als jener Stein, kam mit mächtigen Riesenschritten heran. Sie schlang beide Arme um das steinerne Bild, welches sogleich anfing, Leben und Bewegung zu erhalten. Sowie die erste Regung sich zeigte, begannen die kleinen unter wunderlichen Sprüngen und Gebärden einen Gesang, oder, um es recht zu sagen, ein Heulen, das auf der ganzen Insel widerhallte, und vor dem sie zu erbeben schien. Orm zog bestürzt den Kopf zurück, und er und Aslaug verhielten sich in der Dunkelheit so still, dass sie kaum zu atmen wagten.

Der Zug bewegte sich nach dem Hause, das konnte man deutlich an dem herannahenden Geschrei merken. Jetzt waren sie eingezogen, die Zwerge sprangen leicht und behend auf den Bänken herum, und schwer und mächtig klangen dazwischen die Tritte der Riesen. Man hörte den Tisch decken, die Schüsseln klappern und das Geschrei der Lust, womit die Mahlzeit gefeiert wurde. Als sie beendigt war und es auf Mitternacht zuging, begann ein Tanz zu jenem entzückenden, geistverwirrenden Elfenlied, das Menschen dann und wann in Felsenschlünden gehört und den Unterirdischen abgelauscht haben. Indem Aslaug diesen Gesang vernahm, empfand sie eine unwiderstehliche Begierde, den Tanz mit anzusehen, und Orm war nicht imstande, sie zurückzuhalten. »Lass mich schauen«, sagte sie, »sonst zerspringt mir das Herz.« Sie nahm ihr Kind und setzte sich an das äußerste Ende des Bodens, wo sie alles übersehen konnte, ohne dass jemand sie bemerkte. Lange und mit unverwandten Augen sah sie dem Tanze zu, den wunderbaren und kühnen Sprüngen der kleinen Geschöpfe, die in der Luft zu schweben, die Erde gar nicht zu berühren schienen, während die entzückende Melodie der Elfen ihre Seele erfüllte. Das Kind indessen, das in ihren Armen lag, ward schläfrig und holte tief Atem, und ohne an das zu denken, was sie der Alten versprochen, machte sie, was man pflegt, das Zeichen des Kreuzes über den Mund des Knaben und sprach: »Christ segne dich, mein Kind!«

In demselben Augenblick, wo sie das Wort ausgesprochen hatte, erhob sich ein entsetzlicher durchdringender Schrei. Die Geister stürzten Hals über Kopf in furchtbarem Gedränge zur Tür hinaus, ihre Lichtchen erloschen, und in wenig Minuten war das ganze Haus von ihnen verlassen und wie verödet. Orm und Aslaug, heftig erschrocken, bargen sich in dem heimlichsten Winkel des Hauses. Erst bei Tagesanbruch wagten sie sich hervor, und als die Sonne durch die Lücke im Dach auf den Herd herabschien, hatten sie Mut genug, vom Boden herabzusteigen.

Noch stand der Tisch gedeckt, so wie ihn die Unterirdischen gelassen hatten, und ihr Geschirr darauf, von Silber und auf das zierlichste gearbeitet. Mitten auf dem Boden ein mächtiger, kupferner Kessel, halb mit süßem Mete angefüllt, zur Seite ein Trinkhorn aus reinem Golde. In dem Winkel lehnte an der Wand ein besaitetes Instrument, einem Hackbrett nicht unähnlich, welches Riesenweiber, wie man glaubt, zu spielen pflegen. Sie starrten alles mit Verwunderung an, ohne dass sie sich getraut hätten, etwas davon anzurühren; in das höchste Erstaunen aber gerieten sie, als sie sich umwendend eine große Gestalt oben an dem Tische sitzen sahen, Orm erkannte sogleich den Riesen, welchen Guru in der Nacht durch ihre Umarmung belebt hatte. Jetzt war er harter und kalter Stein. Während sie davorstanden, trat sie selbst in Riesengestalt zur Stube herein. Sie weinte so heftig, dass ihre Tränen auf die Erde herabrieselten. Vor Schluchzen konnte sie lang kein Wort hervorbringen, endlich sprach sie: »Großes Leid habt ihr mir zugefügt, und ich muss weinen, solange ich lebe; doch da ich weiß, dass ihr es nicht aus bösem Willen getan habt, so will ich euch verzeihen, obgleich es mir eine Kleinigkeit wäre, das ganze Haus über euch wie eine Eierschale zusammenzudrücken. Weh!«, rief sie, »mein Hausherr, den ich mehr liebe als mich selbst, dort sitzt er, auf immer erstarrt, niemals wird er seine Augen wieder aufschlagen! Dreihundert Jahre lebte ich bei meinem Vater auf der Insel Kunnan, glücklich in unschuldiger Jugend, als die schönste unter den Riesenjungfrauen. Mächtige Freier bewarben sich um mich, noch steht das Meer rings um jene Insel voll von großen Felsenstücken, welche sie im Zweikampf gegeneinander schleuderten. *Andfind* trug den Sieg davon, und ich verlobte mich mit ihm. Doch als ich noch Braut war, da kam der abscheuliche Odin ins Land, überwältigte meinen Vater und vertrieb uns alle von der Insel. Vater und Schwestern flüchteten in das

Gebirge, und seitdem hat sie mein Auge nicht wieder erblickt. Ich und Andfind, wir retteten uns hierher auf diese Insel, wo wir lange Zeit in Ruhe und Frieden lebten und nie gestört zu werden glaubten. Aber das Schicksal, dem niemand entgeht, hatte es anders beschlossen. Oluf kam von Britannien. Sie nannten ihn den Heiligen, und Andfind besorgte gleich, seine Fahrt werde den Riesen unheilbringend sein. Als er hörte, wie Olufs Schiff durch die Wellen heransauste, ging er hinab an den Strand und blies aus allen Kräften das Meer ihm entgegen, und es stürmte heftig, dass die Wellen wie Berge sich erhoben. Aber Oluf war noch mächtiger, sein Schiff flog unaufhaltsam durch die Wogen, nicht anders als ein Pfeil, der, vom Bogen abgeschossen, dahinfährt. Es steuerte gerade auf unsere Insel, als es so nah war, dass Andfind es mit Händen zu erreichen glaubte, griff er mit der Rechten in den Vorderteil und wollte es hinab in den Grund ziehen, wie er oft mit andern Schiffen getan hatte. Doch Oluf, der entsetzliche Oluf, trat hervor und, die Hände kreuzweis übereinandergeschlagen, rief er mit lauter Stimme: »Steh da als ein Stein bis zum Jüngsten Tag!« Und in demselben Augenblick war der arme Andfind in harten Kiesel verwandelt. Ungehindert segelte das Schiff weiter und gerade auf den Berg los, den es durchschnitt und von dem es die kleine Insel abtrennte, die draußen liegt. Seitdem war mein Glück vernichtet, einsam und traurig habe ich meine Jahre verlebt. Nur in der Julenacht können versteinerte Riesen auf sieben Stunden das Leben zurückerhalten, wenn jemand aus ihrem Geschlecht sie umarmt und zugleich hundert Jahre von dem eigenen Leben aufzuopfern bereit ist. Doch das tut selten ein Riese. Ich liebte meinen Hausherrn zu sehr, als dass ich nicht gerne jedes Mal, wo ich es konnte, um den höchsten Preis ihn ins Leben zurückgerufen hätte, und ich wollte niemals nachzählen, wie oft ich es getan, damit ich nicht wüsste, wann die Zeit käme, wo ich selbst zu Stein werden und in dem Augenblick, wo ich die Arme um ihn schlänge, mit ihm zusammenwachsen würde. Doch, auch dieser Trost ist mir genommen! Ich kann ihn mit keiner Umarmung mehr aufwecken, nachdem er den Namen gehört hat, den ich nicht nennen darf, und er wird das Licht nicht wieder schauen, bis am Jüngsten Tag.

Ich gehe nun fort, ihr werdet mich niemals wiedersehen. Was in dem Hause hier ist, alles schenke ich euch, nur mein Saitenbrett will ich behalten, weil es Andfind mir gegeben hat. Aber dass niemand es wage, auf den kleinen Inseln, die rings umher liegen, seinen Wohnsitz aufzuschlagen! Dort wohnen die kleinen Unterirdischen, die ihr bei dem Feste gesehen habt, und die will ich beschützen, solange ich lebe!«

Mit diesen Worten verschwand Guru. Im nächsten Frühjahr fuhr Orm mit dem goldnen Horn und dem Silberwerk nach Drontheim, wo ihn niemand kannte, der Wert des edlen Metalls war so groß, dass er sich alles ankaufen konnte, was ein wohlhabender Mann bedarf, und damit beladen kehrte sein Schiff nach der Insel zurück, wo er lange Jahre in ungestörtem Glück zubrachte. Aslaugs Vater versöhnte sich bald mit dem reichen Schwiegersohn.

Das steinerne Bild blieb in dem Hause sitzen, keine menschliche Kraft war imstande, es zu bewegen, und der Stein selbst so hart, dass Hammer und Axt absprangen, ohne es im Geringsten zu verletzen. Der Riese saß da so lange, bis ein heiliger Mann auf die Insel kam, der durch ein einziges Wort ihn wieder an den Platz zurücksetzte, wo er früher gestanden hatte und wo er noch jetzt steht. Der kupferne Kessel, den die Unterirdischen zurückließen, wird als ein Andenken auf der Insel aufbewahrt, welche den Namen Hausinsel bis auf den heutigen Tag führt.

Es war einmal ein Bursche, der hatte keine Freundin. Da nahte das Weihnachtsfest. Die andern Burschen gingen alle zum Fest, er aber blieb zu Hause und war ganz allein. Da dachte er: »Was kann ich jetzt wohl machen?« Er kaufte sich eine Kerze und nahm die Kantele zur Hand, ging in die Badestube, steckte sich die Kerze an und stellte sie auf den Ofen. Dann fing er an zu spielen.

Wie er eine Weile gespielt hatte, kam ein Mädchen zu ihm in die Badestube und begann zu tanzen. Dann ging sie auf den Burschen zu und gab ihm einen Kuss. Erst um Mitternacht verschwand sie. Den nächsten Abend ging der Bursche wieder in die Badestube und spielte dort. Das Mädchen kam wieder und tanzte und gab ihm einen Kuss. Am dritten Abend lud der Bursche seine alte Pate ein. Und die Pate belehrte ihn: »Häng dir ein Kreuz um den Hals, über den Rock. Wenn das Mädchen wiederkommt und dir einen Kuss gibt, nimm das Kreuz ab und häng es ihr um den Hals.«

Als nun das Mädchen kam, um ihn zu küssen, hängte er ihr das Kreuz um den Hals. Da murmelte sie etwas zum Fenster hinaus, und andere Mädchen gaben Antwort, aber der Bursche erschrak und fiel bewusstlos hin. Als er am Morgen aufwachte, sah er, dass das Mädchen bei ihm saß. Er ging nach Hause und das Mädchen hinter ihm her. Er redete sie an, aber sie konnte nicht sprechen. Da ließen sie den Pfarrer kommen, und der Pfarrer las ihr aus der Bibel vor. Da begann das Mädchen zu erzählen, woher sie komme, dass sie aus dem Schlosse und die Tochter des Grafen sei. Und sie bat den Burschen: »Geh mit mir zu meinem Vater!« Dann machten sie sich zusammen auf mit einem Pferd und einem schlechten Wagen. Sie kamen jedoch nicht bis zum Schloss, der Wagen zerbrach, und das Pferd wurde müde. Da setzten sie ihren Weg zu Fuß fort, bis sie schließlich beim Schloss anlangten. Aber hier wurden sie nicht eingelassen. Da fragten sie: »Hat nicht der Graf ein hübsches kleines Kind?«

»Ja, das hat er«, antwortete man ihnen. »Nun, des Kindes wegen kommen wir her.« Da ließ man sie vor.

Der Graf fragte: »Was wisst ihr denn von dem Kinde?« Und sie sagten: »Wir wissen nicht mehr, als dass es 21 Jahre alt ist, und es wächst nicht und stirbt nicht. Es ist aber gar nicht Euer Kind, denn ich bin Eure Tochter.«

»Du unser Kind?«, sprach der Graf. »Wie kannst du denn unser Kind sein?«

»Seht«, sagte das Mädchen, »eine Hexe hat mich entführt und Euch dieses Kind statt meiner in die Wiege gelegt. Ich bin jetzt 21 Jahre bei ihr.« Und das Mädchen fragte den Grafen: »Hattet Ihr nicht zu der Zeit einen Ball?«

»Ja, das hatte ich.«

»Wurde Euch damals nicht ein silberner Löffel gestohlen?«

»Ja«, sagte der Graf, »den stahlen sie.«

»Und was habt Ihr damals mit der Haushälterin gemacht?«

»Wir haben sie wegen des Diebstahls bestraft.«

»Nun, gabt Ihr ihr nicht später noch einen Ball? Stahlen sie Euch da nicht einen silbernen Becher?« Der Graf antwortete: »Ja, das taten sie.«

»Die Haushälterin war nicht schlecht«, sagte das Mädchen, »wir waren es, wir haben Euch den Becher gestohlen! Jetzt seht Ihr doch, dass ich Eure Tochter bin, und diesen jungen Mann sollt Ihr mir zum Mann geben.«

Da fragte der Graf: »Wie kommst du denn zu dem armen Burschen?«

Und das Mädchen erzählte: »Es war am Weihnachtsabend, der junge Bursche spielte in der Badestube Kantele, wir kamen vorbei, und ich bat, ihm zusehen zu dürfen. Da schickten sie mich hinein, vor ihm zu tanzen, und befahlen mir, ihn zu küssen. Denn wir wollten ihn ein bisschen zum Narren halten. Aber er war gescheiter als wir, der Bursche. Zwei Abende nacheinander war ich dort. Am dritten Abend warf er mir ein Kreuz um den Hals, dann bin ich nicht mehr fortgegangen. Den folgenden Morgen lief ich ihm nach. Seht, so hat er mich erlöst.«

Da erkannte der Graf das Mädchen als seine Tochter an. »Was sollen wir mit diesem Kind hier machen, das schon 21 Jahre bei uns ist?«, fragte er. »Baut einen Scheiterhaufen und zündet ihn an, dann bringt mir das Kind!« Das Kind wurde ihr gebracht, und sie legte es auf eine Schippe und warf es in die brennenden Scheite. Da schrien die Hexen aus dem Fenster: »Verbrenn unser Kind nicht in dem Scheiterhaufen!« Hoch loderten die Flammen auf, da platzte dem Kinde die Haut vom Leibe, und ein Erlenstumpf blieb auf der Feuerstätte.

Da ging das Mädchen zu dem Burschen und führte ihn an die Feuerstätte, und der Graf sagte zu ihm: »Geh und sieh nach deinem Hause!« Aber der junge Mann antwortete: »Ich habe keine Pferde, um hinzufahren.« Da kaufte ihm der Graf Pferde, dazu einen Wagen und gab ihm einen Kutscher. Dann fuhren sie zu dem Hause, wo der junge Mann wohnte. Seine Hütte war sehr ärmlich, und der Graf sagte: »Nach einem Monat sollst du ein Haus aus Stein haben.« Sie bauten ihm ein Haus aus Stein, dort zog er ein mit seiner jungen Braut, und jetzt leben sie noch immer in dem steinernen Haus.

48. Glück und Unglück

In alten Zeiten lebte ein armer Bauer, und es ging ihm recht schlecht. Alle anderen säten rechtzeitig Roggen aus, der arme Bauer aber hatte keine Saat, denn er hatte ja nicht einmal Brot zum Essen. Der Bauer überlegte hin und her, wusste aber nicht, wie er zur Roggensaat kommen könnte. Seine Darre, die Trockenvorrichtung für das Korn, hatte noch ein Strohdach. Da riss er das Dach einfach ab, drosch das Stroh nochmals und kam auf diese Weise zu einigen Stof Saatgut. Am Heiligen Abend spannte er sein Pferd an und säte den Roggen einfach auf dem Schneefeld aus. Dann fuhr er mit der Egge darüber, wie man es zu machen pflegt, wenn man zur rechten Zeit Korn aussät.

Im nächsten Jahr hatte der Bauer eine solche Roggenernte, dass man den Hut davor abnehmen konnte.

In der nächsten Nachbarschaft des Armen wohnte ein reicher Bauer. Als er die Riesenernte des Armen sah, beschloss er, es so zu machen, wie es der Arme vor einem Jahr getan hatte: Er säte Roggen im Schnee aus.

Er ließ die richtige Zeit der Aussaat vorbeigehen und wartete auf Weihnachten. Jetzt fuhr der reiche Bauer auf den Acker und säte seinen Roggen aus, wobei er sich schon jetzt darauf freute, dass er dieses Jahr eine ebenso reiche Ernte haben werde wie der Arme. Auch der Arme hatte diesmal seinen Roggen rechtzeitig ausgesät.

Im nächsten Herbst hatte der arme Bauer wieder eine gute Roggenernte, weil er rechtzeitig ausgesät hatte. Der reiche Bauer jedoch erntete nicht einmal ein taubes Körnchen.

Es waren einmal zwei Burschen, die um dieselbe Frau freiten. Als das Frühjahr kam, zogen die beiden und die Frau in Gemeinschaft mit anderen Leuten nach einer weit im Meere draußen gelegenen Insel, um Fische zu fangen. Auf der Insel waren auch Fischerhütten erbaut, da dieser Ort von alters her als ausgezeichneter Fischplatz bekannt war und die Leute in der Regel bis zum Herbste dort blieben.

Das Mädchen und die beiden Burschen bewohnten dieselbe Hütte und fischten in demselben Boote. Allmählich begann jedoch der eine der Männer zu bemerken, dass die Frau ihm weniger Aufmerksamkeit schenke als seinem Kameraden. Hierüber ärgerte er sich und sann darüber nach, auf welche Weise er wohl seinen Nebenbuhler am besten aus dem Wege räumen könnte.

Als die Fischer wieder die Heimreise antraten, richtete er es so ein, dass er, das Mädchen und sein Kamerad, die letzten waren, welche den Fischplatz verließen. Als nun auch sie alle ihre Sachen in das Boot gebracht hatten und schon zum Abrudern bereit waren, sagte der Bursch, um den das Mädchen sich nicht kümmerte, zu seinem Kameraden: »Ah, ich habe mein Messer oben in der Hütte vergessen; spring doch hinauf und hole es mir, dann bist du ein guter Kerl!«

Dieser tat dies, ohne den geringsten Verrat zu ahnen, war jedoch noch nicht weit gekommen, als der Kamerad das Boot abstieß und mit dem Mädchen davonruderte.

Er war nun ganz allein auf der Insel und besaß nichts anderes, womit er sich forthelfen konnte, als das Messer, welches der Kamerad zurückgelassen hatte. Er machte sich einen Bogen, und mit diesem schoss er Strandvögel, die er am Feuer briet. Auf diese Weise fristete er sein Leben fort bis Weihnachten. Am Weihnachtsabend trug er eine größere

Menge Brennholz zusammen und stapelte es gerade vor der Tür der Hütte zu einem großen Haufen auf, um nicht während der Weihnachtstage Holz holen zu müssen.

Abends, als er mit dem Holzstoß fertig war, saß er eine Weile vor der Tür und blickte sehnsuchtsvoll nach dem Festlande hinüber. Da bemerkte er plötzlich ein Boot, welches auf die Insel zusteuerte. Der Bursch freute sich, glaubte er doch, dass es Menschen wären, die auf die Insel kämen. Als aber das Boot näher kam, schien es ihm allerdings etwas sonderbar auszusehen, und als es dann anlegte und die Leute ans Land stiegen, erkannte er bald, dass es nicht »Albma-olbmuk«, das heißt Leute von dieser Welt oder richtige Menschen, sondern Ulta-Leute waren. Er kroch deshalb hinter den Holzstoß und versteckte sich, jedoch so, dass er sie ungesehen beobachten konnte.

Nun stiegen alle ans Land. Es war eine große Gesellschaft, die allerlei Kram bei sich hatte. Unter den Frauen befanden sich zwei junge Mädchen, die sehr schön und dabei auch hübsch gekleidet waren. Jedes trug einen Proviantkasten in der Hand, als die ganze Schar auf die Hütte zuging. Nachdem der ganze Kram in die Hütte geschafft war, kamen die beiden Mädchen wieder heraus, um sich auf der Insel umzusehen. Dabei entdeckten sie auch den Burschen, der hinter dem Holzstoß lag. Anfangs fürchteten sie sich ein wenig und wären beinahe wieder davongelaufen. Weil der Bursch aber ganz ruhig dalag, traten sie näher an ihn heran, begannen zu kichern und zu lachen und allerlei Scherz mit ihm zu treiben.

Der Bursch hatte eine Stecknadel in dem einen Ärmel seiner Jacke. Als sie nun so um ihn herumsprangen und ihn von Zeit zu Zeit zupften, passte er einen günstigen Augenblick ab und stach die eine in die Hand, sodass diese zu bluten begann. Die Gestochene begann nun, laut zu schreien und zu jammern. Da kamen auch die übrigen aus der Hütte gelaufen, um zu sehen, was geschehen sei. Sowie sie ihn aber erblickten, stürzten sie wieder hinein, rafften in größter Eile und Hast von dem mitgebrachten Kram zusammen, was jedes erwischen konnte, und eilten davon.

In einem Augenblick war alles verschwunden: die Leute, der Kram und das Boot; nur ein Schlüsselbund war auf dem Tisch liegen geblieben, und auch das eine Mädchen, welches der Bursch blutig gestochen hatte, stand noch da. Ganz kraft- und hilflos war es.

»Nun musst du mich zu deiner Frau machen«, sagte das Mädchen, »weil du mich blutig gestochen hast!«

»Ja, ja, warum nicht«, antwortete er. »Das will ich gern tun. Aber wie glaubst du, dass wir den Winter über auf der Insel hier werden leben können?«

»Damit hat es keine Not«, meinte das Mädchen, »wenn du mir nur versprechen willst, dass du mich zur Frau nimmst. Du bekommst ja reiche Verwandte!«

Der Bursche versprach es, und so lebten sie denn miteinander auf der Insel bis zum Frühjahr, wo wieder Leute hinauskamen, mit denen sie nach dem Festland hinüberfuhren.

»Wohin sollen wir uns jetzt begeben?«, fragte das Mädchen den Burschen.

»Das weiß ich nicht«, sagte er. »Was denkst du?«

Das Mädchen meinte, ihr wäre es am liebsten, sich an einem Ort niederzulassen, wo ihre Eltern wohnten. »Aber nur, wenn du willst«, fügte sie hinzu.

»Warum nicht?«, antwortete der Bursch, und so reisten sie dahin und suchten sich einen bequemen Wohnplatz aus.

»Nun musst du selbst den Platz für das Haus ausmessen«, sagte das Mädchen, »du kannst ihn groß oder klein nehmen, wie du willst!«

Der Bursch maß den Platz aus.

Als sie sich des Abends schlafen legten, sagte das Mädchen: »Wenn du in der Nacht, während wir liegen und schlafen, etwas hören solltest, so darfst du nicht aufstehen und auch nicht nachsehen, was es sei!«

In der Nacht hörte er, wie gemauert, gezimmert, gespalten und gehämmert wurde. Doch er rührte sich nicht vom Fleck. Des Morgens, als er und das Mädchen aufstanden und sich umsahen, stand das Haus in allen Teilen fertig da.

»Nun musst du den Platz für den Kuhstall ausmessen«, sagte das Mädchen am nächsten Tage, »aber nimm den Platz nicht zu groß und auch nicht zu klein!«

Der Bursch maß.

In der Nacht hörte er wieder, wie gezimmert, gespalten und gehämmert wurde. Am Morgen stand der Kuhstall vollkommen fertig da mit Ständern, Milcheimern und Kloben. Nur Kühe waren nicht drin. Nun bat das Mädchen den Burschen, er möchte den Platz für ein Vorratshaus ausmessen. Er könne es so groß haben, wie er selbst es wolle. Als auch das Vorratshaus fertig war, forderte sie ihn auf, zu ihren Eltern zu reisen. Sie wanderten denn auch dahin und blieben dort, solange sie wollten. Als sie aber wieder nach Hause reisen wollten, sagte das Mädchen zu dem Burschen: »Wenn wir Abschied genommen haben und daran sind, aus dem Haus zu treten, so gib gut acht und eile so schnell du kannst über die Türschwelle!«

Der Bursche tat, wie das Mädchen gesagt hatte, und gerade in dem Augenblick, als er über die Schwelle stieg, warf der Vater des Mädchens einen großen Hammer nach ihm. Wäre er nicht so schnell gewesen und hätte er nur einen Augenblick verweilt, so würde ihr Vater ihm beide Beine abgeschlagen haben.

Als sie eine Strecke weit auf dem Heimweg gewandert waren, sagte das Mädchen: »Nun darfst du dich nicht früher umsehen, als bis du in das Haus getreten bist, was immer du auch hören und wahrnehmen magst!«

Der Bursche versprach es. Als er aber schon bei der Haustür angelangt war, konnte er sich nicht länger zurückhalten, sondern sah sich um. Da war gerade die Hälfte einer großen Viehherde, welche die Schwiegereltern ihnen nachgeschickt hatten, innerhalb des Zaunes gekommen, die andere Hälfte stand noch außerhalb. Die aber, welche außerhalb stand, war in demselben Augenblick verschwunden.

Hierauf ließ sich das Paar von dem Priester trauen, und sie bekamen Kinder und lebten glücklich und zufrieden. Das einzige, was dem Mann nicht gefiel, war, dass seine Frau bisweilen verschwand, ohne dass es ihm möglich war zu erforschen, wohin sie gekommen sei. Als er sich deshalb eines Tages hierüber beklagte, sagte die Frau, welche ja ihren Gemahl recht lieb hatte: »Lieber Mann, wenn es dir nicht recht ist, dass ich manchmal fort bin, so schlage nur einen großen Nagel in die Türschwelle. Dann kann ich weder hinaus noch hinein, es sei denn, dass du selbst es willst!«

50. Vom Salz im Meer

Es waren einmal zwei Brüder, der eine war reich, der andere arm. Als nun das Weihnachtsfest herankam, hatte der Arme kein Brot im Hause, ging daher zu seinem Bruder und bat um eine Kleinigkeit. Dieser war eben nicht sonderlich froh, denn es war nicht das erste Mal, dass seine Milde von jenem in Anspruch genommen wurde. »Willst du tun, was ich dir sage«, sprach er, »so sollst du einen ganzen Schinken haben, so, wie er im Rauch hängt.« Das wollte der Arme gern und bedankte sich. »Da hast du ihn!«, sagte der Reiche, indem er ihm den Schinken zuwarf. »Nun geh zur Hölle!«

»Hab ich es versprochen, so muss ich es tun«, sagte der Arme, nahm den Schinken und ging fort. Er wanderte den ganzen Tag; als es dunkel wurde, erblickte er vor sich einen hellen Lichtschimmer. »Hier muss es sein!«, dachte er. Etwas weiter hin im Walde aber stand ein alter Mann mit einem langen weißen Bart und hackte Holz. »Guten Abend!«, sagte der mit dem Rauchschinken. »Wo willst du hin?«, fragte der Greis. »Oh, ich wollte nur zur Hölle, aber ich weiß nicht, ob ich recht gegangen bin«, versetzte der Arme. »Ja, du bist auf dem rechten Wege«, sagte der Alte, »das hier ist die Hölle.« Und weiter sagte er: »Wenn du nun hineinkommst, dann werden sie dir wohl alle deinen Schinken abkaufen wollen, denn Schweinefleisch ist ein seltenes Gericht in der Hölle, aber du sollst ihn für kein Geld verkaufen, sondern verlange dafür die alte Handmühle, die hinter der Türe steht. Wenn du dann wieder herauskommst, will ich dich auch lehren, wie du sie stellen musst, denn die Mühle ist zu etwas gut, musst du wissen.« Der Mann mit dem Schinken dankte für den guten Bescheid und klopfte beim Teufel an.

Als er hineintrat, geschah es, wie der Alte ihm gesagt. Alle Teufel kamen um ihn herum, und der eine überbot den anderen auf den Rauchschinken. »Es war freilich meine Absicht, ihn zum Weihnachtsabend mit meiner Frau zu essen«, sagte der Mann, »aber weil ihr alle so erpicht darauf seid, will ich ihn euch wohl überlassen, doch verkaufe ich ihn für keinen andern Preis als für die Handmühle, die da hinter der Tür steht.« Damit wollte der Teufel nicht herausrücken und feilschte mit dem Mann hin und her, aber der war nicht umzustimmen, und so musste der Teufel ihm schließlich die Mühle überlassen.

Als der neue Besitzer der Mühle aus der Hölle herausgekommen war, fragte er den alten Holzbauer, wie er die Mühle stellen müsse, und als der es ihm gesagt hatte, bedankte er sich und machte sich wieder auf den Heimweg. Aber wie sehr er sich auch beeilte, so kam er doch nicht eher als Mitternacht zu Hause an.

»Wo bist du gewesen?«, fragte ihn seine Frau, als er in die Stube trat. »Du weißt doch, dass ich nicht einmal zwei Holzsplitter habe, um sie unter den Grützkessel zu legen und uns eine Weihnachtssuppe zu kochen.«

»Oh«, sagte der Mann, »ich konnte nicht eher kommen, denn ich hatte ein Geschäft zu besorgen und musste deshalb einen weiten Weg machen, aber jetzt sollst du sehen, was ich mitgebracht.« Nun stellte er die Mühle auf den Tisch hin und ließ sie mahlen, erst Lichter, dann ein Tischtuch, danach Essen und Bier und alles, was zu einem guten Schmaus gehört, und so wie er es der Mühle befahl, so mahlte sie. Seine Frau wollte unbedingt wissen, wo er die Mühle herbekommen, aber er antwortete bloß: »Das kann dir ganz gleich sein, woher ich sie habe, Frau, du siehst, dass sie gut ist und dass das Mahlwasser nicht ausgeht, und das ist gut.« So mahlte er alles, was gut schmeckt, für das ganze Weihnachtsfest, und am dritten Tag bat er seine Freunde zu sich, denn er wollte ihnen einen Gastschmaus geben. Als der reiche Bruder sah, was da alles an Speise und Trank bereitstand, lief es ihm heiß und kalt über die Haut, weil er seinem armen Bruder überhaupt nichts gönnte. »Wo hast du den Reichtum herbekommen?«

»Hinter der Tür«, war die Antwort, denn er hatte keine Lust zu beichten. Aber gegen Abend, als er einen leichten Rausch bekommen hatte, konnte er sich nicht länger halten, sondern kam mit der Mühle zum Vorschein. »Da siehst du die Gans, die mir all den Reichtum gebracht hat«, sagte er und ließ die Mühle bald dies, bald jenes mahlen. Als der Bruder das sah, wollte er ihm die Mühle sofort abkaufen. Aber der andere verspürte gar keine Neigung zu solchem Geschäft. Endlich aber, wie der Bruder so sehr darum anhielt, sollte er sie für 300 Taler haben, aber bis zum Juli, machte er mit ihm aus, wolle er sie noch behalten, denn – dachte er – habe ich sie noch so lange, kann ich mir Essen mahlen für viele Jahre.

In dieser Zeit wurde die Mühle, wie man sich denken kann, nicht rostig, und als der Heumonat herankam, erhielt sie der Bruder, aber der frühere Eigentümer hatte sich wohlgehütet, ihm zu sagen, wie er sie stellen müsste. Es war am Abend, als der Reiche die Mühle nach Hause brachte, und am Morgen sagte er zu seiner Frau, sie sollte mit den Schnittern ins Feld gehen und Heu hinter ihnen kehren, er wolle indes das Mittagsmahl bereiten. Als es nun so gegen Mittag war, stellte er die Mühle auf den Küchentisch hin. »Mahle Hering und Milchsuppe!« sprach er, und die Mühle mahlte, was er verlangte, erst alle Schüsseln voll, und nachher soviel, dass die ganze Küche schwamm. Der Mann stellte und drehte die Mühle; aber wie er auch sie hantieren mochte, so hörte die Mühle nicht auf zu mahlen, und zuletzt stand die Milchsuppe schon so hoch, dass der Mann nahe daran war zu ertrinken. Nun riss er die Stubentüre auf; aber es dauerte nicht lange, so hatte die Mühle auch die Stube vollgemahlen, und nur mit knapper Not konnte der Mann noch die Türklinke in der Milchsuppenflut erfassen. Wie er nun die Türe aufgemacht hatte, stürzte er hinaus ins Freie, und Hering und Milchsuppe immer hinter ihm drein, sodass der ganze Hof und das Feld davonströmten.

Indessen schien es der Frau, die das Heu auf dem Feld kehrte, ziemlich lange zu dauern, bis der Mann wiederkäme und sie zu Mittag riefe. »Wir wollen nun nach Hause gehen«, sagte sie zu den Schnittern, »denn ich kann mir gut vorstellen, dass er mit der Milchsuppe nicht allein fertig wird, und da muss ich ihm helfen.« Sie machten sich also auf und gingen nach Hause. Als sie aber hinter den Berg kamen, schwammen ihnen Hering und Milchsuppe und Brot entgegen, alles durcheinander, und der Mann lief immer voran. »Gott gebe, dass jeder von euch hundert Bäuche hätte, um etwas davon herunterzuschlingen!«, rief er, »nehmt euch aber in Acht, dass ihr nicht in meinem Mittagessen ersauft!« Und damit rannte er an ihnen vorbei, als wäre ihm der Teufel auf den Fersen, und hinüber zu seinem Bruder. Den bat er um Gottes willen, er möchte doch sogleich die Mühle wieder nehmen. »Denn mahlt sie noch eine Stunde dazu«, sprach er, »so versinkt das ganze Dorf in Hering und Milchsuppe.« Der Bruder aber wollte die Mühle nicht wieder nehmen, es sei denn, dass der andere ihm noch 300 Taler dazu bezahlte. Weil nun durchaus kein anderer Rat war, so musste der Reiche mit dem Gelde herausrücken. Nun hatte der Arme sowohl Geld als auch die Mühle, und da dauerte es nicht lange, so hatte er sich ein Haus gebaut, noch prächtiger als das, worin der Bruder wohnte. Mit der Mühle mahlte er sich so viel Gold zusammen, dass er die Wände mit lauter Goldplatten bekleiden konnte, und das Haus lag so nahe am Strande, dass man den Glanz davon schon von Weitem auf dem Meer sah. Alle, die da vorbeisegelten, hielten dort an, um den reichen Mann in dem goldenen Hause zu besuchen und die Wundermühle zu sehen, denn es ging davon der Ruf in alle Lande.

Einmal kam auch ein Schiffer dort vorbei, er wollte ebenfalls die Mühle sehen, und als er sie gesehen, fragte er, ob sie wohl auch Salz mahlen könne. »Ja, Salz kann sie auch mahlen«, sagte der Mann. Nun wollte der Schiffer sie ihm unbedingt abkaufen, koste sie, was sie wolle. »Denn habe ich die«, dachte er, »dann brauche ich nicht immer so weit übers Meer zu segeln, um Salz zu holen, sondern kann mich zu Hause pflegen.«

Anfangs wollte der Eigentümer sie aber überhaupt nicht hergeben, doch der Schiffer bat ihn so lange und so inständig, bis er sie ihm endlich für viele tausend Taler verkaufte. Als nun der Schiffer die Mühle bekommen hatte, blieb er nicht lange in der Gegend, denn er dachte, den Mann könne der Handel nachher wieder gereuen. Er ließ sich auch nicht einmal so viel Zeit, dass er ihn fragte, wie er die Mühle stellen müsste, sondern ging schnell auf sein Schiff und stieß vom Land. Als er ein Stück in die große See hinausgekommen war, nahm er seine Mühle hervor. »Mahle Salz!«, rief er, und die Mühle mahlte Salz, dass es knisterte und sprühte. Als der Schiffer sein Schiff voll hatte, wollte er die Mühle stopfen, aber wie er's auch anfing und sie stellte und drehte, die Mühle mahlte immerfort, und der Salzhaufen wuchs höher und immer höher, und zuletzt versank das ganze Schiff im Meer. Da steht nun die Mühle auf dem Meergrunde und mahlt noch den heutigen Tag, und daher kommt es, dass das Meerwasser salzig ist.

51. Die Bishorster

Bishorst war ein Dorf, das zu der Haseldorfer Marsch gehörte, und soll seinen Namen davon erhalten haben, weil es dem Bischof Vicelin, wenn er verfolgt ward, zur Zuflucht diente. Jetzt ist Bishorst von der Elbe so weit weggerissen, dass nur noch eine Baumgruppe im Außendeich davon übrig ist, und eine Stelle im tiefen Wasser wird von den Schiffern der Bishorster Kirchhof genannt. Von den Bishorstern erzählen die Haseldorfer nun folgende Geschichte.

In alten Zeiten war es gebräuchlich, am Morgen des heiligen Christtages vor Tagesanbruch zur Kirche zu gehen, um, wie man sagte, den frommen Hirten im Evangelium nichts nachzugeben. Um nun in der Dunkelheit den Weg zur Kirche zu finden, hatten die Bishorster ein Seil ausgespannt, dass sie den rechten Weg beibehielten. Ein Schalk aber wusste davon, und da er den Leuten einen Streich spielen wollte, leitete er das Seil statt nach der Kirchentür einmal zu einem tiefen Brunnen. Die Bishorster dachten an nichts Arges und gingen an ihrem Seil einer hinter dem andern her. Als nun der Erste an den Brunnen kam, fiel er hinein, und das Wasser schlug ihm überm Kopf zusammen. Der Nächste meinte, es ist die Kirchentür und rief: »Plump in helgen Karken. Laat apen! Ik will ok h'rin!«, und damit fiel auch dieser hinein. Und der Nächste dachte ebenso und sagte dasselbe, und er und die andern alle fielen bis auf den letzten in den Soot. Also kamen die Bishorster um.

52. De twe Bröder

Dar weern mal twe Bröder, de een weer rik, de anner arm, ganz arm. Do keem de arme Broder – dat weer jüs to Wihnachabend – to sin rike Broder un bä um en Gav. De rike Broder, de gar ni gut to spreken weer, dat son arm Stackel to em keem – den Armod schändt – , gung to Böhn, hal en Schinken raffer, gef de sin Broder hin un sä: »Gah dormit ton Düwel!« De arme Mann kummt to Hus. Seggt sin Fru: »Na, heß wat kregen?«

»Ja«, seggt he, »ik hef en ganzen Schinken kregen, awers ik schall dormit ton Düwel gahn.« Seggt de Fru: »Ja, den muss du je los.«

Den anner Morgen ganz bitiden makt he sik den mit sin Schinken op de Weg na 'n Düwel. He kummt in en Holt rinner un bald bedüstert he dar. He klattert op en Bom un süht in 'e Fiern en Licht. He klattert weller dahl un geit up dat Licht los. Do kummt he an en lütt Hus. In 'e Dörnsch sitt en Fru to spinn. He kloppt an un se lett em in. Seggt he: »Kann Se mi seggen, wo de Düwel wahnt?« Antwurd se: »Ja, dat kann ik Em wul seggen. Awer hüt abnd kann He je doch ni mehr hinkam. He kann hir bi mi nacht bliben«, – un se sett em Äten un Drinken vör, un he blift dar öwer Nacht. Den annern Morgen seggt se em, wonehm he langs gahn schall, un dat he den bi den Barg kummt, wo de Düwel in wahnt.

He geit nu los. Ünnerwegens begegnet em en ole Mann,

de gift em en Töwerstock: wenn he dormit de Barg an-
rührt, so deit de sik apen tun – is en ganz prächdi Slott, un
de Düwel kummt den to em rut. Den schall he man to 'n
Düwel seggen: »Hir hef ik en Geschenk vör di, vun dorvör
kanns du di den dre Deel wünschen un utsöken. Toers lopt
dar en ganze Barg Höner. Darvan kanns du di een utsöken.
Du muss awers de spotterichste nehm'n, de dr' mank is. Den
de leggt Goldstücken. Den kumms du in en Dörnsch rinner,
wo ganz fein deckt is. Hir liggt afsids up en anner Disch en
schidige Dischlaken, dat muss du ok mitnehm'n. Wenn du
dat utbreden deis, so kanns du di dat schönste Äten wünschen; un dat is darop. In 'e Eck liggt en grise Sack. Darin
sünd söben Knüppeln, un wenn du den seggs: 'Söben Knüppeln ut 'n Sack, slat mi de un de wat' – so kamt se rut ut de
Sack, un prügelt den, de di wat dahn het, düchdi dör. Un
wenn du den weller seggs: ›Söben Knüppeln in 'e Sack!‹, so
gaht se all weller rinner in 'e Sack. Disse Sack muss du ok
mitnehm'n.«

He geit los un kummt an'e Barg. Mit sin Töwerstock berührt he de Barg. Do deit de Barg sik apen tun – vör em
steit en ganz unmaten fein Slott, un darin wahnt de Düwel.
As he rin geit na dat Slott, kummt de Düwel em jüs in 'e
Möt, un he gift em den Schinken. Darvör kann he sik nu
dre Deel mitnehm'n. Dar lopt en ganze Barg Höner un dar
mank een son ganz spotteriche, de nimmt he. As em Äten
vörsett ward, nimmt he dat schidige Dischlaken, wat ganz
afsids liggt. In 'e Eck liggt en grise Sack, de nimmt he ok
mit, un dar geit he mit af.

He kummt weller in dat lütt Hus bi de ol Fru an un vertellt ehr, wi em dat gahn un wat he kregen het. He bred ok
gliks sin Dischlaken ut un wünscht sik dat schönste Äten, un
de Olsch mut mit äten. Ok de spotteriche Hehn mut Goldstücken leggn un de Olsch kriggt welk af. Dar dat nu awers
al lat worn is, un he dochen ni mehr to Hus kam kann, blift

he dar weller öwer Nacht, un den annern Morrn geit he to Hus. Sin Fru freut sik, dat he weller dar is, un he vertellt ehr ok allens, wat he belevt het. As he awers sin Dischlaken utbred't un sik en schönes Äten wünscht, blift dat Laken lerri. Un as de Hehn Goldstücken leggen schall, deit se dat ni. De ol Fru harr em Hehn und Dischlaken umtuscht. Do nimmt he sin Sack, geiht t'rügg na de ol Fru un seggt: »Söben Knüppel ut de Sack, slat 't ol Wif wat!« Do kamt de söben Knüppeln rut ut de Sack un prügelt de ol Fru so däger vör, bet se de Hähn un dat Dischlaken weller rafgift. Nu geit he weller to Hus. Un de arme Broder het nu op eenmal noch un is ok rik. Un wenn he ni dot is, so levt he noch.

53. De ol Fritz un de Jung

De ol Fritz is jimmer mit sin' Krückstock losgahn un hett denn allerlei opgrepen. Wenn denn abends de Generals bi em weern, denn hett he so 'n Döntjes herkregen. He is mal los un dröppt 'n Jung, de hödd Gös. »Na, Jung, höddst Gös?«

»Ja.«

»Levt din Vader noch?«

»Ja.«

»Wat makt din Vader denn?«

»Dat is 'n Bessenbinner we'n.«

»De makt ut een twee.«

»Hest ok noch 'n Moder?«

»Ja.«

»Wat makt de denn?«

»De backt vöreten Brot.«

»Hest ok noch 'n Broder un Swester?«

»Ja, min Broder is Jäger. De he grippt smitt he weg, un de he nich grippt, nimmt he weller mit.«

»Un din Swester?«

»De schreet ümmer achter Wiehnachten an.«

»Dar kann ik ni klok ut ward'n. Hier hest 'n Daler, nu vertell.«

»Ja, Vader snitt sik in 't Holt so vel to een' Bessen, dat dar in 't Hus twee ut ward. Un wi sünd ganz arm. Moder hett sik Brot lehnt, un wenn se backt, is 't al weller op.«

»Un din Broder?«

»Dat is 'n Ümdriff, de hett 'n Barg Untüg op 'n Liev. De he griepen deit, smiet he weg, un de he nich griepen deit, nimmt he mit.«

»Ja, un din Swester?«

»Ja, de hett sik mit 'n Mann afgeben, de hett er lopen laten. De Kerl heet Wiehnachen, dar schriggt se ümmer achteran.«

»Een' Daler hest du weg«, seggt Fritz, »dat seggst du ehr ni weller, ehr du mi hunnertmal sehn hest.«

As Fritz to Hus kummt, gifft he sin Generals dat als Radels op. De dat rad, kriggt wat. Se seht to, ut wat von Dor he rut gahn is, un toletz dreppt een de Jung. »Dat muss du mi vertelln«, seggt he, »ik gev di 'n Daler.«

»Ne, den' ik dat vertell, de hett mi al 'n Daler geben, un ik schall dat ehr ni vertelln, ehr ik em hunnertmal sehn heff.« He gifft em 100 Daler. »Ne, een' Daler hett Moder al utgeben, 99 makt dat al voll.« De General rad dat, un Fritz is weller hen na den Jung. »Wat hest du makt, dat schuss du doch ni.«

»Ja, ik heff di 100 mal sehn. Ik heff di do sehn un nu ok«, un 98 Daler tellt he em hen. »Du büst to klok achter de Gös, du schaß mit mi.«

»Ja.« He hett wat lehrt un is 'n groten Herrn warn.

Ein Kaufmann wollte auf die Messe gehen, da fragte er seine drei Töchter, was er ihnen mitbringen sollte. Die älteste sprach: »Ein schönes Kleid«. Die zweite: »Ein paar hübsche Schuhe«. Die dritte: »Eine Rose«. Aber die Rose zu verschaffen, war etwas Schweres, weil es mitten im Winter war, doch weil die jüngste die schönste war und sie eine große Freude an den Blumen hatte, sagte der Vater, er wolle zusehen, ob er sie bekommen könne, und sich rechte Mühe darum geben.

Als der Kaufmann wieder auf der Rückreise war, hatte er ein prächtiges Kleid für die älteste und ein paar schöne Schuhe für die zweite, aber die Rose für die dritte hatte er nicht bekommen können, wenn er in einen Garten gegangen war und nach Rosen gefragt, hatten die Leute ihn ausgelacht: ob er denn glaube, dass die Rosen im Schnee wüchsen. Das war ihm aber gar leid, und wie er darüber sann, ob er gar nichts für sein liebstes Kind mitbringen könne, kam er vor ein Schloss, und dabei war ein Garten, in dem war es halb Sommer und halb Winter, und auf der einen Seite blühten die schönsten Blumen groß und klein, und auf der andern war alles kahl und lag ein tiefer Schnee. Der Mann stieg vom Pferd herab, und wie er eine ganze Hecke voll Rosen auf der Sommerseite erblickte, war er froh, ging hinzu und brach eine ab, dann ritt er wieder fort. Er war schon ein Stück Wegs geritten, da hörte er etwas hinter sich herlaufen und schnaufen, er drehte sich um und sah ein großes schwarzes Tier, das rief: »Du gibst mir meine Rose wieder oder ich mach dich tot, du gibst mir meine Rose wieder oder ich mache dich tot!«

Da sprach der Mann: »Ich bitt dich, lass mir die Rose, ich soll sie meiner Tochter mitbringen, die ist die Schönste auf der Welt.«

»Meinetwegen, aber gib mir die schöne Tochter dafür zur Frau!« Der Mann, um das Tier loszuwerden, sagt ja und denkt, das wird doch nicht kommen und sie fordern, das Tier aber rief noch hinter ihm drein: »In acht Tagen komm ich und hol meine Braut.«

Der Kaufmann brachte nun einer jeden Tochter mit, was sie gewünscht hatte; sie freuten sich auch alle darüber, am meisten aber die jüngste über die Rose. Nach acht Tagen saßen die drei Schwestern beisammen am Tisch, da kam etwas mit schwerem Gang die Treppe herauf und an die Türe und rief: »Macht auf! Macht auf!« Da machten sie auf, aber sie erschraken recht, als ein großes schwarzes Tier hereintrat: »Weil meine Braut nicht gekommen und die Zeit herum ist, will ich mir sie selber holen.« Damit ging es auf die jüngste Tochter zu und packte sie an. Sie fing an zu schreien, das half aber alles nichts, sie musste mit fort, und als der Vater nach Haus kam, war sein liebstes Kind geraubt.

Das schwarze Tier aber trug die schöne Jungfrau in sein Schloss, da war's gar wunderbar und schön, und Musikanten waren darin, die spielten auf, und unten war der Garten halb Sommer und halb Winter, und das Tier tat ihr alles zuliebe, was es ihr nur an den Augen absehen konnte. Sie aßen zusammen, und sie musste ihm aufschöpfen, sonst wollte es nicht essen, da ward sie dem Tier hold, und endlich hatte sie es recht lieb.

Einmal sagte sie zu ihm: »Mir ist so Angst, ich weiß nicht recht warum, aber mir ist, als wär mein Vater krank oder eine von meinen Schwestern, könnte ich sie nur ein einziges Mal sehen!« Da führte sie das Tier zu einem Spiegel und sagte: »Da schau hinein«, und wie sie hineinschaute, war es recht, als wäre sie zu Haus. Sie sah ihre Stube und ihren Vater, der war wirklich krank, aus Herzeleid, weil er sich Schuld gab, dass sein liebstes Kind von einem wilden Tier geraubt und gar von ihm aufgefressen sei, hätt' er gewusst, wie gut es ihm ging, so hätte er sich nicht betrübt. Auch ihre zwei Schwestern sah sie am Bett sitzen, die weinten. Von dem allen war ihr Herz ganz schwer, und sie bat das Tier, es sollte sie nur ein paar Tage wieder heimgehen lassen. Das Tier wollte lange nicht, endlich aber, wie sie so jammerte, hatte es Mitleiden mit ihr und sagte: »Geh hin zu deinem Vater, aber versprich mir, dass du in acht Tagen wieder dasein willst.« Sie versprach es ihm, und als sie fort ging, rief es noch: »Bleib aber ja nicht länger als acht Tage aus.« Wie sie heimkam, freute sich ihr Vater, dass er sie noch einmal sähe, aber die Krankheit und das Leid hatten schon zu sehr an seinem Herzen gefressen, dass er nicht wieder gesund werden konnte, und nach ein paar Tagen starb er. Da konnte sie an nichts anderes denken vor Traurigkeit, und hernach ward ihr Vater begraben, da ging sie mit zur Leiche, und dann weinten die Schwestern zusammen und trösteten sich, und als sie endlich wieder an ihr liebes Tier dachte, da waren schon längst die acht Tage herum. Da ward ihr recht Angst, und es war ihr, als sei das auch krank, und sie machte sich gleich auf und ging wieder hin zu seinem Schloss.

Wie sie aber wieder ankam, war's ganz still und traurig darin, die Musikanten spielten nicht, und alles war mit schwarzem Flor behangen; der Garten aber war ganz Winter und von Schnee bedeckt. Und wie sie das Tier selber suchte, war es fort, und sie suchte allerorten, aber sie konnte es nicht finden. Da war sie doppelt traurig, und wusste sich nicht zu trösten, und einmal ging sie so traurig im Garten, und sah einen Haufen Kohlhäupter, die waren oben schon alt und faul, da legte sie die herum, und wie sie ein paar umgedreht hatte, sah sie ihr liebes Tier, das lag darunter und war tot. Geschwind holte sie Wasser und begoss es damit unaufhörlich, da sprang es auf und war auf einmal verwandelt und ein schöner Prinz. Da ward Hochzeit gehalten, und die Musikanten spielten gleich wieder, die Sommerseite im

Garten kam prächtig hervor, und der schwarze Flor ward abgerissen, und sie lebten vergnügt miteinander immerdar.

55. Die Geschichte von Steinn Thruduvangi

Im Ostlande war ein Gehöft, welches Thruduvangi hieß. Dort wohnte ein Bauer mit Namen Steinn. Seine Frau hieß Gudrun und seine Kinder Illugi und Sigridur. Der Pfarrer ihrer Gemeinde hieß Steingrimur und wohnte auf Steingrimsstadir. Steinn galt als ein sehr frommer Mann, auch trug sich diese Geschichte bald nach der Einführung des Christentums in Island zu, und es hing daher den Leuten noch viel heidnisches Wesen an, wenn es auch nicht stark in die Augen fiel.

Damals herrschte die Sitte, die sich auch noch lange erhalten hat, dass am Weihnachtsabend Messe gelesen wurde. Gudrun, die Frau des Bauern Steinn, war sehr gottesfürchtig. Sie besuchte oft die Kirche, ihr Mann aber hielt wenig vom Kirchgang. An einem Weihnachtsabend redete sie ihm sehr zu, er möge doch mit ihr zur Messe gehen, denn das Wetter war dunkel und kein anderer erwachsener Mann da, um sie zu begleiten. Er war nicht sehr bereitwillig, indessen sagte er, er wolle nach Steingrimsstadir mit ihr gehen, aber nicht an der Messe teilnehmen. Sie machten sich also zu dritt auf den Weg, Steinn und Gudrun und ihr Sohn Illugi. Als sie bis an das Gehege von Steingrimsstadir gekommen waren, trennten sie sich. Steinn trat den Heimweg an, Mutter und Sohn aber gingen weiter.

Am anderen Tag, als Gudrun und Illugi wieder nach Hause kamen, lag der Bauer im Bett. Gudrun beugte sich über ihn, allein er rührte sich nicht. So war es noch nie mit ihm gewesen. Sie fragte ihn, ob er krank sei. »Das hat nicht viel zu sagen«, meinte er, »aber ich glaube nicht, dass ich gestern Abend so bald umgekehrt wäre, hätte ich damals schon das gewusst, was ich jetzt weiß.« Gudrun kam dies wunderlich vor, doch erfuhr sie diesmal nichts weiter darüber.

Es kam nun das nächste Christfest heran, ohne dass sich inzwischen etwas Merkwürdiges begeben hätte. An diesem Weihnachtsabend war schlimmes Wetter und Schneegestöber. Gudrun bat wieder ihren Mann, sie zur Kirche zu begleiten. Er tat es, war aber sehr schweigsam. Als sie die Kirche erreicht hatten, bat er seinen Sohn Illugi, mit ihm umzukehren. »Es ist der Lauf des Schicksals, dass du noch mehr Weihnachtsfeste erleben sollst, mit mir aber wird es wohl nicht mehr lange dauern; für dich mag es daher gut sein, heute Nacht etwas zu sehen, wenn es mir auch nichts mehr nützt.«

Illugi ging nun mit seinem Vater heimwärts, doch war ihm sehr bange. Zu Hause kamen sie zuerst an ein Außengebäude, welches einzeln auf dem Vorplatze stand. Steinn ging sogleich in dieses Haus, und Illugi folgte ihm. Dort warteten sie eine kleine Weile. Da war es Illugi, als weiche die Giebelwand von dem Raum. Er schaute hinaus und blickte gen Osten. Da sah er zwei weiß gekleidete Männer kommen, die zwischen sich einen Sarg trugen. Über den Sarg war eine Decke gebreitet, durch die man nicht hindurchsehen konnte. Sie begaben sich ins Haus ein und stellten sich dort auf. Und nun bewegte sich von allen Seiten ein Gewimmel von Geistern heran. Sie fragten einander nach Neuigkeiten und trieben es so die ganze Nacht hindurch. Illugi hörte, dass sie von guten und von bösen Menschen sprachen, und besonders von den Kindern. Sie nannten auch den Namen seines Vaters und von ihm redeten sie Gutes. Illugi entnahm ihren Gesprächen, dass schlechte, gottlose Menschen ihnen am besten gefielen, gute und gottesfürchtige Sitten dagegen schienen ihnen nicht zuzusagen. Dann sagten sie, nächste

Weihnachten würden sie den Bauern Steinn in ihrem Sarge forttragen. Illugi verspürte einen kalten Schauder vor diesen Gästen, und ihr Anblick machte ihn grausen. Plötzlich aber, ehe er sich's versah, entstand ein starkes Getöse, und es wurde stockdunkel, während es zuvor ganz hell gewesen war. Da entsetzte sich Illugi und fiel ohne Besinnung nieder. Als er wieder zu sich kam, lag er in seinem Bett, wohin ihn sein Vater getragen hatte. Steinn starb bald darauf, und die Leute meinten, es sei mit ihm nicht alles ganz richtig gewesen.

Illugi erzählte allen sein Erlebnis und was er in dem Hause gehört und gesehen hatte. Da erkannten die Leute, dass jene Geister zu den Wesen gehören, die Weihnachtsgesellen genannt werden. Sie durchstreifen um Weihnachten die bewohnten Gegenden und sind gefährliche Gäste, raubgierig und heimtückisch, besonders gegen Kinder, weshalb man diesen auch oft mit ihnen droht. Illugi ließ sich das Gesicht zur Warnung dienen, wie es seines Vaters Absicht gewesen war. Er wurde ein alter Mann, besuchte fleißig die Kirche und hing treu an seinem Glauben. Nie sah er die Weihnachtsgesellen wieder, noch fügten sie ihm und seiner Mutter je Schaden zu. Auch werden sie selten sichtbar, und stets nur gottlosen Menschen, und schlimm ist es, in ihren Sarg zu kommen.

56. Unter dem Tannenbaum

Eine Dämmerstunde

Es war das Arbeitszimmer eines Beamten. Der Eigentümer, ein Mann in den Vierzigern, mit scharf ausgeprägten Gesichtszügen, aber milden, lichtblauen Augen unter dem schlichten, hellblonden Haar, saß an einem mit Büchern und Papieren bedeckten Schreibtisch, damit beschäftigt, einzelne Schriftstücke zu unterzeichnen, welche der danebenstehende alte Amtsbote ihm überreichte. Die Nachmittagssonne des Dezembers beleuchtete eben mit ihrem letzten Strahl das große schwarze Tintenfass, in das er dann und wann die Feder tauchte. Endlich war alles unterschrieben.

»Haben Herr Amtsrichter sonst noch etwas?«, fragte der Bote, indem er die Papiere zusammenlegte.

»Nein, ich danke Ihnen.«

»So habe ich die Ehre, vergnügte Weihnachten zu wünschen.«

»Auch Ihnen, lieber Edelmann.«

Der Bote sprach einen der mitteldeutschen Dialekte; in dem Tone des Amtsrichters war etwas von der Härte jenes nördlichsten deutschen Volksstammes, der vor wenigen Jahren, und diesmal vergeblich, in einem seiner alten Kämpfe mit dem fremden Nachbarvolke geblutet hatte. – Als sein Untergebener sich entfernte, nahm er unter den Papieren einen angefangenen Brief hervor und schrieb langsam daran weiter.

Die Schatten im Zimmer fielen immer tiefer. Er sah nicht die schlanke Frauengestalt, die hinter ihm mit leisen Schritten durch die Tür getreten war; er bemerkte es erst, als sie den Arm um seine Schulter legte. – Auch ihr Antlitz war nicht mehr jung; aber in ihren Augen war noch jener Ausdruck von Mädchenhaftigkeit, den man bei Frauen, die sich geliebt wissen, auch noch nach der ersten Jugend findet. »Schreibst du an meinen Bruder?«, fragte sie, und in ihrer Stimme, nur etwas mehr gemildert, war dieselbe Klangfarbe wie in der ihres Mannes.

Er nickte. »Lies nur selbst!«, sagte er, indem er die Feder fortlegte und zu ihr emporsah.

Sie beugte sich über ihn herab; denn es war schon dämmerig geworden. So las sie, langsam, wie er geschrieben hatte:

»Ich bin wieder gesund und arbeitsfähig – glücklicherweise; denn das ist die Not der Fremde, dass man den Boden, worauf man steht, sich in jeder Stunde neu erschaffen
muss. So schlecht es immer sein mag, darin habt Ihr es doch
gut daheim; und wer wäre nicht gern geblieben, wenn er nur
ein Stück Brot und jenes unentbehrliche ›sanfte Ruhekissen‹
des alten Sprichworts sich hätte erhalten können.«

Sie legte schweigend die Hand auf seine Stirn, während
er, der ihren Augen gefolgt war, das Blatt umwandte. Dann
las sie weiter: »Der guten und klugen Frau, die Du vorige
Weihnachten bei uns hast kennenlernen, bin ich so glücklich gewesen, durch die Vermittlung eines Vergleichs mit ihrem Gutsnachbar einen wirklichen Dienst zu leisten; der
schöne, so sehr von ihr begehrte Wald ist seit Kurzem endlich in ihren Besitz gelangt. Hätten wir morgen für Deinen
Freund Harro nur eine Tanne aus diesem Walde! Denn hier
ist viele Meilen in die Runde kein Nadelholz zu finden. Was
aber ist ein Weihnachtsabend ohne jenen Baum mit seinem
Duft voll Wunder und Geheimnis?«

»Aber du«, sagte der Amtsrichter, als seine Frau gelesen
hatte, »du bringst in deinen Kleidern den Duft des echten
Weihnachtsabends!«

Sie langte lächelnd in den Schlitz ihres Kleides und legte
ein großes Stück braunen Weihnachtskuchen vor ihm auf
den Tisch. »Sie sind eben vom Bäcker gekommen«, sagte sie,
»prob nur; deine Mutter backt sie dir nicht besser!«

Er brach einen Brocken ab und prüfte ihn genau; aber
er fand alles, was ihn als Knaben daran entzückt hatte; die
Masse war glashart, die eingerollten Stückchen Zucker wohl
zergangen und kandiert. »Was für gute Geister aus diesem
Kuchen steigen«, sagte er, sich in seinen Arbeitsstuhl zu-
rücklehnend, »ich sehe plötzlich, wie es daheim in dem alten,
steinernen Hause Weihnacht wird. – Die Messingtürklinken
sind womöglich noch blanker als sonst; die große gläserne

Flurlampe leuchtet noch heller auf die Stuckschnörkel an den sauber geweißten Wänden; ein Kinderstrom um den andern, singend und bettelnd, drängt durch die Haustür; vom Keller herauf aus der geräumigen Küche zieht der Duft des Gebäckes in ihre Nasen, das dort in dem großen kupfernen Kessel über dem Feuer prasselt. – Ich sehe alles; ich sehe Vater und Mutter – Gott sei gedankt, sie leben beide! – Aber die Zeit, in die ich hinabblicke, liegt in so tiefer Ferne der Vergangenheit! – Ich bin ein Knabe noch! – Die Zimmer zu beiden Seiten des Flurs sind erleuchtet; rechts ist die Weihnachtsstube. Während ich vor der Tür stehe, horchend, wie es drinnen in dem Knittergold und in den Tannenzweigen rauscht, kommt von der Hoftreppe herauf der Kutscher, eine Stange mit einem Wachslichtendchen in der Hand. – ›Schon anzünden, Thoms?‹ Er schüttelt schmunzelnd dem Kopf und verschwindet in die Weihnachtsstube. – Aber wo bleibt denn Onkel Erich? – Da kommt es draußen die Treppe hinauf; die Haustür wird aufgerissen. Nein, es ist nur sein Lehrling, der die lange Pfeife des ›Herrn Ratsverwandters‹ bringt; ihm nach quillt ein neuer Strom von Kindern; zehn kleine Kehlen auf einmal stimmen an: ›Vom Himmel hoch, da komm' ich her!‹ Und schon ist meine Großmutter mitten zwischen ihnen, die alte geschäftige Frau, den Speisekammerschlüssel am kleinen Finger, einen Teller voll Gebäckes in der Hand. Wie blitzschnell das verschwindet! Auch ich erwische meinen Teil davon, und eben kommt auch meine Schwester mit dem Kindermädchen, festlich gekleidet, die langen Zöpfe frisch geflochten. Ich aber halte mich nicht auf; ich springe drei Stufen auf einmal die Treppe nach dem Hofe hinab.«

Es war allmählich dunkel geworden; die Frau des Amtsrichters hatte leise einen Aktenstoß von einem Stuhl entfernt und sich an die Seite ihres Mannes gesetzt.

»Drüben in dem Seitengebäude ist das Arbeitszimmer

meines Vaters. Auf die Vordiele dort fällt heute kein Licht-
schein aus dem Türfenster der Schreiberstube; der alte Tau-
sendkünstler ist von meiner Mutter drinnen bei den Weih-
nachtsgeheimnissen angestellt. Aber ich tappe mich im
Dunkeln vorwärts; denn gegenüber in seinem Zimmer höre
ich die Schritte meines Vaters. Er arbeitet schon nicht mehr.
Ich öffne leise die Tür; wie deutlich sehe ich ihn vor mir, ihn
selbst und das große, verräucherte Gemach, in dem der harte
Schlag der alten Wanduhr pickt! Mit einer feierlichen Unruhe
geht er zwischen den mit Papieren bedeckten Tischen umher,
in der einen Hand den Messingleuchter mit der brennenden
Kerze, die andere vorgestreckt, als solle jetzt alles Störende
ferngehalten werden. Er öffnet die Schublade seines kleinen
Stehpults und nimmt die große goldene Tabatiere aus der
Fischhautkapsel, einst ein Geschenk der Urgroßmutter an
ihren Bräutigam, dann nach des Urgroßvaters Tode eine Eh-
ren- und Vertrauensgabe an ihn. Aber er ist noch nicht fertig;
aus dem Geldkörbchen werden blanke Silbermünzen für die
Dienstboten hervorgesucht, eine Goldmünze für den Schreiber. ›Ist Onkel Erich schon da?‹, fragt er, ohne sich nach mir
umzusehen. – ›Noch nicht, Vater! Darf ich ihn holen?‹ – ›Das
könntest du ja tun.‹ Und fort renne ich durch das Wohnhaus
auf die Straße, um die Ecke am Hafen entlang, und während
ich drunten aus der Dämmerung das Pfeifen des Windes in
den Tauen der Schiffe höre, habe ich das alte Giebelhaus mit
dem Vorbau erreicht. Die Tür wird aufgerissen, dass die Klin-
gel weithin durch Flur und Pesel schallt. – Vor dem Laden-
tisch steht der alte Kommis, der das Detailgeschäft leitet. Er
sieht mich etwas grämlich an. ›Der Herr ist in seinem Comp-
toir‹, sagt er trocken; er liebt die wilde naseweise Range nicht.
Aber, was geht's mich an. – Fort mach' ich hinten zur Hoftür hinaus, über zwei kleine finstere Höfe, dann in ein ural-
tes seltsames Nebengebäude, in welchem sich das Allerhei-
ligste des Onkels befindet. Ohne Unfall komme ich durch

den engen dunkeln Gang und klopfe an eine Tür. – ›Herein!‹ Da sitzt der kleine Herr in dem feinen braunen Tuchrock an seinem mächtigen Arbeitspult; der Schein der Comptoirlampe fällt auf seine freundlichen kleinen Augen und auf die mächtige Familiennase, die über den frisch gestärkten Vatermörder hinausragt. – ›Onkel, ob du nicht kommen wolltest!‹, sage ich, nachdem ich Atem geschöpft habe. – ›Wollen wir uns noch einen Augenblick setzen!‹, erwidert er, indem seine Feder summierend über das Folium des aufgeschlagenen Hauptbuches hin abgleitet. – Mir wird ganz behaglich zu Sinne, ich werde nicht ein bisschen ungeduldig; aber ich setze mich auch nicht; ich bleibe stehen und besehe mir die Englands- und Westindienfahrer des Onkels, deren Bilder an der Wand hängen. Es dauert auch nicht lange, so wird das Hauptbuch herzhaft zugeklappt, das Schlüsselbund rasselt und: ›Sieh so‹, sagt der Onkel, ›fertig wären wir!‹ Während er sein spanisches Rohr aus der Ecke langt, will ich schon wieder aus der Tür; aber er hält mich zurück. ›Ah, wart doch mal ein wenig! Wir hätten hier wohl noch so etwas mitzunehmen.‹ Und aus einer dunkeln Ecke des Zimmers holt er zwei wohlversiegelte, geheimnisvolle Päckchen. Ich wusste es wohl, in solchen Päckchen steckte ein Stück leibhaftigen Weihnachtens; denn der Onkel hatte einen Bruder in Hamburg, und er trat nicht mit leeren Händen an den Tannenbaum. So nie gesehenes, märchenhaftes Zuckerzeug, wie er mitten in der Bescherung noch mir und meiner Schwester auf unsere Weihnachtsteller zu legen pflegte, ist mir später niemals wieder vorgekommen.

Bald darauf steige ich an der Hand des Onkels die breite Steintreppe zu unserm Hause hinauf. Ein paar Augenblicke verschwindet er mit seinen Päckchen in die Weihnachtsstube; es ist noch nicht angezündet, aber durch die halb geöffnete und rasch wieder geschlossene Tür glitzert es mir entgegen aus der noch drinnen herrschenden ahnungsvollen

Dämmerung. Ich schließe die Augen, denn ich will nichts sehen, und trete in das gegenüberliegende, festlich erleuchtete Zimmer, das ganz von dem Duft der braunen Kuchen und des heute besonders fein gemischten Tees erfüllt ist. Die Hände auf dem Rücken, mit langsamen Schritten, geht mein Vater auf und nieder. ›Nun, seid ihr da?‹, fragt er stehen bleibend. – Und schon ist auch Onkel Erich bei uns; mir scheint, die Stube wird noch einmal so hell, da er eintritt. Er grüßt die Großmutter, den Vater; er nimmt meiner Schwester die Tasse ab, die sie ihm auf dem gelb lackierten Brettchen präsentiert. ›Was meinst du‹, sagt er, indem er seinen Augen einen bedenklichen Ausdruck zu geben sucht, ›es wird wohl heute nicht viel für uns abfallen!‹ Aber er lacht dabei so tröstlich, dass diese Worte wie eine goldene Verheißung klingen. Dann, während in dem blanken Messingkomfort der Teekessel saust, beginnt er eine seiner kleinen Erzählungen von den Begebenheiten der letzten Tage, seit man sich nicht gesehen. War es nun der Ankauf eines neuen Spazierstocks oder das unglückliche Zerbrechen einer Mundtasse, es floss alles so sanft dahin, dass man ganz davon erquickt wurde. Und wenn er gar eine Pause machte, um das bisher Erzählte im behaglichsten Gelächter nachzugenießen, wer hätte da nicht mitgelacht! Mein Vater nimmt vergeblich seine kritische Prise; er muss endlich doch mit einstimmen. Dies harmlose Geplauder – es ist mir das erst später klar geworden – war die Art, wie der tätige Geschäftsmann von der Tagesarbeit ausruhte. Es klingt mir noch lieb in der Erinnerung, und mir ist, als verstände das jetzt niemand mehr. – Aber während der Onkel so erzählt, steckt plötzlich meine Mutter, die seit Mittag unsichtbar gewesen ist, den Kopf ins Zimmer. Der Onkel macht ein Kompliment und bricht seine Geschichte ab; die Tür und die gegenüberliegende Tür werden weit geöffnet. Wir treten zögernd ein; und vor uns, zurückgestrahlt von dem großen Wandspiegel, steht der brennende Baum mit seinen Flittergoldfähnchen, seinen weißen Netzen und goldenen Eiern, die wie Kinderträume in den dunkeln Zweigen hängen.«

»Paul«, sagte die Frau, »und wenn wir ihn noch so weit herbeischaffen sollten, wir müssen wieder einen Tannenbaum haben. Der arme Junge hat sich selbst einen Weihnachtsgarten gebaut; er ist nur eben wieder fort, um Moos aus dem Eichenwäldchen zu holen.«

Der Amtsrichter schwieg einen Augenblick. – »Es tut nicht gut, in die Fremde zu gehen«, sagte er dann, »wenn man daheim schon am eigenen Herd gesessen hat. – Mir ist noch immer, als sei ich hier nur zu Gaste, und morgen oder übermorgen sei die Zeit herum, dass wir alle wieder nach Hause müssten!«

Sie fasste die Hand ihres Mannes und hielt sie fest in der Ihrigen, aber sie antwortete nichts darauf.

»Gedenkst du noch an einen Weihnachten?«, hub er wieder an, »ich hatte die Studentenjahre hinter mir und lebte nun noch einmal, zum letzten Mal, eine kurze Zeit als Kind im elterlichen Hause. Freilich war es dort nicht mehr so heiter, wie es einst gewesen; es war Unvergessliches geschehen, die alte Familiengruft unter der großen Linde war ein paarmal offen gewesen; meine Mutter, die unermüdlich tätige Frau, ließ oft mitten in der Arbeit die Hände sinken und stand regungslos, als habe sie sich selbst vergessen. Wie unsere alte Margret sagte, sie trug ein Kämmerchen in ihrem Kopf, drin spielte ein totes Kind. – Nur Onkel Erich, freilich ein wenig grauer als sonst, erzählte noch seine kleinen freundlichen Geschichten, und auch die Schwester und die Großmutter lebten noch. Damals war jener Weihnachtsabend; ein junges schönes Mädchen war zu der Schwester auf Besuch gekommen. Weißt du, wie sie hieß?«

»Ellen«, sagte sie leise und lehnte den Kopf an die Brust ihres Mannes.

Der Mond war aufgegangen und beleuchtete ein paar Silberfäden in dem braunen seidigen Haar, das sie schlicht gescheitelt trug, schmucklos in einer Flechte um den Schildpattkamm gelegt.

Er strich mit der Hand über dies noch immer selten schöne Haar. »Ellen hatte auch beschert bekommen«, sprach er weiter, »auf dem kleinen Mahagonitische lagen Geschenke von meiner Mutter und was von ihren Eltern von drüben aus dem Schwesterlande herübergeschickt war. Sie stand mit dem Rücken gegen den brennenden Baum, die Hand auf die Tischplatte gestützt; sie stand schon lange so; ich sehe sie noch« – und er ließ seine Augen eine Weile schweigend auf dem schönen Antlitz seiner Frau ruhen –, »da war meine Mutter unbemerkt zu ihr getreten; sie fasste sanft ihre Hand und sah ihr fragend in die Augen. – Ellen blickte nicht um, sie neigte nur den Kopf; plötzlich aber richtete sie sich rasch auf und entfloh ins Nebenzimmer. Weißt du es noch? Während meine Mutter leise den Kopf schüttelte, ging ich ihr nach; denn seit einem kleinen Zank am letzten Abend waren wir vertraute Freunde. Ellen hatte sich in der Ofenecke auf einen Stuhl gesetzt; es war fast dunkel dort; nur eine vergessene Kerze mit langer Schnuppe brannte in dem Zimmer. ›Hast du Heimweh, Ellen?‹, fragte ich. – ›Ich weiß es nicht!‹ – Eine Weile stand ich schweigend vor ihr. ›Was hast du denn da in der Hand?‹ – ›Willst du es haben?‹ – Es war eine Börse von dunkelroter Seide. ›Wenn du sie für mich gemacht hast‹, sagte ich; denn ich hatte die Arbeit in den Tagen zuvor in ihren Händen gesehen und wohl bemerkt, wie Ellen sie, sobald ich näher kam, in ihrem Nähkästchen verschwinden ließ. – Aber Ellen antwortete nicht und gab mir auch nicht ihr Angebinde. Sie stand auf und putzte das Licht, dass es plötzlich ganz hell im Zimmer wurde. ›Komm‹, sagte sie, ›der Baum brennt ab, und Onkel Erich will noch Zuckerzeug bescheren!‹ Damit wehte sie sich mit ihrem Schnupftuch ein paarmal um die Augen und ging in die Weihnachtsstube zurück, und als wir dann später am Pochbrett saßen, war sie die Ausgelassenste von allen. Von meinem Weihnachtsgeschenk war weiter nicht die Rede. – »Aber weißt du, Frau?« – und er ließ ihre Hand los, die er bis dahin festgehalten –, »die Mädchen sollten nicht so eigensinnig sein; das hat mir damals keine Ruh gelassen; ich musste doch die Börse haben, und darüber ...«

»Darüber, Paul? – Sprich nur dreist heraus!«

»Nun, hast du denn von der Geschichte nichts gehört? Darüber bekam ich nun auch noch das Mädchen in den Kauf.«

»Freilich«, sagte sie, und er sah bei dem hellen Mondschein in ihren Augen etwas blitzen, das ihn an das übermütige Mädchen erinnerte, das sie einst gewesen, »freilich weiß ich von der Geschichte, und ich kann sie dir auch erzählen; aber es war ein Jahr später, nicht am Weihnachts-, sondern am Neujahrsabend, und auch nicht hüben, sondern drüben.«

Sie räumte das Tintenfass und einige Papiere beiseite und setzte sich ihrem Manne gegenüber auf den Schreibtisch. »Der Vetter war bei Ellens Eltern zum Besuch, bei dem alten prächtigen Kirchspielvogt, der damals noch ein starker Nimrod war. – Ellen hatte noch niemals einen so schönen und langen Brief bekommen als den, worin der Vetter sich bei ihnen angemeldet; aber so gut wie mit der Feder wusste er mit der Flinte nicht umzugehen. Und dennoch, tat es die Landluft oder der schöne Gewehrschrank im Zimmer des Kirchspielvogts, es war nicht anders, er musste alle Tage auf die Jagd. Und wenn er dann abends durchnässt mit leerer Tasche nach Hause kam und die Flinte schweigend in die Ecke setzte – wie behaglich ergingen sich da die Stichelreden des alten Herrn. – ›Das heißt Malheur, Vetter; aber die Hasen sind heuer alle wild geraten!‹ – oder: ›Mein Herzensjunge, was soll die Diana einmal von dir denken!‹ Am meisten aber – du hörst doch, Paul?«

»Ich höre, Frau.«

»Am meisten plagte ihn die Ellen; sie setzte ihm heimlich einen Strohkranz auf, sie band ihm einen Gänseflügel vor den Flintenlauf; eines Vormittags – weißt du, es war Schnee gefallen – hatte sie einen Hasen, den der Knecht geschossen, aus der Speisekammer geholt, und eine Weile darauf saß er noch einmal auf seinem alten Futterplatz im Garten, als wenn er lebte, ein Kohlblatt zwischen den Vorderläufen. Dann hatte sie den Vetter gesucht und an die Hoftür gezogen. ›Siehst du ihn, Paul? Da hinten im Kohl, die Löffel gucken aus dem Schnee!‹ – Er sah ihn auch, seine Hand zitterte. ›Still, Ellen! Sprich nicht so laut! Ich will die Flinte holen!‹ Aber als kaum die Tür nach des Vaters Stube hinter ihm zuklappte, war Ellen schon wieder in den Schnee hinausgelaufen, und als er endlich mit der geladenen Flinte heranschlich, hing auch der Hase schon wieder an seinem sichern Haken in der Speisekammer. – Aber der Vetter ließ sich geduldig von ihr plagen.«

»Freilich«, sagte der Amtsrichter und legte seine Arme behaglich auf die Lehne seines Sessels, »er hatte ja die Börse noch immer nicht!«

»Drum auch! Die lag noch unangerührt droben in der Kommode, in Ellens Giebelstübchen. Aber – wo die Ellen war, da war der Vetter auch; heißt das, wenn er nicht auf der Jagd war. Saß sie drinnen an ihrem Nähtisch, so hatte er gewiss irgendein Buch aus der Polterkammer geholt und las ihr daraus vor; war sie in der Küche und backte Waffeln, so stand er neben ihr, die Uhr in der Hand, damit das Eisen zur rechten Zeit gewendet würde. – So kam die Neujahrsnacht. Am Nachmittage hatten beide auf dem Hofe mit des Vaters Pistolen nach goldenen Eiern geschossen, die Ellen vom Weihnachtsbaum ihrer Geschwister abgeschnitten; und der

Vetter hatte unter dem Händeklatschen der Kleinen zweimal das goldene Ei getroffen. Aber war's nun, weil er am andern Tage reisen musste, oder war's, weil Ellen fortlief, als er sie vorhin allein in ihrem Zimmer aufgesucht hatte – es war gar nicht mehr der geduldige Vetter –, er tat kurz und unwirsch und sah kaum noch nach ihr hin. – Das blieb den ganzen Abend so; auch als man später sich zu Tische setzte. Ellens Mutter warf wohl einmal einen fragenden Blick auf die beiden, aber sie sagte nichts darüber. Der Kirchspielvogt hatte auf andere Dinge zu achten, er schenkte den Punsch, den er eigenhändig gebraut hatte; und als es drunten im Dorfe zwölf schlug, stimmte er das alte Neujahrslied von Johann Heinrich Voß an, das nun getreulich durch alle Verse abgesungen wurde. Dann rief man ›Prost Neujahr!‹ und schüttelte sich die Hände, und auch Ellen reichte dem Vetter ihre Hand; aber er berührte kaum ihre Fingerspitzen. – So war's auch, da man sich bald darauf gute Nacht sagte. – Als das Mädchen droben allein in ihrem Giebelstübchen war – und nun merk auf, Paul, wie ehrlich ich erzähle! –, da hatte sie keine Ruh zum Schlafen; sie setzte sich still auf die Kante ihres Bettes, ohne sich auszukleiden und ohne der klingenden Kälte in der ungeheizten Kammer zu achten. Denn es kränkte sie doch; sie hatte dem Menschen ja nichts zuleid getan. Freilich, er hatte sie gestern noch gefragt, ob sie den Hasen nicht wieder im Kohl gesehen; und sie hatte dazu den Kopf geschüttelt. – War es etwa das, und wusste er denn, dass er den Hasen schon vor drei Tagen selbst hatte mit verzehren helfen? – Sie wollte den schönen Brief des Vetters einmal wieder lesen. Aber als sie in die Tasche langte, vermisste sie den Kommodenschlüssel. Sie ging mit dem Lichte hinab in die Wohnstube, und von dort, als sie ihn nicht gefunden, in die Küche, wo sie vorhin gewirtschaftet hatte.

Von all dem Sieden und Backen des Abends war es noch warm in dem großen dunkeln Raume.

Und richtig, dort lag der Schlüssel auf dem Fensterbrett. Aber sie stand noch einen Augenblick und blickte durch die Scheiben in die Nacht hinaus. – So hell und weit dehnte sich das Schneefeld; dort unten zerstreut lagen die schwarzen Strohdächer des Dorfes; unweit des Hauses zwischen den kahlen Zweigen der Silberpappeln erkannte sie deutlich die großen Krähennester; die Sterne funkelten. Ihr fiel ein alter Reim ein, ein Zauberspruch, den sie vor Jahr und Tag von der Tochter des Schulmeisters gelernt hatte. Hinter ihr im Hause war es so still und leer; sie schauerte; aber trotzdessen wuchs in ihr das Gelüste, es mit den unheimlichen Dingen zu versuchen. So trat sie zögernd ein paar Schritte zurück. Leise zog sie den einen Schuh vom Fuße, und die Augen nach den Sternen und tief aufatmend sprach sie: ›Gott grüß dich, Abendstern!‹ – Aber was war das? Ging hinten nicht die Hoftür? Sie trat ans Fenster und horchte. – Nein, es knarrte wohl nur die große Pappel an der Giebelseite des Hauses. – Und noch einmal hub sie leise an und sprach:

Gott grüß dich, Abendstern!
Du scheinst so hell von fern,
Über Osten, über Westen, über alle Krähennesten.
Ist einer zu mein Liebchen geboren,
Ist einer zu mein Liebchen erkoren,
Der komm, als er geht,
Als er steht,
In sein täglich Kleid!

Dann schwenkte sie den Schuh und warf ihn hinter sich. Aber sie wartete vergebens; sie hörte ihn nicht fallen. Ihr wurde seltsam zumute, das kam von ihrem Vorwitz! Welch unheimlich Ding hatte ihren Schuh gefangen, eh' er den Boden erreicht hatte? – Einen Augenblick noch stand sie so;

dann mit dem letzten Restchen ihres Mutes wandte sie langsam den Kopf zurück. – Da stand ein Mann in der dunkeln Tür, und es war Paul; er war richtig noch einmal auf den unglücklichen Hasen ausgewesen!«

»Nein, Ellen«, sagte der Amtsrichter, »du weißt es wohl; das war es denn doch diesmal nicht; er hatte nur, wie du, auch keine Ruh gefunden; aber nun hielt er den kleinen Schuh des Mädchens in der Hand; und Ellen hatte sich am Herd auf einen Stuhl gesetzt, mit geschlossenen Augen, die Hände gefaltet vor sich in den Schoß gestreckt. Es war kein Zweifel mehr, dass sie sich ganz verloren gab; denn sie wusste wohl, dass der Vetter alles gehört und gesehen hatte. – Und weißt du auch noch die Worte, die er zu ihr sprach?«

»Ja, Paul, ich weiß sie noch; und es war sehr grausam und wenig edel von ihm. ›Ellen‹, sagte er, ›ist noch immer die Börse nicht für mich gemacht?‹ – Doch Ellen tat ihm auch diesmal den Gefallen nicht; sie stand auf und öffnete das Fenster, dass von draußen die Nachtluft und das ganze Sterngefunkel zu ihnen in die Küche drang.«

»Aber«, unterbrach er sie, »Paul war zu ihr getreten, und sie legte still den Kopf an seine Brust; und noch höre ich den süßen Ton ihrer Stimme, als sie so, in die Nacht hinaus nickend, sagte: ›Gott grüß dich, Abendstern!‹«

Die Tür wurde rasch geöffnet; ein kräftiger, etwa zehnjähriger Knabe trat mit einem brennenden Licht ins Zimmer. »Vater! Mutter!«, rief er, indem er die Augen mit der Hand beschattete. »Hier ist Moos und Efeu und auch noch ein Wacholderzweig!«

Der Amtsrichter war aufgestanden. »Bist du da, mein Junge!«, sagte er und nahm ihm die Botanisiertrommel mit den heimgebrachten Schätzen ab.

Frau Ellen aber ließ sich schweigend von dem Schreibtisch herabgleiten und schüttelte sich ein wenig wie aus Träumen. Sie legte beide Hände auf ihres Mannes Schultern und blickte ihn eine Weile voll und herzlich an. Dann nahm sie die Hand des Knaben. »Komm, Harro«, sagte sie, »wir wollen Weihnachtsgärten bauen!«

Unter dem Tannenbaum

Der Weihnachtsabend begann zu dämmern. – Der Amtsrichter war mit seinem Sohne auf der Rückkehr von einem Spaziergange; Frau Ellen hatte sie auf ein Stündchen fortgeschickt. Vor ihnen im Grunde lag die kleine Stadt; sie sahen deutlich, wie aus allen Schornsteinen der Rauch emporstieg; denn dahinter am Horizont stand feuerfarben das Abendrot. – Sie sprachen von den Großeltern drüben in der alten Heimat; dann von den letzten Weihnachten, die sie dort erlebt hatten.

»Und am Vorabend«, sagte der Vater, »als Knecht Ruprecht zu uns kam mit dem großen Bart und dem Quersack und der Rute in der Hand!«

»Ich wusste wohl, dass es Onkel Johannes war«, erwiderte der Knabe, »der hatte immer so etwas vor!«

»Weißt du denn auch noch die Worte, die er sprach?«

Harro sah den Vater an und schüttelte den Kopf.

»Wart nur«, sagte der Amtsrichter, »die Verse liegen zu Haus in meinem Pult; vielleicht bekomm' ich's noch beisammen!« Und nach einer Weile fuhr er fort: »Entsinne dich nur, wie erst die drei Rutenhiebe von draußen auf die Tür fielen und wie dann die raue borstige Gestalt mit der großen Hakennase in die Stube trat! Dann hub er langsam und mit tiefer Stimme an:

> Von drauß vom Walde komm' ich her,
> Ich muss euch sagen, es weihnachtet sehr!
> Allüberall auf den Tannenspitzen
> Sah ich goldene Lichtlein sitzen.

Und droben aus dem Himmelstor
Sah mit großen Augen das Christkind hervor.
Und wie ich so strolcht' durch den dichten Tann
Da rief's mich mit heller Stimme an;
›Knecht Ruprecht‹, rief es, ›alter Gesell,
Hebe die Beine und spute dich schnell!
Die Kerzen fangen zu brennen an,
Das Himmelstor ist aufgetan,
Alt' und Junge sollen nun
von der Jagd des Lebens einmal ruhn;
Und morgen flieg' ich hinab zur Erden,
Denn es soll wieder Weihnachten werden!‹
Ich sprach: ›O lieber Herre Christ,
Meine Reise fast zu Ende ist;
Ich soll nur noch in diese Stadt,
Wo's eitel brave Kinder hat.‹
›Hast denn das Säcklein auch bei dir?‹
Ich sprach: ›Das Säcklein, das ist hier;
Denn Apfel, Nuss und Mandelkern
Fressen fromme Kinder gern!‹
›Hast denn die Rute auch bei dir?‹
Ich sprach: ›Die Rute, die ist hier!
Doch für die Kinder nur, die schlechten,
Die trifft sie auf den Teil, den rechten!‹
Christkindlein sprach: ›So ist es recht,
So geh mit Gott, mein treuer Knecht!‹
Von drauß vom Walde komm' ich her;
Ich muss euch sagen, es weihnachtet sehr!
Nun sprecht, wie ich's hierinnen find'?
Sind's gute Kind, sind's böse Kind?

Aber«, fuhr der Amtsrichter mit veränderter Stimme fort,
»ich sagte dem Knecht Ruprecht:

Der Junge ist von Herzen gut,
Hat nur mitunter was trotzigen Mut!«

»Ich weiß, ich weiß!«, rief Harro triumphierend; und den
Finger emporhebend und mit listigem Ausdruck setzte er
hinzu: »Dann kam so etwas!«

»Was dich in großes Geschrei brachte; denn Knecht Ruprecht schwang seine Rute und sprach:

›Heißt es bei euch denn nicht mitunter:
Nieder den Kopf und die Hosen herunter?‹«

»Oh«, sagte Harro, »ich fürchtete mich nicht; ich war nur
zornig auf den Onkel!«

Über der Stadt, die sie jetzt fast erreicht hatten, stand nur
noch ein fahler Schein am Himmel. Es dunkelte schon; aber
es begann zu schneien; leise und emsig fielen die Flocken,
und der Weg schimmerte schon weiß zu ihren Füßen.

Vater und Sohn waren eine Weile schweigend nebenein-
ander hergegangen. – »Am Abend darauf«, hub der Amtsrichter wieder an, »brannte der letzte Weihnachtsbaum, den
du gehabt hast. Es war damals eine bewegte Zeit; sogar das
Zuckerwerk zwischen den Tannenzweigen war kriegerisch
geworden: unsere ganze Armee, Soldaten zu Pferde und zu
Fuß! – Von alledem ist nun nichts mehr übrig!«, setzte er
leiser und wie mit sich selber redend hinzu.

Der Knabe schien etwas darauf erwidern zu wollen, aber
ein anderes hatte plötzlich seine Gedanken in Anspruch genommen. – Es war ein großer bärtiger Mann, der vor ihnen
aus einem Seitenwege auf die Landstraße herauskam. Auf der
Schulter balancierte er ein langes stangenartiges Gepäck, während er mit einem Tannenzweig, den er in der Hand hielt, bei
jedem Schritt in die Luft peitschte. Wie er vorüberging, hatte
Harro in der Dämmerung noch die große rote Hakennase

erkannt, die unter der Pelzmütze hinausragte. Auch einen Quersack trug der Mann, der anscheinend mit allerhand eckigen Dingen angefüllt war. Er ging rasch vor ihnen auf.

»Knecht Ruprecht!«, flüsterte der Knabe, »hebe die Beine und spute dich schnell!«

Das Gewimmel der Schneeflocken wurde dichter, sie sahen ihn noch in die Stadt hinabgehen; dann entschwand er ihren Augen; denn ihre Wohnung lag eine Strecke weiter außerhalb des Tores.

»Freilich«, sagte der Amtsrichter, indem sie rüstig zuschritten, »der Alte kommt zu spät; dort unten in der Gasse leuchteten schon alle Fenster in den Schnee hinaus.«

Endlich war das Haus erreicht. Nachdem sie auf dem Flur die beschneiten Überkleider abgetan, traten sie in das Arbeitszimmer des Amtsrichters. Hier war heute der Tee serviert; die große Kugellampe brannte, alles war hell und aufgeräumt. Auf der saubern Damastserviette stand das feinlackierte Teebrett mit den Geburtstagstassen und dem rubinroten Zuckerglase; daneben auf dem Fußboden in dem Komfort von Mahagonistäbchen mit blankem Messingeinsatz kochte der Kessel, wie es sein muss, auf gehörig durchgeglühten Torfkohlen; wie daheim einst in der großen Stube des alten Familienhauses, so dufteten auch hier in dem kleinen Stübchen die braunen Weihnachtskuchen nach dem Rezept der Urgroßmutter. – Aber während die Mutter nebenan im Wohnzimmer noch das Fest bereitete, blieben Vater und Sohn allein; kein Onkel Erich kam, ihnen feiern zu helfen. Es war doch anders als daheim.

Ein paarmal hatte Harro mit bescheidenem Finger an die Tür gepocht, und ein leises »Geduld!« der Mutter war die Antwort gewesen. Endlich trat Frau Ellen selbst herein. Lächelnd – aber ein leiser Zug von Weh war noch dabei – streckte sie ihre Hände aus und zog ihren Mann und ihren Knaben, jeden bei einer Hand, in die helle Weihnachtsstube.

Es sah freundlich genug aus. Auf dem Tische in der Mitte, zwischen zwei Reihen brennender Wachskerzen, stand das kleine Kunstwerk, das Mutter und Sohn in den Tagen vorher sich selbst geschaffen hatten, ein Garten im Geschmack des vorigen Jahrhunderts mit glattgeschorenen Hecken und dunkeln Lauben; alles von Moos und verschiedenem Wintergrün zierlich zusammengestellt. Auf dem Teiche von Spiegelglas schwammen zwei weiße Schwäne; daneben vor dem chinesischen Pavillon standen kleine Herren und Damen von Papiermaché in Puder und Kontuschen. – Zu beiden Seiten lagen die Geschenke für den Knaben; eine scharfe Lupe für die Käfersammlung, ein paar bunte Münchener Bilderbogen, die nicht fehlen durften, von Schwind und Otto Speckter; ein Buch in rotem Halbfranzband; dazwischen ein kleiner Globus in schwarzer Kapsel, augenscheinlich schon ein altes Stück. »Es war Onkel Erichs letzte Weihnachtsgabe an mich«, sagte der Amtsrichter, »nimm du es nun von mir! Es ist mir in diesen Tagen aufs Herz gefallen, dass ich ihm die Freude, die er mir als Kind gemacht, in späterer Zeit nicht einmal wiedergedankt; nun haben sie mir den alten Herrn im letzten Herbst begraben!«

Frau Ellen legte den Arm um ihren Mann und führte ihn an den Spiegeltisch, auf dem heute die beiden silbernen Armleuchter brannten. Auch ihm hatte sie beschert; das erste aber, wonach seine Hand langte, war ein kleines Lichtbild. Seine Augen ruhten lange darauf, während Frau Ellen still zu ihm emporsah. Es war sein elterlicher Garten; dort unter dem Ahorn vor dem Lusthause standen die beiden Alten selbst, das noch dunkle volle Haar seines Vaters war deutlich zu erkennen.

Der Amtsrichter hatte sich umgewandt; es war, als suchten seine Augen etwas. Die Lichter an dem Moosgärtchen brannten knisternd fort; in ihrem Schein stand der Knabe vor dem aufgeschlagenen Weihnachtsbuch. Aber droben unter der Decke des hohen Zimmers war es dunkel; der Tannenbaum fehlte, der das Licht des Festes auch dort hinaufgetragen hätte.

Da klingelte draußen im Flur die Glocke, und die Haustür wurde polternd aufgerissen. »Wer ist denn das?«, sagte Frau Ellen; und Harro lief zur Tür und sah hinaus.

Draußen hörten sie eine raue Stimme fragen: »Bin ich denn hier recht beim Herrn Amtsrichter?« Und in demselben Augenblicke wandte auch der Knabe den Kopf zurück und rief: »Knecht Ruprecht, Knecht Ruprecht!« Dann zog er Vater und Mutter mit sich aus der Tür.

Es war der große bärtige Mann, der den beiden Spaziergängern vorhin oberhalb der Stadt begegnet war; bei dem Schein des Flurlämpchens sahen sie deutlich die rote Hakennase unter der beschneiten Pelzmütze leuchten. Sein langes Gepäck hatte er gegen die Wand gelehnt. »Ich habe das hier abzugeben!«, sagte er, indem er auch den schweren Quersack von der Schulter nahm.

»Von wem denn?«, fragte der Amtsrichter.

»Ist mir nichts von aufgetragen worden.«

»Wollt Ihr denn nicht näher treten?«

Der Alte schüttelte den Kopf »Ist alles schon besorgt! Habt gute Weihnacht beieinander!« Und indem er noch einmal mit der großen Nase nickte, war er schon zur Tür hinaus.

»Das ist eine Bescherung!«, sagte Frau Ellen fast ein wenig schüchtern.

Harro hatte die Haustür aufgerissen. Da sah er die große dunkle Gestalt schon weithin auf dem beschneiten Wege hinausschreiten.

Nun wurde die Magd herbeigerufen, deren Bescherung durch dieses Zwischenspiel bis jetzt verzögert war; und als mit ihrer Hilfe die verhüllten Dinge in das helle Weihnachtszimmer gebracht waren, kniete Frau Ellen auf dem Fußboden und begann, mit ihrem Trennmesser die Nähte des großen Packens aufzulösen. Und bald fühlte sie, wie es von innen heraus sich dehnte und die immer schwächer werdenden Bande zu sprengen strebte; und als der Amtsrichter, der bisher schweigend dabeigestanden, jetzt die letzten Hüllen abgestreift hatte und es aufrecht vor sich hingestellt hielt, da war's ein ganz mächtiger Tannenbaum, der nun nach allen Seiten seine entfesselten Zweige ausbreitete. Lange schmale Bänder von Knittergold rieselten und blitzten überall von den Spitzen durch das dunkle Grün herab; auch die Tannäpfel waren golden, die unter allen Zweigen hingen.

Harro war indes nicht müßig gewesen, er hatte den Quersack aufgebunden; mit leuchtenden Augen brachte er einen flachen, grünlackierten Kasten geschleppt. »Horch, es rappelt!«, sagte er, »es ist ein Schubfach darin!« Und als sie es aufgezogen, fanden sie wohl ein Schock der feinsten weißen Wachskerzchen.

»Das kommt von einem echten Weihnachtsmann«, sagte der Amtsrichter, indem er einen Zweig des Baumes herunterzog, »da sitzen schon überall die kleinen Blechlampetten!«

Aber es war nicht nur ein Schubfach in dem Kasten; es war auch obenauf ein Klötzchen mit einem Schraubengang. Der Amtsrichter wusste Bescheid in diesen Dingen; nach einigen Minuten war der Baum eingeschroben und stand fest und aufrecht, seine grüne Spitze fast bis zur Decke streckend. – Die alte Magd hatte ihre Schüssel mit Äpfeln und Pfeffernüssen stehen lassen; während die andern drei beschäftigt waren, die Wachskerzen aufzustecken, stand sie neben ihnen, ein lebendiger Kandelaber, in jeder Hand einen brennenden Armleuchter emporhaltend. – Sie war aus der Heimat mit herübergekommen und hatte sich von allen am schwersten in den Brauch der Fremde gefunden. Auch jetzt betrachtete sie den stolzen Baum mit misstrauischen Augen. »Die goldenen Eier sind denn doch vergessen!«, sagte sie.

Der Amtsrichter sah sie lächelnd an: »Aber, Margret, die goldenen Tannäpfel sind doch schöner!«

»So, meint der Herr? Zu Hause haben wir immer die goldenen Eier gehabt.«

Darüber war nicht zu streiten; es war auch keine Zeit dazu. Harro hatte sich indessen schon wieder über den Quersack hergemacht. »Noch nicht anzünden!«, rief er, »das Schwerste ist noch darin!«

Es war ein fest vernageltes hölzernes Kistchen. Aber der Amtsrichter holte Hammer und Meißel aus seinem Gerätkästchen; nach ein paar Schlägen sprang der Deckel auf, und eine Fülle weißer Papierspäne quoll ihnen entgegen. – »Zuckerzeug!«, rief Frau Ellen und streckte schützend ihre Hände darüber aus. »Ich wittere Marzipan! Setzt euch; ich werde auspacken!«

Und mit vorsichtiger Hand langte sie ein Stück nach dem andern heraus und legte es auf den Tisch, das nun von Vater und Sohn aus dem umhüllenden Seidenpapier herausgewickelt wurde.

»Himbeeren!«, rief Harro, »und Erdbeeren, ein ganzer Strauß!«

»Aber siehst du es wohl?«, sagte der Amtsrichter, »es sind Waldbeeren; so welche wachsen in den Gärten nicht.«

Dann kam, wie lebend, allerlei Geziefer; Hornissen und Hummeln und was sonst im Sonnenschein an stillen Waldplätzen umherzusummen pflegt, zierlich aus Dragant gebildet, mit goldbestäubten Flügeln; nun eine Honigwabe – die Zellen mochten mit Liqueur gefüllt sein – , wie sie die wilde Biene in den Stamm der hohlen Eiche baut; und jetzt ein großer Hirschkäfer, von Schokolade, mit gesperrten Zangen und ausgebreiteten Flügeldecken. »Cerbus lucanus!«, rief Harro und klatschte in die Hände.

An jedem Stück war, je nach der Größe, ein lichtgrünes Seidenbändchen. Sie konnten der Lockung nicht widerstehen; sie begannen schon jetzt, den Baum damit zu schmücken, während Frau Ellens Hände noch immer neue Schätze ans Licht förderten.

Bald schwebte zwischen den Immen auch eine Schar von Schmetterlingen an den Tannenspitzen; da war der Himbeerfalter, die silberblaue Daphnis und der olivinfarbige Waldargus, und wie sie alle heißen mochten, die Harro hier vergebens aufzujagen gesucht hatte. – Und immer schwerer wurden die Päckchen, die eins nach dem andern von den eifrigen Händen geöffnet wurden. Denn jetzt kam das Geschlecht des größern Geflügels; da kam der Dompfaff und der Buntspecht, ein paar Kreuzschnäbel, die im Tannenwald daheim sind; und jetzt – Frau Ellen stieß einen leichten Schrei aus – ein ganzes Nest voll kleiner schnäbelaufsperrender Vögel; und Vater und Sohn gerieten miteinander in Streit, ob es Goldhähnchen oder junge Zeisige seien, während Harro schon das kleine Heimwesen im dichtesten Tannengrün verbarg.

Noch ein Waldbewohner erschien; er musste vom Buchenrevier herübergekommen sein; ein Eichhörnchen von Marzipan, in halber Lebensgröße, mit erhobenem Schweif und klugen Augen. »Und nun ist's alle!«, rief Frau Ellen. Aber nein, ein schweres Päckchen noch! Sie öffnete es und verbarg es dann ebenso rasch wieder in beiden Händen. »Ein Prachtstück!«, rief sie, »aber nein, Paul, ich bin edelmütiger als du, ich zeig's dir nicht!«

Der Amtsrichter ließ sich das nicht anfechten; er brach ihr die nicht gar zu ernstlich geschlossenen Hände auseinander, während sie lachend über ihn wegschaute.

»Ein Hase!«, jubelte Harro, »er hat ein Kohlblatt zwischen den Vorderpfötchen!«

Frau Ellen nickte: »Freilich, er kommt auch eben aus des alten Kirchspielvogts Garten!«

»Harro, mein Junge«, sagte der Amtsrichter, indem er

drohend den Finger gegen seine Frau erhob, »versprich mir, diesen Hasen zu verspeisen, damit er gründlich aus der Welt komme!«

Das versprach Harro.

Der Baum war voll, die Zweige bogen sich; die alte Margret stöhnte, sie könne die Leuchter nicht mehr halten, sie habe gar keine Arme mehr am Leibe.

Aber es gab wieder neue Arbeit. »Anzünden!«, kommandierte der Amtsrichter; und die kleinen und großen Weihnachtskinder standen mit heißen Gesichtern, kletterten auf Schemel und Stühle und ließen nicht ab, bis alle Kerzen angezündet waren.

Der Baum brannte, das Zimmer war von Duft und Glanz erfüllt; es war nun wirklich Weihnachten geworden.

Ein wenig müde von der ungewohnten Anstrengung saß der Amtsrichter auf dem Sofa, nachsinnend in den gegenüberhängenden großen Wandspiegel blickend, der das Bild des brennenden Baumes zurückstrahlte.

Frau Ellen, die ganz heimlich ein wenig aufzuräumen begann, wollte eben die geleerte Kiste an die Seite setzen, als sie wie in Gedanken noch einmal mit der Hand durch die Papierspäne streifte. Sie stutzte. »Unerschöpflich!«, sagte sie lächelnd. – Es war ein Star von Schokolade, den sie hervorgeholt hatte. »Und, Paul«, fuhr sie fort, »er spricht!«

Sie hatte sich zu ihm auf die Sofalehne gesetzt, und beide lasen nun gemeinschaftlich den beschriebenen Zettel, den der Vogel in seinem Schnabel trug: »Einen Wald- und Weihnachtsgruß von einer dankbaren Freundin!«

»Also von ihr!«, sagte der Amtsrichter, »ihr Herz hat ein gut Gedächtnis. Knecht Ruprecht musste einen tüchtigen Weg zurücklegen, denn das Gut liegt fünf ganze Meilen von hier.«

Frau Ellen legte den Arm um ihres Mannes Nacken. »Nicht wahr, Paul, wir wollen auch nicht undankbar gegen die Fremde sein?«

»Oh, ich bin nicht undankbar, aber ...«

»Was denn aber, Paul?«

»Was mögen drüben jetzt die Alten machen!«

Sie antwortete nicht darauf, sie gab ihm schweigend ihre Hand.

»Wo ist Harro?«, fragte er nach einer Weile.

Harro war eben wieder ins Zimmer getreten; aus einer Schachtel, die er mit sich brachte, nahm er eine kleine verblichene Figur und befestigte sie sorgfältig an einen Zweig des Tannenbaums. Die Eltern hatten es wohl erkannt; es war ein Stück von dem Zuckerzeug des letzten heimatlichen Weihnachtsbaums; ein Dragoner auf schwarzem Pferde in langem graublauem Mantel. Der Knabe stand davor und betrachtete es unbeweglich; seine großen blauen Augen unter der breiten Stirn wurden immer finsterer. »Vater«, sagte er endlich, und seine Stimme zitterte, »es war doch schade um unser schönes Heer! – Wenn sie es nur nicht aufgelöst hätten – ich glaube, dann wären wir wohl noch zu Hause!«

Eine lautlose Stille folgte, als der Knabe das gesprochen. Dann rief der Vater seinen Sohn und zog ihn dicht an sich heran. »Du kennst noch das alte Haus deiner Großeltern«, sagte er, »du bist vielleicht das letzte Kind von den Unsern, das noch auf den großen übereinandergetürmten Bodenräumen gespielt hat, denn die Stunde ist nicht mehr fern, dass es in fremde Hand kommen wird. – Einer deiner Urahnen hat es einst für seinen Sohn gebaut. Der junge Mann fand es fertig und ausgestattet vor, als er nach mehrjähriger Abwesenheit in den Handelsstädten Frankreichs nach seiner Heimat zurückkehrte. Bei seinem Tode hat er es seinen Nachkommen hinterlassen, und sie haben darin gewohnt als Kaufherren und Senatoren oder, nachdem sie sich dem Studium der Rechte zugewandt hatten, als Bürgermeister oder Syndici ihrer Vaterstadt. Es waren angesehene und wohldenkende Männer, die im Lauf der Zeit ihre Kraft und ihr

Vermögen auf mannigfache Weise ihren Mitbürgern zugute kommen ließen. So waren sie wurzelfest geworden in der Heimat. Noch in meiner Knabenzeit gab es unter den tüchtigeren Handwerkern fast keine Familie, wo nicht von den Voreltern oder Eltern eines in den Diensten der Unserigen gestanden hätte; sei es auf den Schiffen oder in den Fabriken oder auch im Hause selbst. – Es waren das Verhältnisse des gegenseitigen Vertrauens; jeder rühmte sich des andern und suchte, sich des andern wert zu zeigen; wie ein Erbe ließen es die Eltern ihren Kindern; sie kannten sich alle, über Geburt und Tod hinaus, denn sie kannten Art und Geschlecht der Jungen, die geboren wurden, und der Alten, die vor ihnen dagewesen waren.« – Der Amtsrichter schwieg einen Augenblick, während der Knabe unbeweglich zu ihm emporsah. »Aber nicht allein in die Höhe«, fuhr er fort, »auch in die Tiefe haben deine Voreltern gebaut; zu dem steinernen Hause in der Stadt gehörte die Gruft draußen auf dem Kirchhof, denn auch die Toten sollten noch beisammen sein. – Und seltsam, da ich des inne ward, dass ich fort musste, mein erster Gedanke war, ich könnte dort den Platz verfehlen. – Ich habe sie mehr als einmal offen gesehen; das letzte Mal, als deine Urgroßmutter starb, eine Frau in hohen Jahren, wie sie den Unserigen vergönnt zu sein pflegen. – Ich vergesse den Tag nicht. Ich war hinabgestiegen und stand unten in der Dunkelheit zwischen den Särgen, die neben und über mir auf den eisernen Stangen ruhten; die ganze alte Zeit, eine ernste schweigsame Gesellschaft. Neben mir war der Totengräber, ein eisgrauer Mann. Aber einst war er jung gewesen und hatte als Kutscher, den schwarzen Pudel zwischen den Knien, die Rappen meines Großvaters gefahren. Er stand an einen hohen Sarg gelehnt und ließ wie liebkosend seine Hand über das schwarze Tuch des Deckels gleiten. ›Dat is min ole Herr!‹, sagte er in seinem Plattdeutsch, ›dat weer en gude Mann!‹ Mein Kind, nur dort

zu Hause konnte ich solche Worte hören. Ich neigte unwillkürlich das Haupt, denn mir war, als fühlte ich den Segen
der Heimat sich leibhaftig auf mich niedersenken. Ich war
der Erbe dieser Toten; sie selbst waren zwar dahingegan-
gen, aber ihre Güte und Tüchtigkeit lebte noch und war für
mich da und half mir, wo ich selber irrte, wo meine Kräfte
mich verließen. – Und auch jetzt noch, wenn ich – mir und
den Meinen nicht zur Freude, aber getrieben von jenem ge-
heimnisvollen Weh – auf kurze Zeit zurückkehrte, ich weiß
es wohl, dem sich dann alle Hände dort entgegenstreckten,
das war nicht ich allein.«

Er war aufgestanden und hatte einen Fensterflügel auf-
gestoßen. Weithin dehnte sich das Schneefeld, der Wind
sauste, unter den Sternen vorüber jagten die Wolken, dorthin, wo in unsichtbarer Ferne ihre Heimat lag. – Er legte fest
den Arm um seine Frau, die ihm schweigend gefolgt war,
seine lichtblauen Augen lugten scharf in die Nacht hinaus.
»Dort!«, sprach er leise, »ich will den Namen nicht nennen,
er wird nicht gern gehört in deutschen Landen, wir wollen ihn still in unserm Herzen sprechen, wie die Juden das
Wort für den Allerheiligsten.« Und er ergriff die Hand seines Kindes und presste sie so fest, dass der Junge die Zähne
zusammenbiss.

Noch lange standen sie und blickten dem dunkeln Zuge
der Wolken nach. – Hinter ihnen im Zimmer ging lautlos
die alte Magd umher und hütete sorgsamen Auges die allmählich niederbrennenden Weihnachtskerzen.

57. Merkwürdige Reden, gehört zu Krebslingen zwischen zwölf und ein Uhr in der Heiligen Nacht

Unter den Ziegen bin ich geboren und unter den Kühen aufgewachsen, Schmutzhausen ist meine Heimat, das Fürstentum Dünkellust mein Vaterland. Was man auf den Ofentritten erzählte, war mir alles bekannt, sonst aber meine Bildung nicht weit her. Aber einen großen Drang fühlte ich von jeher in mir: ich vergaß, was dahinten, und streckte mich nach dem, was davornen, und ward eine sehr bedeutende Person. Wie und welche, ein ander Mal. Ich arbeitete, dass man meinen Schweiß zwanzig Schritte weit in die Nase kriegte, und doch kam ich bei unserm Fürsten in Ungunst, andere wurden mir vorgezogen. Um diesem Unglanze zu entgehen und so oft als möglich in dem Glanze zu stehen, der mir gebührte, machte ich mich gerne abseits, suchte Aufträge, die mich aufs Land führten; dort konnte ich mich zeigen, als der ich war, und da warf niemand einen Schatten über mich, und wer für einen Tag verschickt wird und nicht zwei daraus zu machen weiß, der muss ein Lümmel sein. Am liebsten entfernte ich mich über die Festtage. Unser Fürst war noch altgläubig, ich aber über solche altväterischen Dinge hinaus. Man kann sich daher leicht vorstellen, wie peinlich es mir war, tun zu müssen, als sei ich ein Christ, mir, der ich über solche Dinge weit hinaus war. Daher suchte ich mich über diese Zeiten zu entfernen; auf dem Land sah mir niemand nach, und während die andern vor einem, den sie den Höchsten nennen, knien, trage ich doch das schöne Bewusstsein in mir, dass ich weithin in der weiten Runde der Höchste sei.

So war ich im vorigen Jahre über die Weihnacht auch verreiset; ich wusste, dass zu Krebslingen Bezirksgericht sei. Ich fand mich dort ein wegen Dringendem, und meine Erscheinung erregte große Freude; sie traktierten mich wie üblich mit gutem Weine, ich sie dagegen mit leutseliger Freundlichkeit, und beidseitig waren wir glücklich und vergnügt dabei. Meine Anwesenheit entband natürlich den Wirt von der gesetzlichen Ordnung, und es schlug gerade zwölf Uhr, als ich den letzten Bezirksrichter vor der Türe mit freundlichem Neigen verabschiedete und dem zündenden Wirte sagte, er solle nur hineingehen, ich werde gleich nachkommen. Es war eine herrliche Nacht, und die Natur leuchtete sehr hell und kühl, und mir war sehr warm. Romantisch bin ich nicht, aus andern Gründen ging ich etwas neben's Haus.

Dort hörte ich auf einmal gar seltsame Laute; es war, als ob Mäuse pfiffen und gixten, wie sie es tun, wenn man ihnen auf den Stiel trappet; aber die seltsamen Töne, welche hinter einer Ecke hervor aus einem Kellerloch zu kommen schienen, verstand ich. »Es ist unerträglich!«, quixte eine dünne Stimme, »will der Gstabi nicht bald ins Nest? Am Tage verfolgen uns Menschen und Katzen, und die Nächte macht man uns immer kürzer. Es wird noch dahin kommen, dass wir verreblen müssen.«

»Rufe doch eine die Polizei!«, quixte eine andere.

»Du Narr!«, quixte eine dritte, »die hat man ja vorgestern wegen Mangel an Platz versteigert und hat verflümert daraus gelöst.«

»Wer ist Narr gnug gewesen, um darauf zu bieten?«

»Die Bauren fraßen sich fast darum«, antwortete ein Stimmchen. »Sie sagen, die Vögel achteten sich ihrer alten Bündengschücher nichts mehr, weil sie daran gewohnt seien, sie müssen neue haben auf die Äcker von wegen den Krähen und Tauben, und so wüssten sie keine bessern als die abgestandene Polizei. Aber packt auf! Er geht hinein!« Ich war nämlich erbittert worden und wollte den Wirt zur Rede stellen, wer so anzügliche Reden führe mit verstellter Stimme. »Und wenn er schon hineingeht, so geht er doch nicht ins Bett«, quixte es. »Der trinkt noch mit dem Wirte ein Gläschen Cognac und frägt nach der Stimmung. Wenn wir etwas wollen, so müssen wir anderswohin, sonst graut der Morgen, ehe wir ein Brösmeli haben.«

Dies hörte ich noch, als ich um die Ecke zur Türe schwenkte, vor welcher der Hund saß und ins Blaue boll. Aber wie versteinert stand ich, als ich in rauem Basse die Frage hörte: »Warum billst du diese Nacht nicht?« Und durch die Lüfte antwortete eine Stimme: »Wir haben heute geküchelt, und ich habe keine Küchli bekommen; nun werde ich künftig nicht mehr so fleißig sein mit Wachen und Bellen.«

»Bhüt di Gott, leb wohl, Blass!«, flüsterte eine zärtliche Stimme, und eine große schwarze Katze strich dem Hund um die Beine, während eine kleinere mit aufgehobenem Schweife unter der Türe stand. »Wo zum Schinder willst du hin?«, frug der Blass. »Fort will ich. Seitdem kein Feierabend mehr ist, sind keine Mäuse mehr zu kriegen, und jetzt bleiben unsere Jungfrauen wieder da, und solange die da sind, ist's für uns Katzen mit dem übrigen Mausen aus; die pfuschen uns schrecklich ins Handwerk. So will ich fort und an einem bessern Orte mein Brot suchen. Komm mit, Blass!« Da sah Blass mich in der Ecke stehen und boll mit fürchterlicher Stimme nach mir hin: »Wottsch furt, du Schelm!« Unwillkürlich fuhr's mir in die Beine, ich sprang der Scheune zu, die nicht weit vom Hause lag. Ein seltsames Tönen stellte meine Flucht. Dieses Tönen war feierlich, grauenhaft, kam vom Rossstalle her, und daraus wickelten sich folgende Worte hervor:

> »Zwölfe hat's vom Turm geklungen.
> Brüder, Schwestern, auf, erwacht!
> Seht, die Bande unsrer Zungen
> Sind mit einem Riss zersprungen
> Vor der unsichtbaren Macht,

Der die Engel einst gesungen
In der Christen Heilgen Nacht!
Auf, erwacht!«

Da fiel mir ein aus meiner Jugend her, dass die Tiere in der Heiligen Nacht eine Stunde sollten reden können. Ich hatte es längst nicht mehr geglaubt, nebst noch vielem andern nicht, und jetzt auf der obersten Stufe der Aufklärung sollte mir so etwas begegnen! Ich wollte mich überreden, es treibe jemand mit mir Schindluder, und es dünkte mich, wenn ich nur die Polizei bei mir hätte. Aber ich konnte nicht ab Platz, und es war mir selbst, als hätten wir sie in den letzten Tagen versteigert. Und kaum hatte ich das gedacht, so erscholl, Welten durchzitternd wie verhaltener Donner, aus gewaltigen Kehlen der Spruch:

»Ja, wir fühlen's, luftdurchdrungen,
Dass das schwere Band der Zungen
Mit dem ersten Glockenklang
Gleich des Kornes Hülse sprang.
Ja, wir sind, wir sind erwacht;
Auf, benutzt der Stunde Macht!«

»Lebst du noch, du alter Kratten?«, frug aus dem verhallenden Chor eine mutwillige Stimme. »Als wir uns letztes Jahr in Hallau trafen, dachte ich nicht, dass du an deinem Kachelicharren die heutige Stunde erleben werdest.«

»Ich auch nicht«, antwortete das angesprochene Ross. »Aber es ging mir im vergangenen Jahre gut. Jetzt bin ich ein Staatsross und fordere Respekt.« Da lachten alle, dass der Boden unter den Füßen mir wackelte. »Du ein Staatsross?«

»Ja. Ein Lohnkutscher sah mich und kaufte mich. Er bedient einen Herrn, der von Rossen nichts versteht, alle verderbt, aber vornehm fahren möchte wie ein vornehmer

Herr. Der lag dem Kutscher schon lange an, er sollte doch einen Stumper kaufen, die langen Schwänze könne er nicht leiden, man werde immer gespritzt. Mein Herr wusste, wo der Has im Pfeffer lag, kaufte mich um dreizehn Gulden Reichsgeld und spannt mich nun dem vornehmen Herrn ein als Staatsross. Er sagte ihm, ich sei ein vornehmer Engeländer, koste siebenundvierzig Louisdors, ein Lord habe mich in Baden verspielt. Nun hat mein Herr Respekt vor mir, fast wie vor einem vornehmen Herrn, macht mit mir Staat im Lande herum, füttert mich brav, hat immer Angst, er könnte mir übertun und siebenundvierzig Louisdors auf seinen Buckel fallen. So habe ich's gut in meinen alten Tagen, schlage alle Tage zweimal aus, dann sagt mein Herr: ›La, la!‹, und wenn es gegen einen Ort, besonders ein Städtchen geht, so setze ich mich in kurzen Galopp, der meinen steifen Beinen am besten zusagt, dann sagt mein Herr: ›Na, na!‹, und wenn er aussteigt, stellt er sich neben mich, um vom Wirt den schönen Stumper rühmen zu hören, und dann erzählt er von den siebenundvierzig Dublonen und dem Engländer, dass ich den Wirt nicht ansehen darf aus Furcht, er lache mir ins Gesicht.«

Ich wusste nicht, träumte oder wachte ich, als mein Ross mich so runtermachte, aber antworten konnte ich nicht. Hingegen hörte ich eine andere Stimme, und die sprach: »Ach, ich möchte doch auch so ein Staatsross werden für einen vornehmen Herrn, das Musterlimitieren verleidet mir je länger je mehr. Ehedem suchte mein Herr hie und da ein Mädchen mehr, als er sollte, aber, was ich umso mehr zu ziehen hatte, das konnte ich umso langsamer fahren, und die Tagreisen wurden alle Tage kürzer. Jetzt aber fährt mein Herr wie ein Jude und führt neben seinen Musterkarten Päcker zentnerweise mit sich. Er führt einen Zentner Traktätlein mit sich und teilt sie mit gottseligen Reden an fromme Krämersweiber aus, einen Zentner Aargauer Großratsgeschwätz und regaliert damit naseweise Krämer, einen Zentner gut katholischer Schriften und bahnt sich damit Weg, wo man es nicht glauben sollte. Jetzt hat er noch einen Zentner Genfer Papier, und auf Ostern hat er zwei Zentner Zürcher Schriften bestellt, die noch nicht gedruckt sind, sodass ich mehr zu ziehen habe als ein Kacheler und des Lebens satt bin. Und wenn er sich mit den einen wegen Wieland, mit den andern wegen Frey-Herosé, mit den dritten wegen Scherr, mit den vierten wegen Leu und Papst verdampet hat, so soll ich mit Springen die Zeit einbringen. Wenn ich wüsst, wie machen, ich schmisse meinen Herrn in ein Loch, wo er nicht wieder rauskäme.«

»Ach du meine Güte!«, fing eine andere Stimme an, »verständige dich doch mit Wünschen! Gerade so wünschte ich vor einem Jahre, als ich noch bei meinem letzten Herrn war und der mir des Nachts keine Ruhe gönnte und herumsprengte wie ein Nachtgeist, weil er mit den Wirten am besten handeln könne, wenn es Feierabend sein sollte. Da stolperte ich express; auf einige Plätze ab kam es mir nicht an, wenn er den Hals gebrochen hätte. Er ist aber nicht dumm, er verkaufte mich einem andern Hause, das einem jungen Reisenden kein kostbares Ross anvertrauen wollte. Das Haus hat seinen Kredit verloren, es lieferte die Ware anders, als die Muster waren, drängte mit Wechseln, überschüttete seine Schuldner mit Waren, bis sie ruiniert waren, kurz, brauchte alle möglichen Kniffe. Als der Kredit abnahm, meinte es, der Reisende sei schuld, und stellte einen andern an, der meint, es sei noch nie so einer gewesen, wie er werden will. Der will nun Absatz zwingen, hält vor allen Krämerladen, bindet mich an den Zaun, denn ins Wirtshaus geht er so wenig als möglich, weil er auch wohlfeiler reisen will als die andern alle. Ist er einmal ausgestiegen, so will er nicht wieder herein. Er packt alle seine Muster aus; will man nicht von diesem, so soll man von jenem nehmen:

hätte man Seidenband nicht nötig, so wäre mit Koriander ein guter Schick zu machen, und mag man nicht Zucker, so hätte er vortreffliches Salatöl, und will man nicht Salatöl, so hat er Muster von extrafeinem Teufelsdreck. So geht es oft stundenlang, dass ich manchmal sehe, wenn ich von Weitem gegen ein Haus komme, und man hat uns gesehen, wie das zu allen Türen hinausfliegt und niemand daheim sein will. Der Krämer soll über Land sein, die Frau über Feld, der Sohn ist auf dem Acker, die Tochter im Bohnenplätz, und die Magd will nicht wissen, wenn das ein oder andere zurückkommt. Mein Junge will Geschäfte machen und meint, die Magd solle ihm den Weg zeigen in den Bohnenplätz zu der Tochter. Aber die Magd will nicht, sie muss hüten; da steht mein Junge eine halbe Stunde verlegen da, weiß nicht, soll er fahren, soll er warten, erbost guckt der Krämer zur Stalltüre aus, die Krämerin lauscht am Küchenfenster, und ich muss da stehen, im Sommer der Brämen Speis, im Winter erfriere ich, und noch jetzt bin ich an den Füßen nicht erwarmet und kann wieder stundenlang stehen in Eis und Schnee, und am Ende, wenn mein Junge nicht Geschäfte macht, nur das kleine Ordinäri! Es ist ein verfluchtes Leben! Zehnmal lieber wollte ich springen, dass die Funken stöben.«

Da seufzte es tief auf gerade neben dem Redner. »Was seufzest du so hart«, fragte das vorige Ross, »und wie kommst du daher? Dem Kreuze nach bist du ja eine Siebentalerin aus dem Bernbiet? Übel muss es dir nicht gegangen sein, denn du bist ja speckfeiß!«

»Ach, sonst ging es mir gut«, antwortete ein niedliches Mährli in der Siebentalersprache, »mein Herr war stolz auf mich, und weiter als bis auf Thun musste ich nicht springen, und wenn es hie und da nach Bern ging, so kehrte mein Herr so oft ein, dass mir die Reise nicht beschwerlich war. Aber gestern ist es gerade vier Wochen, da wird ihm seine

Frau krank, und seither habe ich das elendeste Leben, ich gönnte es keinem Hund. Tag und Nacht geht es von einem Doktor zum andern, sollte immer im Gestreckten gehn, und wenn ich nicht mehr mag, kriege ich gar die Geißel, von der ich früher gar nichts wusste.«

»Dein Herr wird so ein junger Narr sein, der meint, wenn eine Frau gestorben, gebe es keine andere?«

»Selb nicht«, antwortete die Siebentalerin, »er hat sie schon zwanzig Jahre und sechs Kinder von ihr.«

»Was ist denn das für ein Narr? Bei uns im Schwarzwald strapliziert wegen einer kranken Frau keiner sein Ross, je mehr Weiber, desto mehr Ehesteuern, meint man.«

»Ja, das ist darum bei uns nicht so«, sagte die Siebentalerin, »aber nicht von wegen der Liebe, sondern von wegen dem Geld. Von wegen, wenn einem seine Frau stirbt, so muss er alles das vorhandene Gut zu gleichen Teilen mit seinen Kindern teilen, und das kommt manchen unkommod, und mein Herr wäre übel zweg, wenn er teilen müsste.« Da bezeugten sämtliche Rosse ihre Verwunderung, wie dumm die Männer im Siebental sein müssten, dass sie so was täten. Jetzt begehrte aber die Siebentalerin auf und wollte das nicht glauben. Ds Konträri, sagte sie, es gebe im ganzen Kanton nicht durchtriebenere Männer als im Siebental, aber niene so listige und fini Wyber als dort, das sig ebe dr Tüfel. Vor vielen hundert Jahren schon hätten die Weiber gesehen, wie es reiche Männer machen, wenn sie Witwer werden, wie sie d Narre machten, mit dem Reichtum großen Staat und den jungen Mädchen alles anhängten und zuletzt so einen Gauggel heirateten, sodass ihre Kinder unwert würden, nicht mehr Platz im Hause hätten und zuletzt nichts erbten, entweder weil der Vater alles vertan oder die letzte Frau alles ihren Kindern anhängen täte. Da seien die Weiber rätig geworden, den Männern das Nägeli zu stecken und für ihre Kinder zu sorgen und auch für sich selbst, und hätten eine lustige Geschichte ersonnen. Die Männer seien in die Falle getrappet, und zum Landrecht sei erhoben worden, dass bei dem Tode einer Frau das sämtliche vorhandene Gut zwischen Mann und Frau zu gleichen Teilen sollte geteilt werden. »Bald merkten die Männer den Lätsch, den sie am Halse hatten, und wollten ausschlüpfen, aber die Weiber hatten ihn zureitig angemacht, und die Männer mussten warten. Sie wussten sich nicht anders zu helfen, als ihre Weiber recht lieb zu haben, und je reicher umso lieber. Wenn einer der Finger wehtut, so läuft man zum Doktor, und wenn eine Bauchweh kriegt, so spannt man ds Mähri an, und das muss springe, als ob alle vier Beine absollten. Nun wurden wir schon am ersten Erlenbacher Herbstmärit mit den Hammen fertig, und seither kränkelt unsere Frau immer mehr und mehr und wird immer magerer, und dem Mann immer ängster, und ich muss immer strenger laufen und kann nicht sagen, er soll doch metzgen lassen, es bessere denn vielleicht wieder. Solang der alte Fuchs in der Nähe lebte, ging es mir nicht so bös, so aber muss ich springen immer weiter. Zu rechten Doktoren hat mein Herr keinen Glauben, es muss ein Gütterler oder ein Hexenmeister sein, und denen fährt er nach wie eine Surrfliege dem Rossmist. Jetzt hat er da von ein paar Hexenmeistern da draußen in dem Stinkland gehört, wo aller Haber nach Sauerkabis riecht, die brauchen kein Gütterli und keine Büppi, auf welche sie die Hand legen, die haben über die Geister Macht und können sie senden, wohin sie wollen, Kranke zu heilen und gesund zu machen. Einen solchen Geist will mein Herr kaufen, und vielleicht soll ich ihn noch heimführen; da wäre erst der Schinder los, und ich riskiere den bösen Luft vom Geiste her, werde geschwollen und muss sterben trotz allem Springen.«

Da seufzte es grimmig und hohl nebenbei, und das Siebentalermähri glaubte, es sei der Geist, und sprang zit-

ternd auf; aber als es genauer hinsah, war es nur eine alte
Füllimähre aus einem andern Tal, und als das Siebenta-
lerli schnauzte, warum die Alte so unflätig und grobänisch
seufzte, da sagte die Alte, sie dürfe es fast nicht sagen, aber
unter guten Freunden wolle sie es doch. Sie schäme sich gru-
sam. Sie sei ihr Lebtag ein ehrlich Bauernross gewesen, jetzt
habe sie letzthin ihres Meisters Söhnen einen gestohlenen
Trämel zur Säge müssen führen helfen. Sie hätte es nicht gewusst, sonst hätte sie keinen Strick angezogen und den un-
saubern Gesellen mit Schlägen und Beißen Verstand machen
wollen. Die Sache sei ausgekommen, und jetzt müsse sie
dem Geschäft nachsprengen und habe da den Handel vernommen, es sei ihr geschmuecht worden, und sie dürfte sich
fast nicht mehr auf der Straße zeigen. Wenn sie schon nur
eine Füllimähre sei, so habe sie doch noch Scham im Leibe.
»Aber trotz dieser Scham muss ich jetzt allen denen nachsprengen, von denen mein Meister glaubt, sie können wohl-
schmeckend machen, was stinkt, und aus Mist Heu. Denn
der Meister flucht gräßlich, nicht über die, welche gestohlen
oder vielmehr gefrevelt, sondern über die, denen der Trämel gestohlen oder vielmehr gefrevelt wurde, und über die,
welche es ausgebracht. Mit List, Geld und Prozedieren will
er das Krumme gradmachen. Jetzt musste ich zum Bezirksrichter sprengen, denn wenn einer einem Schelm einen guten Rat weiß, so ist es der. Weit und breit kommen die Leute
zu ihm zu Rat, noch viel weiter her als zu einem Gütterler.
Sie müssen oft zwei Tage warten, bis sie vorkönnen, und so
wird es auch meinem Meister gegangen sein, denn ich sollte
um fünfe geschirrt sein und bin es dato noch; die volle Sau
von Stallknecht hat gedacht, am Morgen hätte ich meinen
schweren Kommet schon an.«

Das letztere vernahm ich nur noch mit halbem Ohr. Als
ich vom Bezirksrichter hörte, dachte ich, da sei was zu no-
tieren, woran ich könnte dem Fürsten und andern demon-

strieren, wie wohltätig meine Reisen für die allgemeine Wohlfahrt wären und wie nützlich dem Vaterlande meine Popularität; doch stockte meine Hand in der Tasche, als ich dachte, wie aufbegehrisch der Fürst sei, und, wenn er mit Donnerwettern auf den Richter losfahre, was ich mit einer alten Füllimähre gegen einen Rechtskundigen beweisen wolle, die noch dazu in einer halben Stunde kein vernünftig Wort mehr reden könne. Während ich noch mit der Hand in der Tasche tiefsinnigen Gedanken nachsann, begann die alte Mähre erbärmlich zu schreien:

>>Ach meine Ohren!
Die sind verloren!
Ach meine Mähnen!
Mit blanken Zähnen
Packt mich und rüttelt,
Reißt mich und schüttelt
Das Ungeheuer,
Der Bläß Allgäuer!<<

Eine helle Stimme tönte in das Geschrei:

>>Abschaum der Mähren!
Ich will dich lehren
Die Ehr verkehren,
Das Lügen mehren!
Du alte Schelle,
Du Schmach der Ställe!
Ich will dich lehren,
Die Wahrheit ehren!<<

Da übertönte das Streitgeschrei ein mächtiger Chor:

>»Friede sei in dieser Stunde
Mit der Tiere großem Bunde!
Lasst ihr nicht das Streiten schweigen,
Werden wir den Meister zeigen!
Friede sei in dieser Stunde
Mit der Tiere großem Bunde!«

Und als das Chor, welches nach einer Krauskopfschen Melodie gesungen war, schwieg, sagte mein Pferd: »Bist du auch da, du hässiges Ketzerli vo Allgäuerli, und kannst das Streiten selbst in dieser Stunde nicht lassen, willst du dich denn nie bekehren?« Da sprach das Ketzerli von Allgäuerli mit kräschlender Stimme: »Was bekehren? Das Bekehren ist an euch. Was tut ihr? Eins ums andere verleumdet seinen Herrn. Geht und hört, wie eure Herren euch rühmen, eure Fehler verschweigen und jeder das beste Ross haben will! Jetzt kömmt noch die alte Mähre und verleumdet zu seinem Herrn noch den meinigen, wo doch der humanste Richter ist im ganzen Fürstentum und zu einem jeden Halunk Sorge trägt, als ob er seinesgleichen wäre. Es dünkt mich, wir hätten von wichtigern Dingen zu reden als von solchen Partikularitäten und Persönlichkeiten, und was gehen uns die Richter an? Sind nicht die Stallknechte von ganz anderer Bedeutung für uns, gleichsam unsere Hauptpersonen? Und es hat mich schon lange wundergenommen, dass niemand von denen reden will, und was man gegen die für Maßregeln vorkehren wolle; es ist, je länger je weniger dabeizusein, es hat keine Gattig mehr. Es gibt verflucht brave Stallknechte, warum nicht, ich könnte nacheinander ein halbes Dutzend aufsagen. Aber viel andere werden alle Tage voller und nie mehr nüchtern, und dann sind sie die wüstesten Hünde gegen uns, stüpfen uns in den Bauch, schlagen uns auf 'n Kopf und misshandeln uns mit dem Gebiss im Maul, dass uns Hören und Sehen vergeht, es ist himmelschreiend!

Und immer mehr, scheint mir, schlage ihnen der Wein auf das Gehör, und so viele hören nicht mehr wohl. Ich hörte schon manchmal, dass mein Herr ein ganzes Immi befahl und kriegte nur ein halbes, und wenn der Herr das große Ordinäri befahl, gab man mir nur das kleine. Wenn dann das Stubenmädchen den Herrn fragte, was er für das Ross befohlen, so sagte er richtig: ›Das große Ordinäri!‹ und musste es auch bezahlen. Dann baggelt man allenthalben an Maß und Gewicht. So hat man namentlich in der Schweiz, wo mein Herr oft hinreiset, das Pfund kleiner gemacht und das Immi größer. Wenn nun mein Herr für einen Batzen Brot befehlen tut, so kriege ich richtig drei Bissen weniger, ich habe das schon manchmal gezählt.«

»Aber immer das gleiche Immi?«

»Ds Konträri, es scheint mir, auch das sei kleiner, werden wahrscheinlich verschossen sein, als sie es größer machen wollten, oder sie machen noch immer aus einem Malter achtundvierzig Immi statt nur vierzig. So wird unsere Lage alle Tage schlimmer, und ich möchte zu bedenken geben, was da zu machen sei. Ich habe schon manchmal mit Beißen und Schlagen versucht, die Stallknechte humaner zu machen; aber erstlich sind mir die Ketzere z'gleitig, selbst wenn sie voll sind, es gelang mir selten, einem eins ordentlich abzustrecken, und zweitens musste ich jeden Versuch zur Selbsthilfe schrecklich büßen. Ich wurde abgeschlagen zuerst und kriegte nichts zu fressen, um mir den Mut zu nehmen, und das nächste Mal, wenn ich wiederkam, wurde ich, sobald der Herr den Rücken kehrte, frisch geprügelt und auf halbe Portion gesetzt. So ist das Schlagen mir verleidet, und doch kann es nicht länger so gehen. Weiß niemand Rat?« Da sagte das ältere Gummiross: »Ich habe auch schon lange darüber nachgedacht und wüsste keinen bessern Rat, als wenn man auf irgendeine Weise ein Gesetz bewirken könnte, dass von nun an die Stallknechte zu Stubenmeitlene gemacht werden sollten und die Stubenmeitleni zu Stallknechten. Erstlich gefallen mir die Stubenmeitleni im Ganzen genommen selbst besser als die Stallknechte, zweitens würden sie manierlicher mit einem umgehen, und drittens würden unsere Herren viel häufiger daran denken, dass sie ein Ross im Stall hätten, dass sie nachsehen müssten, ob es seine Sache habe, ja, mancher ließe sich aus lauter Zärtlichkeit für sein Ross seinen Schoppen in den Stall zum ehemaligen Stuben-, gegenwärtigen Stallmeitli bringen. Das ist meine Meinung; wenn jemand eine bessere hat, so sage er sie auch!« Aber da redete keiner verständlich, freudige Töne widerhallten an den Wänden, es war, als ob sie klatschen wollten in voller Herzensfreude. Endlich artikulierte sich ihre Freude:

> »Ja, ja, ja, so ist es recht:
> In die Stube mit dem Knecht!
> Mit der Stubenmagd in Stall
> 's ist ein nagelneuer Fall.
> Alsdann wird's im Stalle besser:
> Hier die Küfer, Säufer, Fresser,
> Herr und Ross in einer Hut,
> Das tut beiden wohl und gut.
> Drum, Brüder, drum fasst frischen Mut!
> Lasst fröhlich springen das alte Blut!
> Ein neu Gesetz bringt in den Stall
> Die Stubenmädchen Knall und Fall
> Und macht uns von der Quälerei
> Der liebeleeren Knechte frei;
> Drum, Brüder, drum fasst frischen Mut!
> So ist es recht, so kommt es gut!«

Die Begeisterung drang immer tiefer in die Töne ein, durch die Töne durch – da schlug es am Kirchturme eins. Und stille ward's plötzlich im Stalle, stille ringsum. Ich war wie in einer andern Welt. Ich sah den Mond wieder scheinen, sah, wie der Wirt vorsichtig ums Haus schlich, er wollte mich suchen und hätte mich nicht gern überrascht; und ergriffen, wie ich war, hätte ich gerne ohne ihn mich ins Bett gedrückt. Ich wartete, bis er hinter dem Hause war, aber wie ich zur Vordertüre leise eintrat, kam er zur Hintertüre herein, begrüßte mich mit den üblichen Worten und sagte, es werde mir wohl noch ein Gläschen belieben? Ich dankte, nahm ein Licht und ließ den Wirt stehn, der nun ein Gläschen für mich und eins für sich wird getrunken haben.

Ich aber erlebte eine erbärmliche Nacht. Alles, was ich ehemals geglaubt hatte und jetzt nicht mehr, gramselte mir vor den Augen herum, machte seine Rechte geltend, trieb mir der Hölle heißen Pfahl in die Seele, und ich konnte mich mit nichts wehren als mit einem öden Nichtsglauben, der keine Gründe hatte und vor jedem Gespensterwesen davonfloh und feige sich barg. Und zu der Angst kam die Neugierde, wie die Pferde zu einem solchen Gesetz hätten kommen wollen, und wessen Verwendung sie angesprochen, wem sie die Redaktion übertragen hätten? Dann das Leid über die menschliche Beschränktheit, welche die Ohren, besonders wenn Baumwolle darin ist, nur an einem Orte haben kann. Ich hatte in den Kuhställen brummen hören, grunzen bei den Schweinen, sogar die Hühner schienen leise Gespräche zu rühren, aber wegen den Pferden konnte ich die alle nicht hören, und mit Schlag ein Uhr war alles aus. Es plagte mich die Verlegenheit, ob ich etwas von dem Gehörten erzählen solle oder alles für mich behalten und den Ungläubigen fortspielen. Wo so viel einen Menschen plagt, da kann man denken, wie elend es dem Menschen wird.

Es waren Nadeln im Bette, ich musste aufstehen. Ich schrieb das Erlebte nieder und alle meine Peinigungen. Ich will es fest verwahren; bei meinen Lebzeiten wird es kaum

ein Mensch erblicken, und ob meine Enkel es erblicken werden, hängt von der Weise ab, in der ich sterbe. Aber leben
möchte ich noch ein Jahr, um zu vernehmen, wie und was
Kühe und Hühner sprechen. Ein Mann wie ich muss alles
wissen, und eines jeden Geschöpfes Stimmung sollte er kennen.

58. Klas Avenstaken

Klas Avenstaken war zwölf Jahre alt geworden, war für
sein Alter ungewöhnlich groß und stark, stand sehr
grad und fest auf den Beinen, hatte einen großen Kopf und
breite Stirn mit langen hangenden Flachshaaren, unter welchen er aus ein paar trotzigen blauen Augen guckte. Viele
Leute sagten, er wäre ein schöner Junge. Peter, sein Vater,
sagte, er ist der schönste Junge im Dorf, aber Gret meinte, er
sei zu plump und zu dick und seine Brüder seien viel schöner. Da kam der dreizehnte Herbst seines Lebens, und mit
dem November jenes Herbstes verschwand Klas durch eine
der wunderbarsten Begebenheiten, die ich jetzt erzählen
will, plötzlich aus dem elterlichen Hause.

Peter hatte einen neuen Knecht gemietet, der mit dem ersten November zuzog. Dieser hieß Hans Valentin und war
schon ein ältlicher Mann von fünfzig Jahren. Der Knecht
war nicht lange im Haus, so schloss er mit den Knaben eine
sonderliche Freundschaft, am meisten aber mit Klas. Valentin wusste nämlich viele Fabeln, Geschichten und Märchen
und allerlei alte, längst verschollene Leuschen (Schnurren)
und erzählte sie abendlich nach der Arbeit den Kindern; und
er ward durch seine schönen Geschichten bald so berühmt,
dass auch die Kinder der Nachbarschaft häufig in Peters
Haus kamen, damit sie ihn hörten. Dies geschah meistens
des Samstags und Sonntags abends, wo Valentin Zeit hatte

zum Erzählen. Die Buben brachten dem Valentin Äpfel und Nüsse mit und andere schöne Sachen, und so setzte die Genossenschaft sich in einer Ecke hin und schmauste und erzählte. Das war aber das Besondere, dass von allen Kindern keiner die Geschichten besser behielt und lebendiger wiedererzählte als Klas; sodass Peter ihm oft mit Wohlgefallen zuhorchte und schmunzelnd der Gret zurief: »Hörst du's, Gret? Hörst du's, wie der Klas, der Blitzjunge, erzählen kann?« Sie aber ließ es kalt abgleiten und sagte wohl: »Ja, ein Klas ist er und ein Klas bleibt er, ein rechter Märchenklas, aber Schulze wird er nie werden, denn er kann ja nicht schreiben.« So sprachen die Eltern über Klas jeder auf seine Weise; sie merkten aber nicht, dass mit Klas eine große Veränderung vorging und dass Valentin ihn viel lebendiger und im Herzen viel lustiger machte. Denn die Geschichten ergriffen den Jungen so, dass er nichts anderes sah und hörte, dichtete und träumte als Hexen und Hexenmeister, Drachen und Riesen, bezauberte Prinzessinnen und verwünschte Schlösser. Ja, es ging so weit, dass der Knabe manche liebe Nacht davor gar nicht schlafen konnte, sondern oft die Augen noch offen hatte, wann der Hahn durch seinen fünften Kräh schon verkündigte, der Himmel wolle seine geschlossenen Augen wieder auftun.

So war Valentin mit seinen Buben bis gegen das heilige Christfest hingekommen, wo die langen Abende und die vielen Festtage zu Spielen und Märchen Gelegenheit gaben und wo alle Welt wegen der Geburt des süßen Jesuskindleins sich mancherlei Festen und Freuden überließ und wo Freunde mit Freunden und Nachbarn mit Nachbarn lustig lebten. Valentin hatte bis auf diese fröhliche Zeit seine besten Geschichten aufgespart, er hatte den Kindern, welche nebst den Alten ihn reichlich mit Gaben bedacht hatten, wie man zu sagen pflegt, seine Mäusekiste aufgetan. Von allen Geschichten aber, die er ihnen auftischte, wurden sie am meisten erfreut durch die von dem Pfannkuchenberg und von dem gläsernen Berg, zu welchen er mit heller Stimme folgende feinklingende Reime zu singen pflegte:

Wer sagt mir an, wo der Pfannkuchenberg liegt,
Gespickt mit Ochsenbraten,
Mit Zucker und Marzipan gefüllt
Und Scheffeln voll Dukaten?

Gläserner Berg, gläserner Berg,
Wann springst du auf?
Spielender Zwerg, künstlicher Zwerg,
Wann wachst du auf?
Wann die Glock Zwölfe schlägt,
Wann der Dieb Säcke trägt,
Dann spring ich auf;

Wann der Hahn zum zweiten kräht
Und der Mond am höchsten steht,
Dann wach ich auf.

Diese Geschichten gefielen so sehr, dass sie wenigstens vier Tage hintereinander immer mit neuen Ausschmückungen erzählt werden mussten, zumal da, wie Valentin wusste, die beiden Berge in der Nachbarschaft in dem hohen Forst lagen, in welchem er den Knaben, die dort oft das Vieh gehütet hatten, die Eiche und Buche ganz deutlich beschrieb und bezeichnete, die auf ihrem Gipfel ständen. »Bei Tage«, setzte er hinzu, »kann man diesen Bergen freilich nicht ansehen, was sie eigentlich sind, dann sehen sie aus wie alle anderen Berge; aber um die Mitternacht sind sie, was sie sind, der eine von dem allerklarsten und allerdurchsichtigsten Glas, wo Mond und alle Sterne durchscheinen bis auf den Grund, und der andere der prächtigste Pfannkuchen, so prächtig, als er nie in einer Pfanne gebacken ist. Die Sage geht«, winkte er dann freundlich und mit leiserer Stimme, »dass, wer in den Pfannkuchenberg steigt, ein großer König wird, und wer in den gläsernen Berg springt, ganze Säcke mit Dukaten und goldenen Bechern und silbernen Schalen mit nach Hause trägt; aber wer hat dazu den Mut? Solche Leute werden nicht alle Tage geboren.«

Das Wörtlein ›Aber wer hat dazu den Mut?‹, gab nun, wie es unter Knaben zu geschehen pflegt, Gelegenheit zu vielem Necken, und sie wetzten, drillten und foppten einander damit, und einige Wochen hörte man am Schluss jeder Geschichte immer durchklingen: ›Aber wer hat dazu den Mut?‹, und einige Schälke sagte auch wohl ›Klas Grad dör hat den Mut‹. Und Klas zuckte es dann immer in den Fingern, und er hätte sie gewiss gebraucht, wenn der Vater nicht dabei gewesen wäre. Denn Peter strafte es hart, wenn die Buben sich in seiner Gegenwart rauften. Indessen ging das Wort und die Neckerei immer fort und auch das Wort ›Klas Grad dör hat den Mut‹, sodass es dem Knaben endlich zu toll ward und er bei sich selbst dachte: »Es ist doch auch schlecht, dass ich den Mut nicht haben soll.« Und eines Abends, als sie wieder so stichelten und stachelten, entfiel ihm im Zorn das Wort: »Ja, Klas Grad dör hat den Mut, wenn ihr den Mut habt, mit dabei zu sein, und ihr könnt nun wählen, was ihr wollt, ich nehme mir den Pfannkuchenberg, worin der König sitzt, wo die große Buche steht, und will voransteigen als der erste, wenn ihr mit steigt.« Und sie schämten sich und schrieen alle: »Ja! Ja! Wir wollen mit«, denn es war eben der helle Mittag, und sie deuchten sich alle des Mutes überflüssig zu haben und hatten ihn damals auch. Und so neckten sie sich den ganzen Tag und Abend fort und fort, Valentin und Peter und Gret und die Knechte und Mägde, die es hörten, zogen sie auf. Denn sie glaubten nicht, dass es ihr Ernst sei. Die Knaben aber wurden dadurch nur noch vergrätzter auf ihren Vorsatz, und der steife Klas hielt die andern fest, indem er ihnen alles auf das Herrlichste vormalte, wie lustig sie dort leben und mit welchen Schätzen und Herrlichkeiten sie nach Hause kommen würden.

So war es Abend geworden, und es schlug zehn Uhr vom Kirchturm, da rief Klas: »Frisch, Gesellen, heraus! Es ist Zeit, wir haben über eine halbe Meile bis zum Wald.« Und die Gesellen gingen hinaus mit ihm, seine drei Brüder und noch fünf andere Knaben, alle in Sonntagskleidern und mit weißen Stöcken in der Hand. Denn mit weißen Haselstöcken soll man Geistern und Abenteuern entgegengehen. Und die Alten riefen und lachten hinter ihnen her, und der Valentin lachte am lautesten, und sie dachten: »Die werden keine Berge sprengen, sondern bald wieder hier sein.«

Und die Knaben strichen geschwind über das Feld hin, und Klas lief allen voran, so brannte die Lust ihn, und sie krächzten und kakelten und jauchzten, wie Krähen krächzen, wenn man sie von den Bäumen aufjagt, und Hühner kakeln, wenn man ihnen den Flug auftut. Und alle blieben bei dem Vorsatz und waren voll Mutes, bis sie die Bäume des Waldes sehen konnten. Da wurden sie fast alle still. Als sie aber an den Wald kamen und die hohen Bäume rauschen und die Wasser der Gießbäche aus der Ferne brausen hörten, da standen sie still, einzig Klas lief hinein. Und als er die andern nicht folgen sah, schalt er sie; sie aber achteten des nicht, sondern sagten der eine dies, der andere das, und keiner wollte mit. Da nannte er sie feige Memmen und rief ihnen spöttisch zu: »Klas Grad dör hat den Mut«, und dann rauschte er spornstreichs durch die Sträucher fort, immer bergan. Sie aber rauschten über das Feld zurück nach Hause und machten so geschwinde Schritte, als hätte ein jeder ein Gespenst an den Fersen gehabt.

Und Klas lief eilends seines Weges auf manchen krummen Pfaden, die er kannte, bergauf, bergab, bis er auf der höchsten Höhe des Forsts die Buche nicken sah. Da musste er auch still stehen, und ihm wollte der Mut auch fast klein werden, zumal da er wohl vier Kirchenglocken aus der Ferne eben zwölf schlagen hörte. Aber weil er ein wackerer Bub war, so sprach er sich das Wort zu, das sein Vater ihm so oft gesagt hatte: ein Kerl müsse nie vor einem Entschlusse umkehren, den er in lustiger Stunde gefasst habe, und, wenn es zur Tat komme, sich wie ein Hase auf die Hinterfüße setzen; und Klas rief: »Grad dör!«, dass der Wald widerhallte, und so sauste er den Berg hinan. Und er kam hin, wo er eben die Buche noch gesehen hatte, aber sie stand nicht mehr da, wohl aber duftete und schimmerte der schönste Pfannkuchenberg im Mondschein. Und Klas bedachte sich nicht lange, tat beherzt seine beiden Augen zu, richtete sich mit beiden Füßen auf die Zehenspitzen, wagte den Sprung und rief: »Grad dör, sagt Klas Avenstaken.«

Und der Sprung missriet ihm nicht, und er glitt sanft in den Berg hinein und sank leise und langsam hinab, als wäre er gefahren, wie man Eier im Hopfensack zu fahren pflegt. Und es deuchte ihm, er ward lieblich hinabgeschaukelt und hinabgewiegt und dass er entschlief und wundersame Träume hatte, worin ihm sein alter Hans Valentin erschien und ihm gar wohlgefällig und freundlich zulächelte.

Und als er erwachte, da war es dämmrig um ihn her, er fühlte aber, dass er in einem weichen Bett lag, auf so weichen und feinen Kissen, als Gret, seine Mutter, ihm nie untergelegt hatte. Und das gefiel ihm sehr. Aber ihn hungerte, und das gefiel ihm nicht. Da fing es an, hell zu werden, und er bedachte und besann sich über gestern und über die vorigen Tage und sprach: »Hier soll ich ja im Pfannkuchenberg sein, will sehen, ob Valentin mir auch was vorgelogen hat.« Und er rieb sich die Augen auf und es ward lichter um ihn; es fiel aber nur ein dämmerndes Licht von oben herab. Und seine Augen freuten sich, und sein Herz freute sich noch mehr.

Denn was ward er gewahr? Dass er nun wirklich mitten in dem Pfannkuchenberg war und dass der alte Valentin nicht gelogen hatte. Denn er war nun in einem Zimmer, worin ein Bett und ein Tisch und eine Bank war, fast wie in seines Vaters Haus, nur alles netter und zierlicher. Und das Zimmer war ringsumher gar herrlich geschmückt und verhangen. Da waren die Wände mit gebratenen Gänsen und Enten und Hühnern und Schnepfen und Rebhühnern und Wachteln und Krammetsvögeln wie mit den schönsten Tapeten in der buntesten Mannigfaltigkeit verziert und mit Hasen und Hirschen und Rehen in Menge, und die schönsten Schüsseln und Teller und Messer und Gabeln hingen dabei. Das war die eine Seite. Und die andere Seite war mit Kuchen ausgeschmückt und mit Zuckerwerk und Marzipan und mit köstlichen Früchten, Pfirsichen, Aprikosen, Apfelsinen, Weintrauben, Äpfeln, Birnen, Pflaumen, Nüssen und was Zunge und Zahn sich in ihrer Lüsternheit nur wünschen mögen zu schlürfen und zu beißen. Und an den beiden schmaleren Enden des Zimmers standen blühende Bäume und Bäume voll Früchte, und unter den Bäumen liefen je zwei Quellen heraus: an dem einen Ende war eine Wasserquelle und eine Milchquelle, und an dem andern Ende war eine Bierquelle und eine Weinquelle. Klas kümmerte sich um zwei Quellen gar wenig, nämlich um die Wasserquelle und die Bierquelle, sondern gebrauchte allein die Milchquelle und die Weinquelle. Dieses ganze Zimmer war ein Wunder, aber das größte Wunder daran war, dass jeder verzehrte Braten und jede verschlungene Birne oder Traube gleich wieder an derselben Stelle wuchs, wo er sie weggerissen hatte, und dass die Milchquelle und Weinquelle nie versiegten. Ja, ich glaube, ein ganzes Heer Reiter und Fußvolk hätte in dem Pfannkuchenberg ein Jahrtausend essen und trinken können, und es wäre nicht all geworden.

Und unser Klas aß und trank wie ein Kerl, ja er aß und

trank übermäßig, und es bekam ihm doch nicht übel. Das geschah ihm aber immer, dass er sogleich nach dem Essen und Trinken einschlief, sodass man fast sagen mag, er tat nichts anderes als essen, trinken und schlafen. Er wachte aber etwa fünfmal des Tages auf, und dann aß und trank er jedes Mal tüchtig. Die Nächte durch aber schlief er immer in einem fort vom Abend bis zum Morgen, ohne dass er je erwachte. Weil dies nun sein Leben war und sein dämmerndes Zimmer ihn an nichts erinnerte, was er dort oben auf der Erde erlebt und gesehen hatte, so verschwand ihm das Vergangene fast ganz aus dem Gedächtnis. Nur seines Vaters Peter gedachte er zuweilen und des treuen Valentins und des freundlichen alten Schulmeisters; aber das war ihm auch nur wie ein Traum. Das aber hielt er von göttlichen und heiligen Dingen und Gewohnheiten fest, dass er jedes Mal, ehe er aß, sich kreuzte und die Hände faltete und betete. Er konnte aber nur ein Gebet, das nicht sehr lang war und hieß:

> Fürchte Gott,
> Liebes Kind,
> Gott der Herr
> Sieht und weiß
> Alle Dinge.

Dies Gebet betete er immer sehr andächtig. Seine Schlafstunden bei Tage und auch die Nacht, wo er im Bette lag, waren ein ewiger Traum, und zwar ein sehr bunter und lustiger Traum, wo alle Valentinischen Geschichten und Märchen wunderbar aufblühten und wieder tausend andere Geschichten und Märchen gebaren, wo er immer mitten drinnen war und ungeheure Taten vollbrachte, Drachen und Riesen erschlug, eiserne und diamantene Tore zersprengte, Prinzessinnen befreite und endlich König ward.

Klas verlebte auf diese Weise, ohne dass er wusste, wie

ihm geschah, in seinem Pfannkuchenberg ein ganz vergnüg-
tes und lustiges Leben. Es war aber in dem Traum jemand
da, der ihm die Geschichten erzählte oder vormachte. Dies
war nicht Valentin, sondern seine verstorbene Großmutter,
die er in seinen frühesten Kinderjahren noch in seines Vaters
Hause gesehen hatte. Sie schien dann zu seinen Häuptern
zu stehen oder auf den Knien vor ihm zu liegen und über
ihm zu beten und erzählte ihm zuletzt immer Geschichten.
So hat er es in späteren Jahren oft mit tiefer Bewegung erzählt und gemeint, wenn etwas Gutes aus ihm geworden, so
verdanke er es den stillen Gebeten dieses frommen und von
Gott erlösten Geistes, der seinen Irrtum, womit er in den
Berg hinabgesprungen, zum Guten gewendet habe.

So waren ihm fünf Jahre vergangen wie ein Tag, und es-
send und trinkend war er immer tiefer hinabgesunken, und
das Zimmer hatte sich mit ihm gesenkt. Und er hatte sich
glücklich durch den zauberischen Berg gefressen. Denn
durchfressen musste sich, wer hineinsprang, hatte Valentin
gesagt, anders konnte er nimmer aus dem Berg erlöst werden. Wie viel er aber in dieser langen Zeit gegessen und getrunken hat, wer will das wohl ausrechnen? Gewiss ist es
aber nicht weniger gewesen, als zehn der unverdrossen-
sten Esser und Trinker nur hätten bezwingen können. Auch
war es nicht verloren an ihm, sondern er war ein gar starker
und reisiger (hochgewachsener) Jüngling geworden. Davon
wusste er aber nichts, denn er hatte niemand, an dem er's
hätte versuchen können, auch war kein Spiegel in seinem
Zimmer, der es ihm hätte verraten können.

Als nun die fünf Jahre um waren und Klas sich unten bis
an den Rand durchgefressen hatte und nun wieder herausfallen sollte auf die Erde, damit sein Schicksal erfüllt würde, fiel
er in einen tiefen Schlaf, und ihm träumte ein sonderbarer
Traum, als er je gehabt hatte. Die alte weise Frau nämlich, die
immer bei ihm saß und ihm Geschichten erzählte und aussah

wie seine selige Großmutter, schien ihm sehr traurig und gebärdete sich, als wenn sie Abschied von ihm nehmen wollte, ja, sie sagte es ihm. Und es deuchte ihm, als wenn sie sehr inbrünstig und mit vielen Tränen über ihm betete und ihn dann aus dem Bett nahm und ihn wusch, wie man ein kleines Kind wäscht, bis er weiß ward wie ein Schwan, und als wenn sie ihm dann ein weißes Hemd anzog und einen sehr zierlichen neuen Rock und neue Schuhe und Strümpfe und dann verschwand. Und auch ihm schien sehr traurig zu sein in seinem Herzen. Und dies war wirklich kein Traum gewesen, sondern er war drinnen reingewaschen worden und neu gekleidet vom Haupt bis zu den Füßen, und so war er im Traum aus dem Berg herausgefallen. Er hatte es aber nicht gemerkt, sondern diese Wundergeschichte verschlafen.

Weil Klas Avenstaken nun wieder auf der Erde erscheinen soll, so muss ich erzählen, wie es die fünf Jahre, wo er im Pfannkuchenberg lebte, in seines Vaters Hause gegangen war. Es hatte sich dort seit seinem Verschwinden nichts Ungewöhnliches begeben, sie lebten gottlob noch alle, die Eltern und die Geschwister, und seine mitternächtliche Pfannkuchenbergfahrt war wirklich das einzige Außerordentliche gewesen, was das Haus in so langer Zeit erlitten hatte. Es war lange Trauer um ihn gewesen, besonders in dem Herzen seines Vaters, der es sich aber nicht merken ließ, auch in dem alten ehrlichen Valentin, den die Mutter überdies wegen seiner Geschichten noch viel ausgescholten hatte. Es war aber seit jener Zeit alle Freude von ihm gewichen und kein Märchen mehr über seine Lippen geklungen, und der alte Mann, der sonst so munter und scherzhaft war, war fast stumm und grämlich geworden. Auch hatte er aus dem Hause und dem Dienst weggewollt, Peter aber in seiner Gutmütigkeit hatte es nicht zugelassen und gesprochen: »Hat der Valentin so großes Leid mit uns erfahren, so soll er nun auch das bisschen Brot mit uns essen bis an sein

Lebensende.« Von Klas ward übrigens fast nicht mehr gesprochen oder doch nur leise geflüstert. Die meisten Leute und auch seine Mutter meinten, die bösen Geister seien mit ihm abgefahren und das Knäblein werde in diesem Leben nicht wiederkommen. Nur Valentin und Peter sprachen zuweilen unter sich noch von dem Knaben, den sie beide so liebgehabt hatten, und hegten verschwiegen die Hoffnung, er könne doch noch wohl mal wiederkommen. Die beiden glaubten auch an die Geschichten, die sie so gern erzählten oder erzählen hörten. Und siehe! ihre Hoffnung betrog sie nicht. Denn Klas kam wirklich wieder. Nun muss ich erzählen, wie dies geschehen ist.

Weil Wunder immer auf das wunderbarste geschehen, so begab es sich, dass Klas gerade auf derselben Stelle, wo er einst versunken, aus dem Pfannkuchenberg wieder in diese Welt hineingefallen war. Das konnte nun doch nicht anders geschehen, als dass der Pfannkuchenberg sich umgekehrt hat und dass die ganze Welt sich mit ihm umgekehrt hat. Eines von beiden musste geschehen sein, und weil es so war, deswegen heißt es ein Wunder. Denn ein Wunder ist, was jeder Mensch wohl wissen, doch kein Mensch begreifen kann. Kurz und gut, als Klas erwachte, lag er nicht in seinen weichen Betten, sondern im grünen Gras, und sah seine wohlbekannte Buche wieder und den hohen Berg, worauf er so oft die Rinder getrieben hatte, und den ganzen Wald und das Feld drunten, und die Dörfer und ihre Kirchtürme kamen ihm wieder wie alte Bekannte vor, jene fünf im Pfannkuchenberg verlebten Jahre aber waren ihm wie ein Traum, und es war ihm nicht anders, als sei nur eine Nacht vergangen zwischen dem Abend, wo seine Brüder und Gesellen von ihm liefen, und diesem Morgen, wo die Lerchen der Erde ihn wieder wach sangen. Es war aber ein sehr schöner Frühlingstag, als er sich durchgefressen hatte und wieder aus dem Berg fiel.

Klas lag nicht lange im Grase und gaffte, sondern er machte sich bald auf und lief geschwind durch den Wald und über das Feld grad auf seines Vaters Haus zu. Und er fand, als er in die Stube trat, seine Eltern und Geschwister und den Valentin alle um den Tisch stehend, die eben die Hände zum Gebet gefaltet hatten. Denn sie wollten frühstücken. So trat er unter sie. Er war aber sehr groß und schön, beinah einen halben Kopf höher als Peter, der auch kein kleiner Mann war, und er hatte schöne neue Kleider an. Und deswegen sahen sie alle auf und verneigten sich vor ihm, denn sie meinten, er sei ein Fremder. Er aber fiel Vater und Mutter und Schwestern und Brüdern um den Hals und herzte und küsste sie und sagte: »Ich bin Klas und bin wieder aus dem Pfannkuchenberg gekommen«; und auch den alten Valentin, seinen sehr lieben Freund, küsste er recht herzlich. Und sie erkannten ihn nun wieder an manchen Zeichen und erstaunten sehr und freuten sich, dass er so groß und hübsch geworden.

Als nun aber das erste Erstaunen vorbei war, da wollten alle wissen, wie es ihm ergangen war in den fünf Jahren und drei Monaten, die er weg gewesen; und das ganze Dorf war herbeigelaufen, dass sie Klas Avenstaken sähen, und das erste Wort war immer: »Nun, lieber Klas, erzähl uns, wie ist es ergangen? Und wie sieht es in dem Pfannkuchenberg aus?« Er wusste ihnen aber nicht viel zu sagen, sondern es kam alles dunkel heraus wie Träume und Gespenstergeschichten, sodass einige ihn mit erschrockenen Augen anguckten, als sei es nicht geheuer mit ihm und als treiben schlimme Geister in ihm ihr Spiel, andere wohl hie und da flüsterten: »Der Klas lügt, er ist nicht in dem Pfannkuchenberg gewesen, er ist von seinen Eltern gelaufen und ist nun wiedergekommen, und der schlaue Schulze hat die ganze Geschichte erfunden, dass er seine Schlappe bemäntele.« Die meisten indessen hatten Glauben zu dem Abenteuer und fanden recht großen Gefallen an der Erzählung, wie sein Zimmer mit Braten, Kuchen und Früchten tapeziert gewesen und wie der Milchborn und Weinborn immer im Flusse gewesen; und das glaubten sie wohl, denn sie sahen seinen starken und schönen Gliedern und seinen rosenroten Wangen und funkelnden Augen wohl an, dass er die Zeit nicht gehungert hatte. Seine Mutter aber war die Erste, die ihn voll Ungeduld nach den Säcken mit goldenen Dukaten fragte, und ob er keine mitgebracht habe? Als er nun antwortete, da müsse der Valentin sich in der Geschichte versprochen haben, denn von Gold und Silber habe er in dem Pfannkuchenberg auch kein Pröbchen gesehen, da kopfschüttelte sie und meinte, er habe die fünf Jahre ebenso gut zu Hause bleiben und die Wirtschaft mehren und an ihrem Tische essen können: denn was helfe es ihm nun, dass er Fasanen und Waldschnepfen gegessen und den köstlichsten Wein geschlürft habe? Ohne Geld, möge er sich nur nicht einbilden, dass ein Mensch König werden könne, was der einfältige Valentin ihm vorgefabelt habe. Denn Valentin bekam bei Gelegenheit immer sein Seitenhiebchen mit ab. Und soll ich nun die Wahrheit sagen, so lautet sie so: Die ersten Tage waren die Leute im Dorf außer sich über Klas und stürmten Peters Haus fast, die ersten Wochen verwunderten sie sich sehr, die ersten Monate sprachen sie viel davon, und nach einem Jahr war die Geschichte von den meisten schon wieder vergessen. Die aber immer noch viel von der Geschichte sprachen, das waren die jungen Mädchen, denn ihnen gefiel Klas über alle Maßen, und wo sie es sagen durften, riefen sie fast einstimmig: »Klas Avenstaken ist doch der schönste Junge im Dorf.«

59. Weihnacht-Abend

[…] Als sie [die nette Nachbarin] weggegangen war und die Mutter, die ihr die Treppe hinuntergeleuchtet hatte, zurückkam, fand sie die kleine Tochter schon in der Stube, und sie rief ihr entgegen: »Jetzt, Mütterchen, gehn wir wohl, denn wird es zu spät.«

»Ja, wohl kann es zu spät werden«, sagte die Mutter nachdenklich. »Aber freust du dich denn nicht auch ein bisschen?«, fragte die Kleine, indem Mutter und Tochter ihre wärmenden Mäntel umnahmen. »In deiner Freude«, antwortete die Mutter.

»Liebste Mutter«, sprach die Kleine lebhaft, »zeige mir noch einmal den Taler persönlich und leibhaftig her, für den wir alle die schönen Sachen einkaufen wollen.« Die Mutter lächelte wehmütig, nahm die Münze aus der Tasche und legte sie in die Hand ihres Kindes.

»Was das Ding schwer ist!«, rief Wilhelmine, »ja, das nennen nun die Leute Courant oder einen harten Taler. Ja, man hat auch einen ganz anderen Respekt vor diesem großen harten Stück Silber, als wenn so die einzelnen grauen vierundzwanzig Groschen oder gar achtundvierzig Sechser vor uns liegen. Und doch! Was kann sich ein armes Kind, wie ich eins bin, schon für einen einzigen Sechser für Freude machen! Und das nun achtundvierzig Mal! Ist ganz nahe an fünfzig! Fünfzig ist ein halbes Hundert! Ungeheuer! Es ist aber recht vernünftig, mein Mütterchen, dass wir beide in Gesellschaft einkaufen. Und warum nicht? Nun sehe ich alles vorher, kann denken: das kriegst du vielleicht, das nicht! So gehört mir fast alles. Freilich werde ich nicht überrascht. Das ist aber auch nicht gar so viel wert. Wenn der Taler doch, liebste Mutter, ein Hecketaler wäre, von dem ich mir habe erzählen lassen, dass er immer wieder kommt, wenn man ihn ausgegeben hat, oder der sich vermehrt und immer wieder verdoppelt, wenn man ihn in der Tasche oder im Kasten hat.«

»Jetzt hältst du nur auf, Minchen«, sagte die Mutter, und das Kind gab schnell den Taler zurück. »Drin«, sagte die Kleine, indem sie hinausging, »steht nun schon der Kuchen und die kleine Pyramide für die paar Wachslichterchen, und nachher machen wir alles recht schön.«

Unten erwartete sie schon die große starke Dienstmagd, die das kleine Kind im Getümmel der Menschen tragen sollte, damit es sehen könne und auch nicht verletzt oder beschädigt würde. Diese Person wurde nur bei besonderen Veranlassungen gemietet, weil die Mutter sonst alles in ihrer kleinen Wirtschaft allein besorgte.

Als sie aus der Haustür traten, gerieten sie sogleich in das Gedränge der Menschen, und die kleine Tochter musste sich auf die Arme der Magd flüchten, um nicht überrannt zu werden.

Die Mutter glaubte, ihre Freundin Gerstner zu sehen, die mit dem Bruder sprach oder wohl gar zankte. Es war, als wenn noch ein dritter Mann sich in das Gespräch mische, aber sie konnte nichts unterscheiden, denn die Flut der Menschen hatte sie in wenigen Augenblicken weit von jener Gruppe weggedrängt. Die Mutter glaubte, der Bruder der Freundin habe sie doch noch besuchen und mahnen wollen und die redselige Frau wolle ihn durch Bitten oder Zank zurückhalten. So stürzte sie sich also gern und mit Freude in das lärmende Getümmel, welches sie, wenigstens auf kurze Zeit, von diesen trüben und drückenden Verhältnissen befreien sollte.

Minchen jauchzte schon auf den Armen ihrer Trägerin, bevor sie noch den Schauplatz des Festes, die ›breite Straße‹, selbst erreicht hatten. Die Mutter gab nur acht, dass sie nicht von ihrem Kind weggedrängt wurde, da sie wusste, wie sehr die Magd ebenfalls nur für die Lichter, das Spielzeug, den ausgelegten Konfekt und alle die reizenden Seltsamkeiten ein Auge haben würde.

So war denn auch wirklich schwer, einander nicht zu verlieren, um sich vielleicht in einer Stunde nicht wiederzufinden. Dieser letzte Abend vor dem Fest, der wichtigste, und gerade diese Stunden zogen alle jene Menschen herbei, die bis jetzt noch nicht eingekauft oder die ausgelegten Trefflichkeiten in Augenschein genommen hatten. So waren denn auch die Verkäufer gerade jetzt am meisten beschäftigt, und bei vielen Buden mussten die Andringenden lange warten, bevor sie nur zugelassen werden konnten. Daher war eine allgemeine Ungeduld fühlbar, und an manchen Stellen wurden die Käufer so übereilt, dass mancher mit Missvergnügen die zu teuer erkauften Herrlichkeiten nach Hause trug. So waren auch die übermütigen, oft ungezogenen Jungens in diesen letzten Stunden der Lebendigkeit des Marktes lärmender und schreiender als sonst, und der Ausruf: »Pyramiden, Waldteufel, kauft!« betäubte das Ohr, indem andre noch zum Überfluss auf Dreier- und Groschen-Trompetchen oder schrillenden Pfeifchen die widerwärtigsten Töne hervorbrachten. Einige andere liefen mit Trommeln und schlugen Wirbel, andre schrien nur, und noch einige machten sich ein Vergnügen daraus, wo das Gedränge am wildesten, wo das Klagen oder Schelten der Gestoßenen am lautesten war, von hinten noch mit aller Macht einzuschieben und den verflochtenen Menschenknäuel noch mehr zu verwickeln.

Die kleine Wilhelmine hatte nicht Zeit, dies zu bemerken oder wie die Mutter sich vor dieser übertriebenen Lebhaftigkeit zu fürchten, denn Auge, Ohr und Seele war ganz in Bewunderung der tausend Lichter, der bunten Spielsachen, der gefärbten Kuchen und Zuckersachen, der täuschenden Früchte aus Wachs, vorzüglich aber der schönen Knaben und Mädchen mit den niedlich geformten Wachsgesichtern und Händen, die ihr weit schöner als die wirklichen Menschen vorkamen.

Die Mutter hatte nur immer acht auf ihren Liebling, um den sie sich ängstigte, sich aber auch der Freude nicht erwehren konnte, wenn hie und da ein Wandelnder die Schönheit des Kindes und den feinen Ausdruck seines Gesichtes bemerkte und zum Lobe des Kindes mit einem andern sprach. Nur war sie verdrießlich, dass sich im Weitergehen schon zwei- bis dreimal ein großer Mann zu ihr gedrängt hatte, der sie und das Kind mit einem anstarrenden, unerlaubt neugierigen Blick zu prüfen schien. Die Kleine hatte einmal, wie im Schreck, den Kopf umgewandt, als ihr sein Gesicht nahe gekommen war, das auf eine unangenehme Art mit großen Blatternarben entstellt war. Als er sich, nachdem man weitergegangen war, wieder herbeidrängte, benutzte die Mutter geschickt eine Ausbeugung, um in der Nähe des Schlosses eine andere Richtung einzuschlagen.

So war man denn zweimal die ganze Ausdehnung des Marktes durchwandelt, und Wilhelmine schien in der Tat müde zu werden, sodass sich nun die Mutter entschloss, schnell einzukaufen und dann nach Hause zu kehren. Noch einmal kam ihnen das Gesicht mit den Blatternarben nahe, der Mann schien sie aber diesmal nicht zu bemerken. Eilig machte sich die Mutter an eine Bude, die mit mancherlei Spielzeug versehen war und wo die Verkäuferin, eine alte starke Frau, sie schon einige Mal freundlich angerufen und eingeladen hatte. Ein Wachspüppchen, eine Figur, die sich schaukelte, eine kleine Jagd, die sich beim Herumfahren drehte, und ein springendes Vögelchen, welches hüpfte, wenn man unten den klimpernden Leierkasten in Bewegung setzte, verschlangen das Kapital, welches der fröhlichen Nacht geopfert werden sollte. Minchen schlug vor Freuden bei jedem eroberten Stück in die Hände, und die dicke Verkäuferin, so sehr sie dergleichen gewohnt sein musste, konnte sich nicht enthalten, über den lebhaften Ausdruck des Kindes zu lachen.

Die Sachen sollten eingepackt werden, und die Mutter suchte den Taler hervor, suchte wieder und konnte nichts finden. Sie trat näher, erforschte ihre Taschen, ihr Tuch, aber die Münze war nicht anzutreffen. »Liebe Frau«, stammelte sie endlich, »ich habe das Geld verloren oder es ist mir gestohlen worden.« Sie war bleich und zitterte, und aus dem ruhigen Angesicht des Kindes fielen zwei große Tränen nieder. »Ich muss die Sachen also hierlassen«, sagte die Mutter, »komm, Minchen, du armes Kind.«

»So hätten Sie mir auch nicht so lange Zeit die Mühe machen sollen«, rief die Verkäuferin mit einem widerwärtigen Ton, »die andern ehrbaren Kunden sind durch Ihr Mäkeln und Markten abgehalten worden. Wenn man einkaufen will, muss man auch Geld mitbringen. Verloren? Gestohlen? Das kann ich nicht so leicht glauben.«

Der sonderbare Mann, vor dem das Kind sich gefürchtet hatte, war wieder sichtbar und schien bei dem lauten Geschrei herandrängen zu wollen, aber die beschämte, traurige und ganz zerknirschte Mutter benutzte geschickt eine Öffnung des Haufens und zog sich sogleich in die finstre Einsamkeit hinter den Buden zurück. Hier nahm sie das Kind selbst auf ihren Arm und sagte der Magd, dass sie gehen könne. So ging sie trauernd nach Hause.

»Du bist betrübt«, sagte die Kleine und schmiegte sich an den Hals der Mutter, »sei es nicht! Sie sagen immer, das Christkind zöge ein und bescherte in den Häusern, nun, so ist es an unsrer Tür vorübergegangen. Es besinnt sich wohl übers Jahr besser, wenn ich die ganze Zeit recht gut und artig bin. Der böse garstige Mensch mit seinem blattrigen Gesicht hat dir gewiss den Taler aus der Tasche genommen. Habe ich doch alles gesehen, so viel Herrliches, dass ich es zeit meines Lebens nicht wieder vergessen werde, und habe ich doch auch zu morgen noch die süßen Pfefferkuchen. Vielleicht, dass manches Kind die nicht einmal hat. Nicht wahr, mein Mütterchen?«

Die Mutter drückte das Kind mit den schmerzlichsten Gefühlen näher an ihre Brust und verschluckte ihre bitteren Tränen. So kamen sie vor ihre stille finstere Haustür. Das Kind stieg, vom Arm gelassen, wohlgemut die vielen Stufen zum Dachstübchen hinan und hielt der Mutter, als diese das Licht angezündet hatte, ein heitres, fast lachendes Angesicht entgegen. »Ich bin nun recht müde«, sagte sie, »ich werde mich gleich zu Bett legen.« Die Mutter half ihr beim Auskleiden, indem sie mit Betrübnis wohl sah, wie das kluge Kind sie durch verstellten Frohsinn trösten und beruhigen wollte.

Sie ging dann, weil sie zu unruhig war, um schlafen zu können, in die Stube und sagte zu sich selber: »Warum hat mich dieser Vorfall, der gegen alles, was ich schon gelitten, nur eine Kleinigkeit zu nennen ist, fast mehr erschüttert als manches wahrhaft große Unglück? Ja, es kündigt sich als ein Unterpfand an, dass mir in diesem Leben nichts mehr gelingen soll, dass ich in Elend, Hunger, Frost und Krankheit kümmerlich und verächtlich verschmachten werde. Ich hätte mit dem aufgesparten Geldstück einen Teil meiner Schuld abtragen sollen, und nicht auf unnützes Spielzeug denken. Der Elende, der Bettler, soll sich gar nicht mehr erheitern, an nichts zerstreuen wollen. Diese Absicht schon ist Sünde, und so ist mir recht geschehen, dass ich für mein letztes Geld Beschimpfungen eingekauft habe. Dies ist mein Weihnachten, Trostlosigkeit mein Fest.«

Bei diesen bitteren Vorstellungen brach sie in Tränen aus, die ihren Busen wieder etwas erleichterten. [...]

Zwischen Weihnachten und Neujahr

60. Vom Helljäger

Ein Schäferbursch in Ribbesbüttel hat nebst seiner Mutter am Sonntage zwischen Weihnachten und Neujahr seine Base besucht, welche in Rötgesbüttel gewohnt hat. Als sie spätabends zurückwandern und ins Auckenrod kommen, einen Forst, der zwischen beiden Orten liegt und den ein furchtbarer Sturm krachend durchströmt hat, da hören sie urplötzlich in der Ferne ein entsetzliches Getöse. Rasch kriechen Mutter und Sohn unter einen dichten Wacholderbusch und lugen durch dessen Zweige empor. Im Nu ist über ihnen ein großer Gespensterzug dahingefahren, gar schrecklich anzusehen und anzuhören: Auf fahlem kopflosen Pferde hat ein Jägersmann gesessen mit umgedrehtem Hals und hat geblasen und mit der Peitsche geklatscht und geknallt und »hoho!« gerufen. Und viele Treiber sind hinterhergekommen und haben geschrien und mit Klappern gelärmt, und zwischendurch haben große Hunde in der Luft gebellt und gebelfert; und mehr als tausend kleine Hunde sind unter dem Eichenlaub hingelaufen, rascher, als wenn so der Sturm trockene Blätter übers Eis hinweht, und haben mit dem Laube gerasselt und mit feiner, feiner Stimme ›geklifft‹ und ›gejifft‹. Das hat aber alles nur einen Augenblick gedauert, denn während der Knabe gefragt hat, ob er einen kleinen Hund fangen soll, ist schon alles vorüber gewesen und tosend in der Ferne verschwunden.

Der Schäfer, der mir in meiner Kindheit diese Geschichte als von ihm selbst erlebt zu wiederholten Malen erzählt hat, lebt noch heute und hat mir noch in diesem Sommer [1852] unter dem Gesumse der Bienen in dem blühenden Heidekraut aufs Neue versichert, dass er sie vor etwa fünfzig Jahren miterlebt habe.

61. Draußensitzen am Kreuzwege

Derjenige, der beschlossen hatte, »draußen zu sitzen«, um Tote aufzuwecken und von ihnen die Zukunft zu erforschen, musste sich am Silvesterabend dazu ausrüsten und eine graue Katze, ein graues Schafsfell, eine Walroß- oder Bullenhaut und eine Axt mitnehmen. Mit all diesem musste der Beschwörer auf einen Kreuzweg hinausgehen, von wo vier Wege, jeder geradeaus und ohne sich zu teilen, auf vier Kirchen zuführen. Wo sie alle zusammentreffen, da soll der Beschwörer liegen, sich gut mit der Haut bedecken und sie auf allen Seiten unter sich schlagen, sodass von seinem Körper nichts daraus hervorsehe. Die Axt muss er in beiden Händen halten, fest auf die Schneide starren und weder zur Rechten noch zur Linken sehen, was um ihn herum geschehen möge, auch kein einziges Wort antworten, wenn er auch angeredet wird. In dieser Stellung soll der Mann totenstill liegen, bis am anderen Morgen der Tag anbricht. Wenn der Beschwörer sich auf diese Weise vorbereitet hatte, konnte er mit den Zauberformeln und Beschwörungen beginnen, die dazu dienten, Tote zu beschwören. Hierauf kamen seine Verwandten zu ihm, wenn welche von ihnen tatsächlich bei einer oder mehreren der vier Kirchen begraben lagen, nach welchen die Kreuzwege hinführten. Sie sagten ihm alles, was er zu wissen wünschte, Vergangenes und Künftiges über viele Menschenalter hinaus. War der Beschwörer standhaft genug, um die Axtschneide anzustarren und niemals den Blick abzuwenden und kein Wort zu reden, was auch um ihn herum vorging, so behielt er nicht nur alles, was die Verstorbenen ihm sagten, in seinem Gedächtnis, sondern er konnte auch später, wann er nur wollte, ohne Gefahr sich von ihnen Auskunft über alle Dinge verschaffen, die er gern wissen wollte, indem er »draußen saß«.

Soviel ich weiß, wissen die Leute von niemandem zu erzählen, der ohne Schaden davongekommen wäre, wenn er auf dem Kreuzwege gesessen oder gelegen hatte; wenn auch wenig daran fehlte, dass es dem gewaltigen Wahrsager Jon Krukk ganz hübsch gelungen wäre. Die Geschichten von Jons Draußensitzen scheinen mehr dem Elben- und Gespensterglauben anzugehören, wie hier gezeigt werden soll, und doch lebte Jon am Anfange des sechzehnten Jahrhunderts. Da hierzulande der Glaube allgemein war, dass die Huldenleute in der Neujahrsnacht ihre Umzüge bewerkstelligten, so musste man gerade diese Nacht wählen, um am Kreuzwege zu sitzen, wollte man von ihnen angetroffen werden. Sie können dann nicht an demjenigen vorbei, der am Wege sitzt, und bieten ihm viele Kostbarkeiten an, Gold und andere wertvolle Sachen und ausgesuchte Leckerbissen aller Art. Schweigt der Mensch zu dem allem, so bleiben die Kostbarkeiten und die Leckerbissen bei ihm liegen, und er kann sie behalten, wenn er bis zum Tagesanbruch aushält.

Einstmals setzte sich ein Mann in der Neujahrsnacht auf einen Kreuzweg. Er hieß Jon, wenn auch einige seinen Namen nicht anführen. Er saß dort die ganze Nacht dem Elbenvolk im Wege, sodass keiner wusste, was mit ihm war, bis er am andern Morgen nach Hause kam und berichtete, was er erlebt hatte. Sobald es am Silvesterabend dunkel geworden war, sagte er, seien die Huldenleute in Scharen zu ihm gekommen und hätten ihm Gold und Silber, gute Kleider und die leckersten Gerichte angeboten. Lange sei er standhaft geblieben und habe geschwiegen, was ihm auch geboten worden sei. Da seien die Ersten fortgezogen und hätten das bei ihm zurückgelassen, was sie ihm angeboten, und so sei es die ganze Nacht bis gegen Morgen gegangen. Zuletzt aber war eine Frau zu ihm gekommen mit einer Kelle voll heißer Fettbrühe oder, wie manche sagen, Fleisch und Brühe. Jon aber liebte heißes Fett über alles. Da, sagte er, sei es ihm widerfahren, dass er hingeblickt und gesagt habe: »Selten habe ich fette Brühe genossen.« Dadurch verlor er alle Kostbarkeiten und Leckerbissen, die ihm zuvor angeboten waren und bei ihm lagen. Er stand nun auf, und da graute der Tag. Von der Zeit an wurde er verwirrt und schwachköpfig, doch hatte er fortan die Gabe, zukünftige Dinge voraussagen zu können, wenn er zuvor ganze Nächte draußen lag. Man sagt, er habe dazu vornehmlich die Weihnachtszeit gewählt, zum Beispiel die Christnacht, die Neujahrsnacht, die Dreizehntenacht, einzelne Male aber auch die Mittwinternacht und die der Jonsmesse. Dieser Jon wurde später Krukk vom Kreuzwege genannt und ist in Island allgemein bekannt unter diesem Namen wegen der Wahrsagungen, die von ihm in »Krukksspa« (Krukks Weissagung) und in mündlichen Berichten überliefert sind.

Unter anderm hat dieser Jon prophezeit, die Klippe, welche über dem Gehöft Ellidi in der Stadarsveit emporragt und von der schon große Lavablöcke herabgefallen sind, die nun um das Gehöft herumliegen, werde gänzlich darüber hinstürzen, wenn ein Bauer auf Ellidi wohne, der sieben Söhne habe, und wenn diese sieben Söhne alle auf einmal mit sieben Schwestern Hochzeit hielten. In Krukksspa soll auch stehen, die Domkirche in Reykjavik werde versinken, wenn in ihr neun Geistliche gleichzeitig in Amtstracht vor dem Altar ständen, und der Bischof dazu als der zehnte. Doch hat sich diese Prophezeiung im Jahre 1849 am 12. August nicht erfüllt, als Bischof Helgi Gudmundsson dort sieben Pfarrer weihte und im Ganzen mit den Weihzeugen neun Geistliche vor dem Altar standen außer dem Bischofe. Das aber glaubt man bemerkt zu haben, dass dabei weniger andere Leute in der Kirche waren, als sonst bei einer so festlichen Gelegenheit der Fall zu sein pflegt, und man meint, jener Aberglaube sei schuld daran. In der Tat bezeichneten einige törichte Leute es als eine Tollkühnheit, an jenem Tage nicht vom Kirchenbesuch abzulassen.

62. Der Vermummte

In den Zwölfnächten (Swätki) werden von den Mädchen Versuche gemacht, die Zukunft zu erfahren, ob sie im Hause bleiben oder sich verheiraten werden und an wen. Sie rufen einen Geist, in der Gestalt ihres ihnen vom Schicksal vorherbestimmten Zukünftigen zu erscheinen. Da ist der Sfûshenü-räshenü (der Bestimmte-maskierte). Sie bereiten eine Schüssel mit Brei in einer der heiligen Zwölfnächte und sprechen: » Sfûshenü-räshenü! Komm! und iss mit mir das Abendbrot.« Dann tritt der Geist in Gestalt des Zukünftigen herein, isst mit dem Mädchen zur Nacht und gibt Geschenke.

Ein Mädchen schnitt ihrem Gast einen Rockzipfel ab. Als sie heiratete, passte der Zipfel gerade zum Rock ihres Mannes. Sie war sehr erstaunt und zeigte es dem Manne und sagte: »Siehst du, ich hatte deinen Geist schon bewirtet, und hier ist das Zeichen.« Der Mann aber wurde zornig und tötete sie wegen solcher Zauberei.

In der Neujahrsnacht fragen die Mädchen den Ersten, der ihnen begegnet, um seinen Taufnamen. So wird dann der Zukünftige heißen. Daher geben sich manche so Befragte die allerseltensten Namen, um die Mädchen zu necken, wie Apollôn, Paphnûth, Anûphry, Feaktíst etc.

Die Mädchen gehen am Abend durch die Gassen des Dorfes und horchen draußen an den Fenstern. Der erste männliche Name, den sie nennen hören, ist dann der Name ihres Zukünftigen. Sie gehen in großer Anzahl aufs Feld und legen sich in die Runde hin, mit den Köpfen nach innen, und horchen, ob sie Laute vernehmen, Hundegebell oder Hahnenschrei. Nach der Richtung erkennen sie ungefähr den Hof und erwarten von dort dann ihren Zukünftigen.

Sie setzen sich zu zweit und zu dritt in der Scheune auf eine gesegnete Pferdehaut und horchen dann, aber das Fell muss ringsum sorgfältig gesegnet sein. Einst hatten Mädchen vergessen, auch den Schweif zu besprechen, und da kam der böse Geist, packte die Pferdehaut am Schweif und zerrte die Mädchen hin und her, dass sie schreiend davonliefen.

Zwei Mädchen gingen in die Kammer, wo geschlachtete Schweine hingen, um ihre Zukunft zu erfahren, da packten sie weiße Gestalten, und die Mädchen starben vor Schreck. Das waren aber Bauernjungen, die sich in der Kammer versteckt hatten. Als sie sahen, dass die Mädchen tot waren, liefen sie fort, und dann hieß es, der böse Geist habe ihnen den Hals umgedreht.

63. Dat Mäken un de Röwer

Mal 'n Möller west, de is mit sin Fru un sin beiden Söhns to Kirch föhrt up 'n Nijahrsdag, un de Dochter blift alleen in 't Hus. De lütt Möhl'nsted' hett an 't Holt legen, an 'n Dik, dat is 'n Watermöhl west. Un nu blift dat Mäken ins buten un sücht, dat dar so vel Gestalten herüm lur't in dat Holt. Se kümmt bi un makt all' de hölten Luken vör de Finstern un versekert de Dör'n un Finstern un denkt: »So, nu kann so lich nümm's rinne kam'n.« Un nu kümmt dar 'n olen Mann vör de Dör kloppen un bidd't ehr, se schall em inlaten. Un dunn erbarmt se sik dar öwer, hett kên Ahnung, dat dat de Röwerhauptmann is, he hett 'n falschen Bart, un lett 'n in. Un do lett se em in de Stuw gahn un freu't sik, dat se 'n beten Gesellschaff hett. Se will na Kök un 'n beten Supp kaken. Un nu hört se em ümmer hen un her gahn in de Stuw. Un do kikt se dör de Rut, dar is so 'n Rut dör de Stub'ndör, un do hett he den falschen Bart afnam'n, do steiht 'n jung'n Mann in de Stuw mit 'n Dolch in de Hand. Do ward ehr schruteri to Môd'. Do löppt se na Kök un nimmt 'n scharp Bil in de Hand bi 'n Stöl un stellt sik achter 'n Eck hen. Un as he dunn in de Kök kümmt, do haugt se em vör 'n Kopp. Do fall't he dal. Un do bidd't he ehr, se schall em doch sin Leben laten. Awer kên Erbarm'n: se makt 'n dot. Un dat dur't 'n half Stunn', do fangt de grot Kedenhund buten so fürchterli an to bell'n. Do sücht se dör 'n Finster, dat dar noch söb'ntein Mann kam'n sünd. Un dunn ward se weller ganz ängsli un beklumm'n to Môd' üm 't Hart. Un do gaht wilk vun de Röwers in de Well' lank, na de Kök tô geiht de Well', un dunn denkt se: »Du drüchs di up din scharp Bil.« Un stell't sik mit dat Bil vör de Well' hen. Un so as dar ên hendör slept, haugt se tô un haugt 'n dot, un slept 'n dunn hendör. Un dat hett se söß hendör slept, do kümmt den söwten dat rod' Blôt al entgêgen, un dunn gaht se wa' trüch. Un do kümmt ehr Vadder un Mudder ut de Kirch un de beiden Bröder. Un do wull se de kaum inlaten, so bang' is se west. Se lat ne af, un se lett ehr in. Supp hett se je gar kregen, dat lett sik je denken. Un de ên Söhn ritt fôrten weg na de Stadt, un de mell't dat. Un de annern gaht je mit rin. Un do hett se ehr dat je wis't un vertell't. Do kamt dar je Schandarm'n ut de Stadt un Polizisten. Un do forscht se dat je na in den Wald, sökt se de Röwerhöhl. Do sünd dar in ganzen dörti Mann west. Söb'n sünd je dot west. Un do ward se je mitnam'n. Un wat se up 'n Dutt stahl'n hebbt, ward ehr afnam'n. Un afhört un gestaht je, wat se all' gegahn hebbt. De Gêgend is so unsicher west. Un do ward se henricht. Un dat Mäken ehr Heldentaten sünd berühmt in de ganze Gêgend.

64. Der Huldrekönig auf Selö

Eines Sommers waren einige Leute wie üblich zum Fischen auf Selö im Reydarfjord. Und es traf sich, als der getrocknete Fisch ans Land gebracht wurde, dass ein großer Teil der Fische des Pfarrers von Holme in der Fischbude zurückblieb. Das Wetter verschlechterte sich in dem Maße, dass man an die Fische nicht herankonnte, bis im Herbst wieder gutes Seewetter wurde. Da zogen sie hinaus, um sie zu holen, und begannen sofort, die Fische aus der Hütte ins Boot zu tragen. Die Bootsleute sagten, sie würden gern nach der anderen Seite der Insel gehen, um nachzusehen, ob etwas ans Land getrieben sei. Einer von ihnen erklärte sich bereit zu gehen, während die anderen die Fische hinuntertrugen. Er ging also, und die anderen trugen die Beute in das Boot. Plötzlich stieg das Wasser so gewaltig, dass es ihnen nur mit knapper Not gelang, die Fische in das Boot zu schleppen. Sie schifften sich alle ein und warteten eine Weile auf den Abwesenden. Als er aber kam, war es der Brandung wegen unmöglich, ihn ins Boot zu ziehen. Da riefen sie ihm zu, dass er nun dableiben müsste, sie würden ihn aber am nächsten Tag holen, wenn Seewetter wäre. Sie glaubten wohl, dass es am besten sei, an ihr eigenes Leben zu denken, und steuerten dem Lande zu. Er aber blieb hilflos zurück.

Es stellten sich Tauschnee und Windstille ein, und der Mann ging deshalb nach der Fischerhütte, ohne einen Ausweg zu wissen, und dort blieb er bis zum Abend. Da begann er zu verzweifeln und dachte, es läge ihm näher, sich das Leben zu nehmen, als dort vor Hunger zu sterben, und er lief aus der Hütte hinaus. Da entdeckte er einen freundlichen

Stern. Er glaubte aber, dass es in dieser wolkenschwarzen Nacht kein Himmelsstern sein könnte, und als er anfing, genauer hinzusehen, schien er ihm einem Licht in einem Fenster zu ähneln. Er lief eine kleine Weile, bis er an ein Haus kam, das so prächtig war, dass es einer Königshalle glich. Er hörte, wie drinnen gesagt wurde: »Ja, Mädchen, kein andrer als der unglückliche Mensch, der heute auf der Insel zurückgelassen worden ist, ist an das Haus gekommen. Geh hinaus und hol ihn. Denn ich will nicht, dass er vor meiner Tür stirbt.«

In demselben Augenblick trat ein junges Mädchen zu ihm. Sie führte ihn hinein und sagte ihm, dass er seine Schneekleider ablegen solle. Dann führte sie ihn eine sehr hohe Treppe hinauf, in einen sehr Schönen Saal, der mit Gold und Edelsteinen geschmückt war. Da sah er viele Frauen, und eine unter ihnen war die Schönste von allen. Er begrüßte sie mit Anstand, und sie erwiderten seinen Gruß. Da erhob sich die schöne Jungfrau und geleitete ihn in eine kleine, aber hübsche Kammer, setzte ihm Wein und Nahrung vor und ging dann wieder fort. Es wird nicht erzählt, wo ihm abends sein Schlaflager angewiesen wurde. Die Nacht verging.

Am nächsten Morgen kam die Jungfrau zu ihm und sagte, dass sie nicht zu seinem Vergnügen dort bleiben dürfe, gab ihm aber sonst alles, was zu seinem Zeitvertreib dienen konnte.

So verging der Winter bis Weihnachten. Am Heiligabend kam die schöne Jungfrau zu ihm und sagte, wenn er glaube, dass sie ihm etwas Gutes erwiesen hätte, dann müsste er ihr eine Bitte gewähren und dürfe sie ihr nicht abschlagen. Wenn am nächsten Tage ein großes Tanzfest stattfände und ihr Vater sie rufen ließe, um sich das Spiel anzusehen, dürfe er nicht neugierig sein und zum Fenster hinaussehen. Sie würde ihm schon genug bringen, damit er sich hier drin zerstreuen könne. Er versprach ihr, nicht neugierig zu sein. Am ersten Feiertag morgens brachte sie ihm Wein und was sonst zu seiner Nahrung dienen konnte, bot ihm Lebewohl und ging ihres Weges.

Aber gleich darauf hörte er Gesang und Saitenspiel. Da dachte er bei sich, was für eine große Freude dort wohl herrsche und dass es gewiss nichts schaden könnte, wenn er einen Augenblick hinausschaute. Es brauchte ja niemand zu sehen.

Da kletterte er in die Höhe, um den Tanz sehen zu können, und als er hinausblickte, sah er eine große Menge Menschen. Einige tanzten, andere führten allerlei Saitenspiel aus, und mitten im Gedränge sah er einen königlichen Mann sitzen, eine Krone auf dem Haupt und eine Frau zu jeder Seite. Er dachte, das müssten die Königin und die Tochter des Königs sein. Diese aber erkannte er wieder. Er wagte nun nicht länger hinauszusehen und ging vom Fenster fort. Der Tanz dauerte bis zum Abend.

Als die Jungfrau aber dann zu ihm hereinkam, war sie entgegen ihrer Gewohnheit schweigsam. Doch sagte sie ihm, dass er sein Versprechen, nicht hinauszusehen, schlecht eingehalten habe, obgleich sie es so habe einrichten können, dass ihr Vater es diesmal nicht gemerkt habe.

Es ging nun auf Neujahr, ohne dass etwas geschah.

In der Silvesternacht kam die Jungfrau zu ihm und sagte, dass sie am nächsten Tage mit ihrem Vater hinginge, um sich den Tanz anzusehen, und dass er ihr gegenüber sein Wort besser halten müsste, als er es zu Weihnachten getan habe, und nicht neugierig sein dürfe. Er versprach nun bei allem, was ihm heilig war, dass er diesmal nicht hinausblicken würde. Sie brachte ihm wieder Wein und Nahrung und allerlei Zeitvertreib und ging fort.

Als es aber Morgen geworden war, hörte er noch mehr Lärm und Freude draußen als zu Weihnachten. Da sagte er sich, dass er jetzt nicht hinaussehen wolle, denn es wäre ja dasselbe wie zu Weihnachten, und viel verstrich vom Tage, während er ruhig dasaß. Da begann ihn aber die Neugierde zu quälen – so gar nichts von der großen Freude zu erfahren –, und er spähte hinaus und sah, dass der Tanz viel reizvoller als das vorige Mal war, denn es tanzten viele strahlende Ritter vor der Königin und dem König. Da zog er sich eiligst vom Fenster zurück, sah aber, dass niemand das Auge nach seinem Fenster wandte, und so ging es bis zum Abend. Als die Jungfrau dann am nächsten Abend zu ihm kam, war sie aufgebracht und machte ihm Vorwürfe, dass er sie abermals getäuscht hätte. Trotzdem trübte dies das Verhältnis zwischen ihnen nicht. Denn sie war ihm genauso gut wie vordem.

Der Winter verstrich, und so ging es auf Ostern zu. Am Osterheiligabend kam die Jungfrau zu ihm, sprach ihn freundlich an und bat ihn, am nächsten Tag ja nicht neugierig zu sein, auch wenn er hören sollte, dass die Freude groß wäre. Denn wenn ihr Vater merke, dass sie ein männliches Wesen bei sich hätte, dann würde es sie das Leben kosten. Am Ostermorgen kam sie zu ihm und brachte ihm alles, was er sich nur hätte wünschen können, bot ihm Lebewohl und verließ ihn dann. Die Belustigung begann wieder wie zuvor. Aber als der Tag verging, begann die Einsamkeit, ihn zu langweilen, und er ging aus seiner Kammer in die danebenliegende hinein. Er dachte, die Jungfrau würde es nicht merken, wenn er von dort aus hinausschaute. Einen Augenblick später tat er das und sah alles genauso wie zu Neujahr. Dann ging er in seine Kammer und blieb dort, bis die Jungfrau abends hereinkam. Da war sie unwillig gegen ihn und sagte, dass er sie heute im Stich gelassen hätte wie das vorige Mal. Sie wüsste nicht, ob ihr Vater Wind von seinem Aufenthalt bekommen hätte, aber kühler als sonst wäre er schon gegen sie gewesen. Sie hätte nicht erwartet, dass er ihr so untreu sein würde, und er werde es wohl später in anderen Dingen auch sein.

Der Frühling näherte sich, und am letzten Winterabend kam die Jungfrau zu ihm und sagte, dass morgen der erste Sommertag wäre, und dass dann Leute vom Festland kämen, um ihn zu holen, weshalb er in der Frühe nach der Fischerhütte gehen sollte. Aber um eins wollte sie ihn bitten, wenn er Wert darauf lege, dass sie ihm das Leben während des Winters erhalten hätte: Er sollte das Kind anerkennen, das sie jetzt durch ihn erwarte; denn es gälte ihr Leben, und wenn sie den Vater nicht angeben könne, dann würde ihr Vater sie töten. Sie bitte ihn nun um weiter nichts, als dass er sich ihr gegenüber in dieser Angelegenheit treu erweisen solle. Das versprach er ihr und sagte, es werde nie geschehen, dass er leugne, der Vater des Kindes zu sein. Es koste ihn ja nichts, da er keine Ungelegenheit davon hätte.

Er sagte ihr dann Lebewohl und dankte ihr für alle ihre Wohltaten während des Winters. Früh am nächsten Morgen machte er sich auf den Weg, und als er ein kleines Stück gegangen war, wollte er sich nach der Halle umsehen, aber er sah weiter nichts als steinige Hügel und Felsen am südlichen Teil der Insel. Dann ging er nach der Fischerhütte.

An diesem Tage war mildes Wetter und die See ruhig, und als der Tag etwas verstrichen war, sah er ein Boot vom Lande herkommen; als die Bootsleute aber an die Insel gekommen waren, ging er ihnen entgegen. Als sie ihn erblickten, fürchteten sie sich, denn er war sehr dick und fett, und sie glaubten deshalb, dass es sein Geist sei. Sie vermuteten, dass er im Winter gestorben wäre. Niemand wagte, ihn anzusprechen, viel weniger, zu ihm ans Land zu kommen. Schließlich aber stieg der Bootsführer doch an Land und fragte ihn, ob er ein lebendiger Mensch sei oder ein Geist, oder ob er derselbe sei, der im Herbst auf der Insel zurückgeblieben wäre. Er sagte, dass er derselbe Mann wie im Herbst sei, als sie ihn dort zurückgelassen hätten. Der andere aber sagte, dass er nicht verstehen könne, wie er so lange ohne Nahrung hätte leben können. Der Inselmann sagte, dass der Seetang auf Selö keine schlechtere Nahrung sei als die Wassergrütze auf Holme. Mehr wollte er ihnen nicht erzählen. Er stieg dann zu ihnen ins Boot, und sie ruderten ihn zurück nach Holme. Die meisten wunderten sich, ihn lebendig zurückkommen zu sehen, und viele Fragen wurden ihm gestellt, wie er den Winter über hätte leben können, niemand aber bekam mehr von ihm zu wissen, als jene auf der Insel von ihm erfahren hatten.

Spät im Sommer war es eines Sonntags schönes Wetter, und es kamen viele Leute zur Kirche, und an diesem Tage wollte auch der Knecht dorthin. Als aber der Pfarrer und die ganze Gemeinde in die Kirche gekommen waren, stand eine Kinderwiege neben dem Altar, ehe man es sich versah, und eine golddurchwirkte Decke war über das Kind gebreitet, aber kein Mensch war zu sehen, nur sah man, dass eine schöne Frauenhand auf dem Rande der Wiege ruhte. Alle wunderten sich hierüber und sahen sich an. Der Pfarrer nahm das Wort und sagte, dass dies Kind getauft werden wolle und dass es wohl nicht irrig wäre, dass irgend jemand in der Kirche in Beziehung zu ihm stehe, und am ehesten glaube er dies von seinem Knecht, dass er es im Frühjahr auf Selö zurückgelassen habe. Der Knecht aber bestritt, etwas davon zu wissen. Da sagte der Pfarrer, er wolle es mit dem Namen des Knechts taufen, der aber leugnete wieder und sagte, er habe nichts mit der Sache zu tun. Der Pfarrer erwiderte, dass er doch nicht ohne Menschenhilfe auf der Insel hätte leben können; der Knecht aber sagte, dass er das Kind nie anerkennen würde, und verbot dem Pfarrer, es mit seinem Namen zu taufen.

Da wurde die Wiege fortgerissen und verschwand im selben Augenblick, und zugleich ertönte heftiges Weinen, das sich allmählich aus der Kirche verlor. Der Pfarrer und die anderen gingen ihm aus der Kirche nach. Da hörten sie das

Weinen und das Schluchzen in der Richtung nach dem See verschwinden, die Decke aber lag auf dem Boden der Kirche und wurde auf Holme noch lange nach dieser Zeit benutzt.

Alle wunderten sich über das Geschehene, am tiefsten jedoch war der Pfarrer davon ergriffen. Der Knecht aber verfiel später in Tiefsinn. Der Pfarrer fragte ihn, wie das denn käme, und dann erzählte er ihm alles, dass er den Winter über bei einem König und seiner Tochter gewohnt hätte und dass es ihn sein Leben lang gereuen würde, dass er das Kind nicht anerkannt habe.

Der Knecht war von diesem Tage an nicht mehr derselbe, und hiermit endet die Erzählung von dem Huldrekönig auf Selö.

65. Die denkwürdige Neujahrsnacht

Sæmundur hatte eine Tochter namens Margret. Diese hatte in der Woche zwischen Weihnachten und Neujahr mit den Mägden ein Gespräch gehabt und sich gewünscht, sie würde zu Neujahr dahin entrückt, wo in der Welt das größte Vergnügen und die schönste Kurzweil wäre. Am Silvesterabend, als Margret ihrem Vater das Bett machte, war dieser bei ihr in der Stube. Da fragte er sie, was sie an jenem Abend, den er ihr bezeichnete, oben im Bodenzimmer mit den Mägden gesprochen habe. Sie sagte, dass sie sich dessen nicht mehr entsinne. Sæmundur erinnerte sie daran, dass sie sich gewünscht habe, dorthin zu gelangen, wo das größte Neujahrsvergnügen stattfinde, und da meinte sie, ja, das habe sie sich gewünscht. Er sagte nun, er wollte mit ihr nach jenem Orte reisen. Sie sollte sich zurechtmachen, denn sie müssten sich eine kleine Strecke vom Hause entfernen. Margret ging und kleidete sich an, und wie sie fertig war, sagte Sæmundur zu seiner Frau, Margret und er wollten schnell ein wenig verreisen, vor der Messe würde er aber morgen wieder zurück sein.

Vater und Tochter gingen nun hinab an die See. Dort rief Sæmundur den Teufel an und erinnerte ihn daran, was sie miteinander abgemacht hatten. Da stand sogleich ein graues Pferd am Strand. Sæmundur schwang sich hinauf und hieß Margret sich hinter ihm aufsetzen, flüsterte ihr aber dabei zu, sie sollte auf keinen Fall, wie es auch gehen möge, sich Hilfe von oben erbitten. Dann befahl er dem Teufel, ihn an den bezeichneten Ort zu bringen, und das tat der Teufel.

Dabei ließ der Teufel dreimal sein Hinterteil in die See tauchen und wollte sie versenken. Sæmundur aber gab ihm jedes Mal einen Schlag mit Davids Psalmenbuch, und da fuhr der Teufel mit ihnen vorwärts dem Lande zu. Als sie dort angelangt waren, stiegen sie von dem grauen Pferd ab und gingen in die Stadt. Da war viel los, es herrschte eine ungeheure Fröhlichkeit, und sie hatten beide viel Spaß die ganze Nacht. Als es aber Sæmundur an der Zeit fand heimzukehren, rief er Margret und sagte, sie solle mit ihm kommen. Sie brachen auf, und wie sie an den Strand kamen, stand der Graue wieder da, und sie saßen beide auf wie zuvor. Mitten auf der See jedoch begann der Teufel wiederum zu tauchen und zu versinken und trieb es so zweimal, Sæmundur aber schlug ihn jedes Mal mit dem Psalter. Beim dritten Male aber brachte der Teufel sein ganzes Hinterteil ins Wasser und gebärdete sich sehr unruhig. Da begann Margret, den Himmel um Hilfe anzurufen, allein Sæmundur warnte: »Nimm dich zusammen, Marga. Was brauchst du dich zu fürchten? Er strauchelte ja nur über einen Rochen«, und dabei versetzte er dem Grauen einen gewaltigen Schlag mit dem Psalter. Da brachte sie der Teufel dann ans Land, und Sæmundur kam vor der Messe nach Oddi und versah am Neujahrstag sein Amt.

66. *Lohn verscheucht die Hausgeister*

Die Nächte von Weihnachten bis zum heiligen Dreikö-
nigstage werden in Böhmen und andern Teilen Öster-
reichs die Unternächte genannt. In dieser Zeit machen sich
die Hausgeister besonders bemerkbar.

Nicht weit von Saaz lebte eine Bürgerfamilie, deren
Hausmutter in der Zeit der Unternächte wie gewöhnlich
ihre Magd wechselte. Als das Mädchen den ersten Tag im
Dienste zubrachte und frühmorgens sehr zeitlich aufstand,
um seine Arbeiten so bald als möglich fertig zu haben, fand
es zu seinem großen Erstaunen bereits Zimmer und Küche blank gescheuert, alle Geräte geputzt, kurz, alles war
bereits in Ordnung. Das Mädchen, in der Meinung, die
Frau müsse es getan haben, war erstaunt darüber, dass diese
schon so früh aufgestanden sein sollte und nahm sich vor,
am folgenden Tage noch zeitlicher aufzustehen. Als die
Frau erwachte, hatte sie große Freude über den Fleiß ihres
Dienstboten, denn sie glaubte, diese habe alles gemacht und
nahm sich im stillen vor, das Mädchen dafür zu belohnen.
Des andern Tages stand das Mädchen noch früher auf, findet
jedoch abermals alles ganz so, wie sie es am Morgen zuvor
gefunden hatte. Auch am dritten Tag kam sie nicht zu dem
erwünschten Aufschließen. Als nun an diesem Tage die Frau
abermals so freundlich und zuvorkommend mit ihr war und
ihren Fleiß lobte, sagte sie ihr endlich, dass es sie außerordentlich kränke, wenn die Frau alle Arbeiten selbst mache.
Diese fragte befremdet, wie sie das meine. Beide kamen nun
überein, mehrere Nächte abwechselnd zu wachen, damit sie
dann sicher den rätselhaften Helfer entdecken könnten.

Schon in der ersten Nacht zwischen zwölf und ein Uhr
sahen sie zwei winzige Hauskobolde in der Gestalt eines
Knaben und Mädchens hereinkommen. Beide arbeiteten mit
einer solchen Schnelligkeit, dass in kurzer Zeit alles in Ord-

nung war. Verwundert beschlossen sie auch in der folgenden Nacht zu wachen, und sie gewahrten das gleiche. Die Kobolde erschienen, arbeiteten fleißig und gingen wieder ihres Weges. Besonders auffallend schien es ihnen, dass die armen Geister ganz nackt kamen. Mitleidig beschloss die Frau, ihnen eine Freude zu machen und legte ihnen in der folgenden Nacht zwei ganze vollständige Kleidungen zurecht. Als sie kamen und die Kleider sahen, fingen sie überlaut zu weinen an, und der Kobold sagte zu seiner Gefährtin: »Nun werden wir auch hier bezahlt und dürfen nichts mehr arbeiten; wo werden wir nun wieder eine gesittete Familie finden?« Klagend packten sie dann ihre Geschenke zusammen, gingen ohne etwas zu arbeiten fort und kehrten nicht mehr wieder.

67. Die Unterirdischen

In einer stürmischen Nacht zwischen Weihnacht und Neujahr war ein Mann vom Wege abgekommen. Während er sich durch die tiefen Schneetriften durchzuarbeiten suchte, erlahmte seine Kraft, sodass er von Glück sagen konnte, als er unter einem dichten Wachholderbusch Schutz vor dem Wind fand. Hier wollte er übernachten, in der Hoffnung, am hellen Morgen den Weg leichter zu finden. Er zog seine Glieder zusammen wie ein Igel, wickelte sich in seinen warmen Pelz und schlief bald ein. Ich weiß nicht, wie lange er so gelegen hatte, als er fühlte, dass jemand ihn rüttele. Als er aus dem Schlaf auffuhr, schlug eine fremde Stimme an sein Ohr: »Bauer, ohe! Steh auf! sonst begräbt dich der Schnee, und du kommst nicht wieder heraus.« Der Schläfer steckte den Kopf aus dem Pelze hervor und sperrte die noch schlaftrunkenen Augen weit auf. Da sah er einen Mann von langem schlanken Wuchs vor sich; der Mann trug als Stock einen jungen Tannenbaum, der doppelt so hoch war wie sein

Träger. »Komm mit mir«, sagte der Mann mit dem Tannenstock – »für uns ist im Wald unter Bäumen ein Feuer gemacht, wo sich's besser ruht als hier auf freiem Felde.«

Ein so freundliches Anerbieten mochte der Mann nicht ausschlagen, vielmehr stand er sogleich auf, und schritt rüstig mit dem fremden Manne vorwärts. Der Schneesturm tobte so heftig, dass man auf drei Schritt nicht sehen konnte, aber wenn der fremde Mann seinen Tannenstock aufhob und mit strenger Stimme rief: »Hoho! Stürmesmutter! Mach Platz!«, so bildete sich vor ihnen ein breiter Pfad, wohin auch kein Schneeflöckchen drang. Zu beiden Seiten und im Rücken tobte wildes Schneegestöber, aber die Wanderer focht es nicht an. Es war, als ob auf beiden Seiten eine unsichtbare Wand das Gestüm abwehrte. Bald kamen die Männer an den Wald, aus dem schon von fern der Schein eines Feuers ihnen entgegen leuchtete. »Wie heißt du?«, fragte der Mann mit dem Tannenstock, und der Bauer erwiderte: »Des langen Hans Sohn Hans.«

Am Feuer saßen drei Männer mit weißen leinenen Kleidern angetan, als wäre es mitten im Sommer. Auch sah man in einem Umkreis von dreißig oder mehr Schritten nur Sommerschöne: Das Moos war trocken, die Pflanzen grün, und der Rasen wimmelte von Ameisen und Käferchen. Von fern aber hörte des langen Hans Sohn den Wind sausen und den Schnee brausen. Noch verwunderlicher war das brennende Feuer, welches hellen Glanz verbreitete, ohne dass ein Rauchwölkchen aufstieg. »Was meinst du, Sohn des langen Hans, ist dies nicht ein besserer Ruheplatz für die Nacht, als da auf freiem Feld unter dem Wachholderbusch?« Hans musste dies zugeben, und dem fremden Manne dafür danken, dass er ihn so gut geführt hatte. Dann warf er seinen Pelz ab, wickelte ihn zu einem Kopfkissen zusammen, und legte sich im Schein des Feuers nieder. Der Mann mit dem Tannenstock nahm sein Fässchen aus einem Busche und bot

Hansen einen Labetrunk, der schmeckte vortrefflich und erfreute ihm das Herz. Der Mann mit dem Tannenstock streckte sich nun auch auf den Boden hin und redete mit seinen Genossen in einer fremden Sprache, von der unser Hans kein Wörtchen verstand; er schlief darum bald ein.

Als er aufwachte, fand er sich allein an einem fremden Orte, wo weder Wald noch Feuer mehr war. Er rieb sich die Augen und rief sich das Erlebnis der Nacht zurück, meinte aber geträumt zu haben; doch konnte er nicht begreifen, wie er denn hierher an einen ganz fremden Ort geraten war. Aus der Ferne drang ein starkes Geräusch an sein Ohr, und er fühlte den Boden unter seinen Füßen zittern. Hans horchte eine Zeit lang, von wo der Lärm komme, und beschloss dann, dem Schall nachzugehen, weil er hoffte, auf Menschen zu treffen. So kam er an die Mündung einer Felsengrotte, aus welcher der Lärm erscholl und ein Feuer hervorschien. Als er in die Grotte trat, sah er eine ungeheure Schmiede vor sich mit einer Menge von Blasebälgen und Ambossen; an jedem Amboss standen sieben Arbeiter. Närrischere Schmiede konnten auf der Welt nicht zu finden sein!

Die einem Mann bis zum Knie reichenden Männlein hatten Köpfe, die größer waren als ihre winzigen Leiber, und führten Hämmer, die mehr als doppelt so groß waren als ihre Träger. Aber sie hämmerten mit ihren schweren Eisenkeulen so wacker auf den Amboss los, dass die kräftigsten Männer keine wuchtigeren Schläge hätten führen können. Bekleidet waren die kleinen Schmiede nur mit Lederschürzen, die vom Halse bis zu den Füßen reichten; auf der Rückseite waren die Körper nackend, wie Gott sie geschaffen hatte. Im Hintergrund an der Wand saß der Hansen wohlbekannte Mann mit dem Tannenstock auf einem hohen Block und gab scharf acht auf die Arbeit der kleinen Gesellen. Zu seinen Füßen stand eine große Kanne, aus welcher die Arbeiter ab und zu einen Trunk taten. Der Herr der Schmiede hatte nicht mehr die weißen Kleider von gestern an, sondern trug einen schwarzen rußigen Rock und um die Hüften einen Ledergürtel mit großer Schnalle; mit seinem Tannenstock gab er den Gesellen von Zeit zu Zeit einen Wink, denn das Menschenwort wäre bei dem Getöse unvernehmlich gewesen. Ob jemand den Hans bemerkt hatte, blieb diesem unklar, während Meister und Gesellen ihre Arbeit hurtig betrieben, ohne den fremden Mann zu beachten.

Nach einigen Stunden wurde den kleinen Schmieden eine Rast gegönnt; die Bälge wurden angehalten, und die schweren Hämmer zu Boden geworfen. Jetzt, da die Arbeiter die Grotte verließen, erhob sich der Wirt vom Block und rief den Hans zu sich: »Ich habe deine Ankunft wohl bemerkt«, sagte er, »aber da die Arbeit drängte, konnte ich nicht früher mit dir reden. Heute musst du mein Gast sein, um meine Lebensweise und Haushaltung kennenzulernen. Verweile hier so lange, bis ich die schwarzen Kleider ablege.« Mit diesen Worten zog er einen Schlüssel aus der Tasche, schloss eine Tür in der Grottenwand auf und ließ Hans hineintreten.

O was für Schätze und Reichtümer Hans hier erblickte! Ringsum lagen Gold- und Silberbarren aufgestapelt und schimmerten und flimmerten ihm vor den Augen. Hans wollte zum Spaße die Goldbarren eines Haufens überzählen und war gerade bis fünfhundertundsiebzig gekommen, als der Wirt zurückkehrte und lachend rief: »Lass nur das Zählen, es würde dir zu viel Zeit kosten! Nimm dir lieber einige Barren vom Haufen, ich will sie dir zum Andenken verehren.« Natürlich ließ sich Hans so etwas nicht zweimal sagen; mit beiden Händen erfasste er einen Goldbarren, konnte ihn aber nicht einmal von der Stelle rühren, geschweige denn aufheben. Der Wirt lachte und sagte: »Du winziger Floh vermagst nicht das kleinste meiner Geschenke fortzubringen, begnüge dich denn mit der Augenweide.« Mit diesen Worten führte er Hans in eine andere Kammer, von da in eine dritte, vierte und so fort, bis sie endlich in die siebente Grottenkammer kamen, die von der Größe einer großen Kirche und gleich den anderen vom Fußboden bis zur Decke mit Gold- und Silberhaufen angefüllt war. Hans wunderte sich über die unermesslichen Schätze, womit man sämtliche Königreiche der Welt hätte kaufen können und die hier nutzlos unter der Erde lagen. Er fragte den Wirt: »Weswegen häuft ihr hier einen so ungeheuren Schatz an, wenn doch kein lebendes Wesen von dem Gold und Silber Vorteil zieht? Käme dieser Schatz in die Hände der Menschen, so würden sie alle reich werden, und niemand brauchte zu arbeiten oder Not zu leiden.«

»Gerade deshalb,« erwiderte der Wirt, »darf ich den Schatz nicht an die Menschen überliefern. Die ganze Welt würde vor Faulheit zugrunde gehen, wenn niemand mehr für das tägliche Brot zu sorgen brauchte. Der Mensch ist dazu geschaffen, dass er sich durch Arbeit und Sorgfalt erhalten soll.« Hans wollte das durchaus nicht wahrhaben und bestritt nachdrücklich die Ansicht des Wirts. Endlich bat er, ihm doch zu erklären, wie es dazu gekommen ist, dass hier das ganze Gold und Silber als Besitztum eines Mannes lagere und schimmle und der Herr des Goldes unablässig bemüht sei, seinen Schatz zu vergrößern, da er schon einen so überschwenglichen Überfluss habe? Der Wirt gab zur Antwort: »Ich bin kein Mensch, wenn ich gleich Gestalt und Gesicht eines solchen habe, sondern eines jener höheren Geschöpfe, welche nach der Anordnung des Allvaters geschaffen sind, der Welt zu walten. Nach seinem Gebot muss ich mit meinen kleinen Gesellen ohne Unterlass hier unter der Erde Gold und Silber bereiten, von welchem alljährlich ein kleiner Teil zum Bedarf der Menschen herausgegeben wird, nur knapp so viel als sie brauchen, um ihre Angelegenheiten zu betreiben. Aber niemand soll sich die Gabe ohne

Mühe zueignen. Wir müssen deshalb das Gold erst fein stampfen, und dann die Körnlein mit Erde, Lehm und Sand vermischen; später werden sie, wo das Glück will, in diesem Grant gefunden, und müssen mühsam herausgesucht werden. Aber, Freund, wir müssen unsere Unterhaltung abbrechen, denn die Mittagsstunde naht heran. Hast du Lust, meinen Schatz noch länger zu betrachten, so bleib hier, erfreue dein Herz an dem Glanz des Goldes, bis ich komme, dich zum Essen zu rufen.« Damit trennte er sich von Hans.

Hans schlenderte nun wieder aus einer Schatzkammer in die andere und versuchte hie und da ein kleineres Stück Gold aufzuheben, aber es war ihm ganz unmöglich. Er hatte zwar schon früher von klugen Leuten sagen hören, wie schwer Gold sei, aber er hatte es niemals glauben wollen – jetzt lehrten es ihn seine eigenen Versuche. Nach einer Weile kam der Wirt zurück, aber so verwandelt, dass Hans ihn im ersten Augenblick nicht erkannte. Er trug rote feuerfarbene Seidengewänder, reich verziert mit goldenen Tressen und goldenen Franzen, ein breiter goldener Gürtel umschloss seine Hüften, und auf seinem Kopfe schimmerte eine goldene Krone, aus welcher Edelsteine funkelten wie Sterne in einer klaren Winternacht. Statt des Tannenstocks hielt er ein kleines aus feinem Gold gearbeitetes Stäbchen in der Hand, an welchem sich Verästelungen befanden, sodass das Stäbchen aussah wie ein Sproß des großen Tannenstockes.

Nachdem der königliche Besitzer des Schatzes die Türen der Schatzkammern verschlossen und die Schlüssel in die Tasche gesteckt hatte, nahm er Hans bei der Hand und führte ihn aus der Schmiedewerkstatt in ein anderes Gemach, wo für sie das Mittagsmahl angerichtet war. Tische und Sitze waren von Silber; in der Mitte der Stube stand ein prächtiger Esstisch, zu dessen beiden Seiten ein silberner Stuhl. Ess- und Trinkgeschirr, als da sind Schalen, Schüsseln, Teller, Kannen und Becher, waren von Gold. Nachdem sich der Wirt mit seinem Gast am Tische niedergelassen hatte, wurden zwölf Gerichte nacheinander aufgetragen; die Diener waren ganz wie die Männlein in der Schmiede, nur dass sie nicht nackt gingen, sondern helle reine Kleider trugen. Sehr wunderbar kam Hansen ihre Behendigkeit und Geschicklichkeit vor; denn obgleich man keine Flügel an ihnen wahrnahm, so bewegten sie sich doch so leicht, als wären sie gefiedert. Da sie nämlich nicht bis zur Höhe des Tisches reichten, so mussten sie wie die Flöhe immer vom Boden auf den Tisch hüpfen. Dabei hielten sie die großen mit Speisen angefüllten Schalen und Schüsseln in der Hand und wussten sich doch so in Acht zu nehmen, dass nicht ein Tropfen verschüttet ward. Während des Essens gossen die kleinen Diener Met und köstlichen Wein aus den Kannen in die Becher und reichten diese den Speisenden.

Der Wirt unterhielt sich freundlich und erläuterte Hansen mancherlei Geheimnisse. So sagte er, als auf sein nächtliches Zusammentreffen mit Hans die Rede kam: »Zwischen Weihnacht und Neujahr streife ich oft zum Vergnügen auf der Erde umher, um das Treiben der Menschen zu beobachten und einige von ihnen kennenzulernen. Von dem, was ich bis jetzt gesehen und erfahren habe, kann ich nicht viel Rühmens machen. Die Mehrzahl der Menschen lebt einander zum Schaden und zum Verdruss. Jeder klagt mehr oder weniger über den andern, niemand sieht seine eigene Schuld und Verfehlung, sondern wälzt auf andere, was er sich selbst zugezogen hat.« Hans suchte nach Möglichkeit die Wahrheit dieser Worte abzuleugnen, aber der freundliche Wirt ließ ihm reichlich einschenken, sodass ihm endlich die Zunge so schwer wurde, dass er kein Wort mehr entgegnen und auch nicht verstehen konnte, was der Hausherr sagte. Binnen Kurzem schlief er auf seinem Stuhle ein und wusste nicht mehr, was mit ihm vorging.

In seinem schlaftrunkenen Zustand hatte er wunderbare

bunte Träume, in welchen ihm unaufhörlich die Goldbarren vorschwebten. Da er sich im Traum viel stärker fühlte, nahm er ein paar Goldbarren auf den Rücken und trug sie mit Leichtigkeit davon. Endlich ging ihm aber doch unter der schweren Last die Kraft aus, er musste sich niedersetzen und Atem schöpfen. Da hörte er schäkernde Stimmen, er hielt es für den Gesang der kleinen Schmiede; auch das helle Feuer von ihren Blasebälgen traf sein Auge. Als er blinzelnd aufschaute, sah er um sich her grünen Wald, er lag auf blumigem Rasen und kein Feuer von Blasebälgen, sondern der Sonnenstrahl war es, was ihm freundlich ins Gesicht schien. Er riss sich nun vollends aus den Banden des Schlafes los, aber es dauerte eine Zeit lang, ehe er sich auf das besinnen konnte, was ihm in der Zwischenzeit begegnet war.

Als endlich seine Erinnerungen wieder wach wurden, schien ihm alles so seltsam und so wunderbar, dass er es mit dem natürlichen Lauf der Dinge nicht übereinzubringen wusste. Hans besann sich, wie er im Winter einige Tage nach Weihnacht in einer stürmischen Nacht vom Wege abgekommen war, und auch was sich später zugetragen hatte, tauchte wieder in seiner Erinnerung auf. Er hatte die Nacht mit einem fremden Mann an einem Feuer geschlafen, war am andern Tag zu diesem Mann, der einen Tannenstock führte, zu Gast gegangen, hatte dort zu Mittag gegessen und sehr viel getrunken – kurz, er hatte ein paar Tage in Saus und Braus verlebt. Aber jetzt war doch rings um ihn her vollständiger Sommer, es konnte also nur Zauberei im Spiele sein. Als er sich erhob, fand er ganz in der Nähe eine alte Feuerstelle, welche in der Sonne wunderbar glänzte. Als er die Stätte schärfer ins Auge fasste, sah er, dass der vermeintliche Aschenhaufe feiner Silberstaub und die übrig gebliebenen Brände lichtes Gold waren. O dieses Glück! Woher nun einen Sack nehmen, um den Schatz nach Hause zu tragen? Die Not macht erfinderisch. Hans zog seinen Winterpelz aus, fegte die Silberasche zusammen, dass auch kein Stäubchen übrig blieb, tat die Goldbrände und das Zusammengefegte in den Pelz und band dann die Zipfel desselben mit seinem Gürtel zusammen, sodass nichts herausfallen konnte. Obwohl die Bürde nicht groß war, so wurde sie ihm doch gehörig schwer, sodass er wie ein Mann zu schleppen hatte, ehe er einen passenden Platz fand, um seinen Schatz zu verstecken.

Auf diese Weise war Hans durch ein unverhofftes Glück plötzlich zum reichen Manne geworden, der sich wohl ein Landgut hätte kaufen können. Als er aber mit sich zu Rate ging, hielt er es zuletzt für das Beste, seinen alten Wohnort zu verlassen, und sich weiter weg einen neuen aufzusuchen, wo die Leute ihn nicht kannten. Dort kaufte er sich denn ein hübsches Grundstück, und es blieb ihm noch ein gut Stück Geld übrig. Dann nahm er eine Frau und lebte als reicher Mann glücklich bis an sein Ende. Vor seinem Tod hatte er seinen Kindern das Geheimnis entdeckt, wie es der Unterirdischen Wirt gewesen, der ihn reich gemacht. Aus dem Munde der Kinder und Kindeskinder verbreitete sich dann die Geschichte weiter.

Verzeichnis der Quellen

Advents-, Weihnachts- und Winterszeit

1. Per Gynt. – Stroebe, Klara: Nordische Volksmärchen 1–2. Jena 1915, hier Bd. 2, S. 3–8, Nr. 1.
2. Die Geschichte von der Frau Holle. – Büchner, L.: Weihnachtsmärchen für Kinder. Glogau [1868], 1. Erzählung.
3. Der Panther, der Wolf, der Fuchs und das Kamel. – Vatagin, Mark: Mednovolosaja devuška. Kalmyckie narodnye skazki (Das Mädchen mit den Kupferhaaren. Kalmückische Volksmärchen). Moskva 1964, S. 256f. (Übers. im Archiv der Arbeitstelle »Enzyklopädie des Märchens«, Göttingen).
4. Von der Ameise und der Heuschrecke. – Nach Titius, Caspar: Loci Theologici Historici, Oder Theologisches Exempel Buch […]. Wittenberg 1657, S. 555 (vgl. Rehermann, Ernst Heiner: Das Predigtexempel bei protestantischen Theologen des 16. und 17. Jahrhunderts. Göttingen 1977, S. 269).
5. Die betrunkenen Krähen. – Zaunert, Paul: Deutsche Märchen seit Grimm 1–2. Jena 1922/23, hier Bd. 2, S. 245.
6. Das Veen bei Zout-Leeuw. – Wolf, Johann Wilhelm: Niederländische Sagen. Leipzig 1843, Nr. 306 (flämisch).
7. Von dem Schneider, der bald reich wurde. – Kinder- und Haus-Märchen [1]–2. Gesammelt durch die Brüder Grimm. Berlin 1812/15, hier Bd. 1, S. 280–285, Nr. 61.
8. Nussknacker und Mäusekönig. – Hoffmann, E. T. A.:

Die Serapions-Brüder. Bd. 1–4. Berlin 1819–21, hier
Bd. 1 [Text vom Hrsg. gekürzt].
9. Der Tannenbaum. – H. C. Andersen's Sämmtliche Märchen. Deutsch von Julius Reuscher. Leipzig [um 1901],
S. 1–11.
10. Schneeblume. – Kinder- und Haus-Märchen [1]–2. Gesammelt durch die Brüder Grimm. Berlin 1812/15, hier
Bd. 1, S. 385 f. (Fragment).
11. Der Kamerad. – Stroebe, Klara: Nordische Volksmärchen 1–2. Jena 1915, hier Bd. 2, S. 25–38, Nr. 7 (norwegisch).
12. Yingeangeut und der Erdmacher. – Kunike, Hugo: Märchen aus Sibirien. Jena 1940, S. 200–205, Nr. 49.
13. Das kleine Mädchen mit den Schwefelhölzern. – H. C.
Andersen's Sämmtliche Märchen. Deutsch von Julius
Reuscher. 31. Auflage. Leipzig [um 1901].
14. Ottilie. – In: Naubert, Benedikte: Ottilie: Neue Volksmärchen der Deutschen. Bd. 1–4. 2. Aufl. Leipzig 1839,
hier Bd. 1 (Auszug).
15. Die drei Männlein im Walde. – Brüder Grimm [d.i. Jacob und Wilhelm Grimm]: Kinder- und Hausmärchen
1–4. ed. Hans-Jörg Uther. München 1996, Bd. 1, Nr. 13.
16. Von den zwölf Monaten. – Nach Wenzig, Joseph: West-
slawischer Märchenschatz. Ein Charakterbild der Böhmen, Mährer und Slowaken in ihren Märchen, Sagen,
Geschichten, Volksgesängen und Sprüchwörtern. Leipzig 1857, S. 20–26.
17. Der Haushalt von Fuchs und Bär. – Asbjörnsen, P./
Moe, Jörgen: Norwegische Volksmärchen. Berlin
[1908], S. 89 f.
18. Eginhart und Emma. – Brüder Grimm [d.i. Jacob und
Wilhelm Grimm]: Deutsche Sagen. ed. Hans-Jörg
Uther. München 1993, Bd. 2, Nr. 457.
19. Der Köhlernils und die Trollfrau. – Stroebe, Klara:

Nordische Volksmärchen 1–2. Jena 1915, hier Bd. 1,
S. 282–285, Nr. 19 (schwedisch).

20. Schneeweißchen. – Ludwig Bechstein's Märchenbuch.
Leipzig 1857, S. 212–222.

21. Der Wintergarten (Überschrift eingefügt). – Nach
Boccaccio, Giovanni: Das Dekameron. St. Petersburg
[Leipzig] 1782, 10. Tag, 5. Erzählung.

22. Vom langen Winter. – Pröhle, Heinrich: Kinder- und
Volksmärchen. Leipzig 1853, S. 157–162.

23. Der Bär. – Zingerle, Ignaz und Joseph: Kinder- und
Hausmärchen aus Süddeutschland. Mit einer Einleitung
von Julius W. Wolf. Regensburg 1854, S. 391–395.

24. Katze und Maus in Gesellschaft. – Brüder Grimm [d.i.
Jacob und Wilhelm Grimm]: Kinder- und Hausmärchen
1–4. ed. Hans Jörg Uther. München 1996, Bd. 1, Nr. 2.

25. Die Rekkenk. – Kunike, Hugo: Märchen aus Sibirien.
Jena 1940, S. 137–141, Nr. 33.

26. Die zwölf wilden Enten. – Nach Müldener, R[udolf]:
Nordisches Märchenbuch. Dänische, Schwedische und
Norwegische Märchen übers. und gesammelt. Langen-
salza ⁵1876, S. 167–174 (norwegisch, nach Asbjörnsen/
Moe).

27. Die Marienblume (Gänseblümchen, Maßlieb). – Dähnhardt, Oskar: Natursagen 1–4. Leipzig/Berlin 1907–12,
hier Bd. 2, S. 80.

28. Schneekindlein. – Slavische Blätter. Illustrierte Zeit-
schrift für die Gesamtinteressen des Slaventhums 1
(Wien 1865), S. 402–404 (übersetzt von Joseph Wenzig).

29. Schneeweißchen und Rosenrot. – MÆHRCHENAL-
MANACH für Söhne und Töchter gebildeter Stände
auf das Jahr 1827 herausgegeben von WILHELM
HAUFF. Stuttgart 1827, S. 269–278 (Wilhelm Grimm).

30. Vom großen Ziegenbock. – Colshorn, Carl und Theodor: Märchen und Sagen. Hannover 1854, S. 158, Nr. 49.

31. Wohl getan und schlecht gelohnt. – Asbjörnsen, P./Moe, Jörgen: Norwegische Volksmärchen. Berlin [1908], S. 218–220.

32. Warm und kalt aus einem Mund. – Zingerle, Ignaz und Joseph: Kinder- und Hausmärchen aus Süddeutschland. Mit e. Einl. von Julius W. Wolf. Regensburg 1854, S. 103 f.

33. Der Wolf und der Fuchs (Überschrift ergänzt). – Staatsbibliothek zu Berlin, Preußischer Kulturbesitz, Nachlass Grimm 1757/5, S. 35^r (aus Bayern, Verf. Ludwig Aurbacher).

34. Das sechsfüßige Elentier. – Kunike, Hugo: Märchen aus Sibirien. Jena 1940, S. 43 f., Nr. 7.

35. Die Lampe von Schandel. – Gredt, N.: Sagenschatz des Luxemburger Landes 1. Neudruck Esch-Alzette 1963, S. 71.

36. Das Märchen vom Schlaraffenland. – Ludwig Bechstein's Märchenbuch. Leipzig 1857, S. 207–211.

37. Reise nach Russland und St. Petersburg. – Bürger, Gottfried August: Wunderbare Reisen zu Wasser und zu Lande, Feldzüge und lustige Abenteuer des Freiherrn von Münchhausen, wie er dieselben bei der Flasche im Zirkel seiner Freunde selbst zu erzählen pflegt. München [1922], Kap. 1 (Auszug).

38. Der Fuchs und der Hahn. – Grimm, Albert Ludewig: Kindermährchen. Heidelberg [1809], S. 187 f.

39. Das Irrlicht und die wilde Jagd. – Knoop, Otto: Volkssagen, Erzählungen, Aberglauben, Gebräuche und Märchen aus dem östlichen Hinterpommern. Posen 1885, S. 13 f.

40. Die Elben und Helga die Bauerntochter. – Árnason, Jón: Isländische Volkssagen. Übers. von M. Lehmann-Filhés. Berlin 1889, S. 55–60.

41. Die verwünschte Burg. – Croker, Thomas Crofton:

Irische Elfenmärchen. Übersetzt von den Brüdern Grimm. Frankfurt am Main 1966, S. 131–135.
42. Herr und Knecht. – Kellner, Anna und Leon: Englische Märchen. Für die deutsche Jugend bearbeitet von –. Wien/Leipzig/Berlin/Stuttgart [1898], S. 9–16.
43. Die Rehprinzessin. – Volksmärchen der Dänen. Erzählt von Svend Grundtvig. Übers. von Ad. Strodtmann. Stuttgart [1911], S. 73–76.

WEIHNACHTSTAG UND CHRISTNACHT

44. Die verwandelten Geister. – Dähnhardt, Oskar: Natursagen 1–4. Leipzig/Berlin 1907–12, hier Bd. 3, S. 171–172 (estnisch).
45. Der Teufel und der Kuckuck (Überschrift ergänzt). – Dähnhardt, Oskar: Natursagen 1–4. Leipzig/Berlin 1907–12, hier Bd. 1, S. 195 (rumänisch).
46. Das Fest der Unterirdischen. – MÆHRCHENALMA-NACH für Söhne und Töchter gebildeter Stände auf das Jahr 1827 herausgegeben von WILHELM HAUFF. Stuttgart 1827 (norwegisches Märchen von C. E. Steenbloch, übertragen von Wilhelm Grimm).
47. Der Kantelespieler. – Löwis of Menar, August von: Finnische und estnische Märchen. Jena 1922, Nr. 19 (finnisch).
48. Glück und Unglück. – Šmits, Petr: Latviešu tautas teikas un pasakas (Lettische Volksmärchen und -sagen) 1–15. Riga 1925–1937, Bd. 9, 435 f. (Übersetzung im Archiv der Arbeitsstelle »Enzyklopädie des Märchens«, Göttingen).
49. Das Ulta-Mädchen. – Nach Poestion, J. C.: Lappländische Märchen, Volkssagen, Räthsel und Sprichwörter. Mit Beiträgen von Felix Liebrecht. Wien 1886, S. 50–54, Nr. 9.

50. Vom Salz im Meer (Überschrift geändert). – Nach Nork, F.: Mythologie der Volkssagen und Volksmärchen; eine Darstellung ihrer genetischen Entwicklung [...]. Stuttgart 1848, S. 944–948 (nach Asbjörnsen/ Moe).

51. Die Bishorster. – Müllenhoff, Karl: Sagen, Märchen und Lieder der Herzogthümer Schleswig, Holstein und Lauenburg. Kiel 1845, S. 95 f., Nr. 112.

52. De twe Bröder (Überschrift eingefügt). – Die Heimat 17 (1907), S. 240 (= Ranke, Kurt: Schleswig-holsteinische Volksmärchen. Bd. 1–3. Kiel 1955/58/62, hier Bd. 2, S. 253 f.).

53. De ol Fritz un de Jung (Überschrift eingefügt). – Ranke, Kurt: Schleswig-holsteinische Volksmärchen. Bd. 1–3. Kiel 1955/58/62, hier Bd. 3, S. 275.

54. Von dem Sommer- und Wintergarten. – Kinder- und Haus-Märchen [1]–2. Gesammelt durch die Brüder Grimm. Berlin 1812/15, hier Bd. 1, S. 323–328, Nr. 68.

55. Die Geschichte von Steinn Thruduvangi. – Árnason, Jón: Isländische Volkssagen. Übers. von M. Lehmann-Filhés. Berlin 1889, S. 60–62.

56. Unter dem Tannenbaum. – Vgl. Storm, Theodor: Sämtliche Werke in acht Bänden. Ed. A. Köster. Leipzig 1919–20.

57. Merkwürdige Reden, gehört zu Krebslingen zwischen zwölf und ein Uhr in der Heiligen Nacht. – Vgl. Gotthelf, Jeremias (d. i. Albert Bitzius): Sämtliche Werke. Ed. R. Hunziker/H. Bloesch/K. Guggisberg/W. Juker. Erlenbach-Zürich 1911–77.

58. Klas Avenstaken. – Arndt, Ernst Moritz: Märchen und Jugenderinnerungen 1. München/Leipzig [1913], S. 48–95.

59. Weihnacht-Abend. In: Ludwig Tieck's gesammelte Novellen. Berlin 1853, S. 139–186 (gekürzt).

60. Vom Helljäger. – Colshorn, Carl und Theodor: Märchen und Sagen. Hannover 1854, 72 f., Nr. 22.
61. Draußensitzen am Kreuzwege. – Árnason, Jón: Isländische Volkssagen. Übers. von M. Lehmann-Filhés. Berlin 1889, S. 189–191.
62. Der Vermummte. – Bertram: Sagen vom Ládogasee oder Erzählungen meiner Ssudomôika. Helsingfors 1872, S. 10–11, Nr. 14.
63. Dat Mäken un de Röwer (Überschrift eingefügt). – Ranke, Kurt: Schleswig-holsteinische Volksmärchen. Bd. 1–3. Kiel 1955/58/62, hier Bd. 3, S. 376 f.
64. Der Huldrekönig auf Selö. – Isländische Märchen und Volkssagen. Deutsch von Åge Avenstrup/Elisabeth Treitel. Berlin 1919, S. 7–15.
65. Die denkwürdige Neujahrsnacht (Überschrift geändert). – Árnason, Jón: Isländische Volkssagen. Übersetzt von M. Lehmann-Filhés. Berlin 1889, S. 218 f.
66. Lohn verscheucht die Hausgeister. – Grohmann, Josef Virgil: Sagen-Buch von Böhmen und Mähren. 1: Sagen aus Böhmen. Prag 1863, S. 203–205.
67. Die Unterirdischen. – Kreutzwald, Friedrich Reinhold: Estnische Märchen. Halle 1869, S. 230-240.